自転車と女たちの世紀

—— 革命は車

・ロス 著

麻里子 訳

REVOLUTIONS

How Women Changed the World on Two Wheels

This Japanese edition published in 2023 by P-VINE, Inc., Tokyo

クレオに捧げる——あなたもサイクリングの好きな子に育ってくれますように

目次
CONTENTS

前書き　小さな女王

フランス人は長らく愛情をこめて自転車を「ラ・プティ・レーヌ（La petite reine）」——小さな女王——と呼び習わしてきた。一世紀以上にわたるサイクリングに関する記述のほとんどからは「その歴史に女性はあまり多く関与していない」との印象を受けるかもしれないだけに、皮肉な話だ。

毎年七月にテレビをつける、あるいは新聞のスポーツ欄に目を落とすと、一年で最大のスポーツ・イヴェントのひとつでフランス中を数千マイルにおよび走り競い合う二百名近い自転車競技選手の辛苦を追う報道が目に入ってこずにいられない。その参加者はひとり残らず男性だ。世界中の大抵の都市や街であたりを見回せば、女性より男性の方が多く自転車を乗り回しているのを目にする率が高い。この証拠を踏まえると、サイクリングは男の子たちのクラブのものであり、小さな女王たちとは関係がない、という風に映る。

にも関わらずその始まり以来、サイクリングはフェミニストの問題であり続けてきた。一九世紀後半の女性参政権主義者スーザン・B・アンソニーに至っては、自転車は「世界の何よりも女性解放に貢献した」とその功績を讃えたほどだった。【註1】

一八八〇年代に登場した際に、自転車は革命を引き起こした。この実用的で能率的なマシンによりいくつもの人生が変わった。乗り手が比較的楽に遠方まで行けるようになり、さもなければ思い切って行ってみようとは思わなかった場所にまで彼らを連れて行っただけではなく、自転車はあちこちに出かける行為を楽しいものにした。旅・移動の手段がいくらでもある現在ですら、人はやはり自転車に乗るのが好きだ。ペダルを漕ぎながら髪に風を感じるあのフィーリング、下り坂を下りる時の飛翔するような感覚——どれだけ味わっても決して飽きることはない。

サイクリングのどこがいちばん好きですかと人々に訊ねると、「自由」と「飛翔」のふたつの言葉が何度も返ってくる。にも関わらず、私が自転車の歴史をリサーチし始めたところ、強く印象に残ったのは女たちの翼がどれだけ頻繁にへし折られてきたか、だった。男がサドルに飛び乗り疾走することにまったく躊躇せずに済んだのに対し、社会の側から何をやっていいか／いけないかの制限を押しつけられる女にとってサイクリングは常に政治色の濃い行為だった。

自転車ブームが世界をさらった一八九〇年代に、イギリスおよび北米における自転車所有者の約三分の一は女性だった。女性の振る舞いが厳しく取り締られていた時代であり、自転車に乗る女性の姿が衆人に眉をひそめる程度以上のリアクションを招きがちだったことを思えば、これはあっぱれな統計だ。自転車女は馬鹿にされ、場合によっては石をぶつけられることもあった。公序良俗を維持するのに必須とされていた非実用的な裾をひきずる長いスカート、ペチコート、その他もろもろの衣類から生じる危険にも対処しなくてはならなかった。それにもめげず、女たちはこの新たなマシンを鋭気と共に受け止めた。ルックスを損なう、子供を産めない身体になる、セックス面でのふしだらさに繋がる云々と諭されても、彼女たちは自転車に乗ることをやめなかった。
自転車は女たちの世界を広げていたし、彼女たちはその機会を逃すまいと意を決していた。その中には、二輪のマシンに乗って世界を一周することになる者もいた。だが、近くの公園までサイクリングする程度で終わった者たちですら、女性とはか弱い生き物であり——その女性が労働する必要のない恵まれた経済的状況にあるとしたら——窮屈でおしとやかな屋内生活を送り、それにふさわしい刺繍や押し花作りといった気晴らしで余暇を過ごすのが最も適している、という凝り固まった見方をタイヤで踏みつぶす存在だった。この女性サイクリスト第一波は、そんな実に堅苦しい「女らしさ」の概念に闘いを挑んだ。その多くは楽しみを求めて自転車に乗っていたとはいえ、彼女たちのこうした活発な身体の使い方が人目に晒されることは政治的な行動だった。女が市民として平等に扱われることを求め闘ったサフラジェット(女性参政権論者)が熱心なサイクリストだったのは偶然ではない。彼女らにとって、自転車は男女同権論を意味する自由のマシンだった。

女性が投票・参政権を得てから百年経った現在、私たち女性がイギリスと北米における全サイクリスト人口に占める割合はいまだ三分の一にも満たないというのは意外で驚かされる。ヴィクトリア朝時代のシスターたちに較べ女性がはるかに自由を満喫している時代に、なぜこのように大きな男女間格差が今なお存在するのだろう？　スポーツであれレジャーであれ、サイクリングのもたらす恩恵は広く遠くまで及ぶ——したがって、その機会はあまねくアクセス可能であるべきだ。先に述べた自転車黎明期のパイオニアたちが示してくれたように、ジェンダーは障壁ではないのだ――そうは言っても、かさばるスカートとコルセットは厄介なバリアだったかもしれない。

人々に経済的な負担が少なく楽に目的地に行けるようにしたことで、自転車は変化を起こすための力強い道具であるのが証明された。教育と就職の場に接する機会をもたらすだけではなく、自転車は肉体と精神双方の健康に深い恵みを与えてくれる。これらの恩恵の例をあげてくださいと訊ねられると、自転車愛用者のほとんどがサイクリングは幸せな気分にしてくれると答えるだろうし、中には正気を保つために自転車に乗らなくてはならない、とまで言う者もいる。私たちは、あらゆる要請や好みに沿う自転車――競技指向の強い者のための超軽量ロードレーサーから必要とあれば補助力を供給する電動自転車、モビリティ面で問題のある者のために工夫された自転車まで――が存在する世界に生きている。もっと多くの人間を自転車使用に向ければ、私たちの暮らす都市は有害な交通渋滞ゾーンからより静かでクリーンかつハッピーな、カーボン・フットプリント値も相当に低い場所に変わり得るであろうことは広く認識されている。気象面で破滅的な状況に瀕している現在の私たちにとって、何が望ましいかは考えるまでもないだろう。

それでも自転車に乗るのは自分に向かないと感じる人々がいるということは、道のりはまだ長いということでもある。政府の出資により、もっと安全な、乗る気を起こさせるようなサイクリング用のインフラを整えてきたオランダやデンマークのような国では、より多くの人間が自転車に乗っているだけではなく、ジェンダー比率も五分五分になっている。自分と同じような見た目の人間が何かやっているのを見ると、「自分もやってみようかな」という気がもっと湧くものだ。サイクリングはあまりに長い間狭く限定的なイメージを提示してきたし、ゆえに門外漢は立ち入り禁止の世界という風に映ってきた。

本書が目指すのは、それとはまた別のイメージを描き出すことだ。女性と女の子——サイクリングの女王たち——の驚くべき物語を綴ることで、彼女たちを本の中心に据えたいと私は思う。それらはとても長い間ないがしろにされ、忘れ去られ、きちんと代弁されてこなかった自由、エンパワメント、革命の物語の数々だ。勝利のメダルを求めてであれ、世界探検が目的であれ、女性参政権のメッセージを世に広げるためであれ、これらの女性サイクリストはインスピレーションの源だ。本書『自転車と女たちの世紀』はヨーロッパと北米からアフガニスタン、インドを始めとする様々な国で自転車に乗ってきた女たちの百三十年以上にわたるストーリーを語っていく。

こんな本を執筆中だと人々に伝えたところ、彼らの多くは私が自転車競技界でも最上レヴェルにいる選手の話に焦点を絞るのだろうと推測した。これら卓越したアスリートも物語の中で重要な役割を果たすとはいえ、サイクリングは何もメダル獲得やパワーメーター(※ペダルを踏み込んだ出力を計測するメーター)云々とは限らない。サイクリングとは要はスポーツであるとの考え方も、やはり限定的で話を狭めることになる。それに、別に非常に高価な自転車を所有する必要も、インスタグラム向けの見映えのいいキットをそろえる必要もないのだ。女性サイクリストは一様ではなく姿形も様々で、その出自/背景は多彩で関心も幅広く、彼女たちがサイクリングを愛することになった理由も多岐にわたる。本書が提示したいと思うのもそこだ。

第一部ではこのすべての発端となった革命を描く。一九世紀末に起きた自転車の登場と、さんざん罵られ誤情報に晒されたにも関わらずそれらに果敢に耐えた初期の先駆者たちのお話だ。第二部では自由、平等、シスターフッドの名の下に自転車を活用した女性を紹介する。そして第三部では、それまで（少なくとも女性は）あまり踏み入ったことのなかった地域にペダルを漕ぎ出し、同時代の女性を勇気づけた面々と共にオープンロードに繰り出す。最後の第四部は、自転車がまだ物珍しい存在で、女性自転車競技レーサーの存在はそれ以上にレアだった時代から始まり続いてきた、多くの人間が女性というセックスには達成不可能だと思い込んできたスピードと距離とを走ってきた人々にスポットライトを当てる。締めくくりに登場するのは、スポーツ界の最上レヴェルで競い合うだけではなく男女同一賃金、待遇改善、より大きな存在感と誰でも含めるオープンさとを求め、サイクリングというスポーツを変えるためのアクティヴィズムに参与してきた実に素晴らしい数人の女性だ。

女性をもっと中心に据えたサイクリング史を語るための機は熟した。しかしこの物語はあらゆる人々のためのものだ――現在、日々自転車に乗りつつ、サイクリングはなぜ本来そうあるべき多様性に富んだ姿ではないのだろう？　と疑問に思っている私たちのための、その点をまだ認識していない人々のための、そしてこれから後に続く、願わくは道路、山道、レーストラックで自分の居場所に何の疑問も抱かずに済む世代のための物語だ。

第一部

革命

THE REVOLUTION

1／自転車に夢中

1897年にケンブリッジ大学で起きた女学生の学位取得に反対する抗議デモでの自転車に乗った女性の人形(ひとがた)
Getty Images/Hulton Archive

暴徒に支配されたケンブリッジ大学

時は一八九七年五月二十一日、騒々しい男子学生の大群——中には卵や花火で武装した連中も混じる——がケンブリッジの中世から続くマーケットの開催される広場に集まっていた。女学生が数人、やや不安げな様子でその群集の傍らに立っている。彼らの頭上には、大学評議員会館の向かいに建つ書店の二階の窓からブラウスと運動用ブルマー姿で自転車に乗った女性の人形（ひとがた）が吊るされている。この人形はなぜここにいるのか、そしてその下になぜ学部生の大群が群がっているのだろう？

集まっていた全員が、大学での学位取得を女性に許可する提議を審議していた大学評議会の決定が下るのを待っていた。一八六〇年代以来、女性も女子専用のガートン、ニューハム、ヒューズ・ホールといったカレッジに入学を認められ（教授から許可が下りれば）教科課程を履修し試験を受けることもできるようになったとはいえ、学問を修了しても女性に学位取得権はなかった。したがって、彼女たちはかろうじて学ぶことはできたものの大学組織のれっきとした一員と看做されることはなかったし、卒業することもかなわなかったことになる。それでも彼女たちは一八六〇年代初期の先輩に較べればはるかにマシだった。ケンブリッジ大初の女学生五名は、校内をうろうろして男子学生を動揺させてはならないとの理由から三十マイル(約五十キロ)も離れた学舎で学ばなくてはならなかった。

評議員会館の外に集った抗議者は、そんな状況のあまりにひどい不公平さと不平等とに異議を唱えるのではなく、この提議が可決されるかもしれないという可能性に憤慨していた——イギリス各地の他の大学では既に男女平等に学位が授与されるようになっていたにも関わらず、だ。この提議は実に大きな軋轢を生み、OBたちが街に戻り票を投じられるようロンドンから臨時列車が増発されたほどだった。多くの者が自らの思いを謳ったプラカード——「ガートナイト(※ケンブリッジ大初の全寮制女子校ガートン・カレッジの学生)にガウン(大学式服)は許さじ」、「ケンブリッジ大を男たちのために」——を高く掲げていた。

賛成六百六十一票、反対千七百七票で評議会が提議を否決したとのニュースが流れた時の男子学生の歓喜ぶりは明白だった。彼らは熱狂のあまり人形を引きずり下ろし、首をもぎ取りボディをバラバラにし、ニューハム・カレッジの門越しにその亡骸を放置していった。校内に閉じ込められていた女学生たち——不快さにむかむかし、おそらくおびえていたことだろう——は、門を突破しようとする暴徒の群れを見守った。これら男性陣からすれば、彼らはモラル面での勝利者だった。女どもは自らの分際をわきまえ、男の特権を侵害するようなけしからん要求を起こすのをやめて引っ込む必要がある、と。

ケンブリッジ大で女性が男性と同等に学位を取得できるようになるまで更に五十年か

かった——変化の趨勢に最後まで抵抗した大学がここだった。同校に残っていた男子学生オンリーの数カレッジが遂に女子学生を受け入れるようになったのは一九八八年のことで、またもや男子学生による抗議運動が起きたが、かつてほど暴力的ではなく、彼らは腕に喪章を付け半旗を掲げることで意思を表明した。

一八九七年の抗議活動でなぜ自転車に乗る女性の人形が標的になったかを理解するには、この騒々しく無秩序な一件が起きるに至るまでに交差していたふたつの運動の道のりを振り返る必要がある。最初のひとつは「新しい女」の出現、すなわち女性解放思想の高まりであり、その動きは一七九二年にメアリ・ウルストンクラフトが『女性の権利の擁護』を出版して以来勢力を増し続けていた。ヴィクトリア朝後期の家父長制から課せられた足枷を振り払うべく意思を固めた女たちは、教育、職業キャリア、それまで男が占有し彼らだけの特権だった様々な活動へのアクセスを求め始めた。最終的にこの動向は、続く世紀の初期に起きた女性参政権を求める大規模な運動へと発展していった。第二の触媒は「自転車ブーム」、すなわち新種の自転車が発明されたおかげで西ヨーロッパおよび北米においてサイクリングが少数派の趣味から多数派の活動に発達したことだった。女たちは大挙してサイクリングに取り組み始めたが、この新たな活動に彼女たちが見出した魅力を探っていく前に、まず新たなマシンに備わった革命的な可能性、そしてなぜ一部の男たちはそれを自分だけのものにしておきたかったのかを理解しておくべきだろう。

二輪の創世記

一八八五年に、コヴェントリーのスターレー&サットン社はローバー「安全型」という名の新たな自転車を売り出した。世界初の自転車ではなかったが、時の流れに耐え、最も甚大な影響を誇った自転車だった——その基本設計は今日私たちが乗っている自転車の原型を成している。新機種の発表の余波はたちどころに広がりはしなかったものの、いくつかの改良と改善を経て、この自転車は続く十年の間人々にとってマストなアクセサリーになっていく。

安全型自転車が発売される以前の自転車の図版や写真を見てみれば、これらがなぜ廃れたかはすぐに分かる。最初の自転車をデザインしたのはドイツ人発明家のカール・フォン・ドライス男爵で、馬の要らない四輪車を生み出そうとした彼は一八一七年にラウフマシーン(Laufmascine)=「ランニング・マシン」(※人力二輪車であるドライジーネ)を発表した。ここでのキーワードは「ランニング」で、基本的に一枚の板材をわたして繋げたふたつの車輪とそれに乗る人間のためのクッション付きシートおよび初歩的な操舵メカニズムを備えたこの装置に乗ると、文字通り「走らされる」ことになったからだ。乗る者は着座した状態で、両足で地面を蹴ってこのマシンを人力で駆動させた。かなり滑稽な姿に見える上に、これをやるのは上り坂では楽ではなかったしブレーキが付いてなかったため下り坂での使用も快適ではなかった。しかし自動車時代が到来する前のこの段階で、自力で動かせる車輪付きの装置へのニーズは明らかだった。その欠点と高値にも関わらず、すぐにロンドン、パリ、ニューヨークといったお洒落な都市でラウフマシーンを見かけるようになった。だがブームだっただけに熱が冷めるのもあっという間だった。座ったまま走るという新奇さの魅力は――乗る者の靴底をたちまちダメにしたように――限られたものだったことになる。[(*)]

　ドライスの発明から一八八五年のローバー安全型の登場までの間に、何人もの意欲的な自転車の作り手がこのコンセプトの向上に挑んだ。しかし、初のペダル式自転車が世に出るのには一八六七年まで待つことになった。[(**)] パリの鍛冶屋ピエール・ミショーの設計したヴェロシペードには、前輪のハブにペダルが取り付けられていた――これでもう走る必要はなくなった！　オール鉄製のフレームと木製の車輪（空気入りのゴム製タイヤはまだ発明されていなかった）が乗り手の心身にもたらす害ゆえに「ボーンシェイカー（骨揺すり）」

の異名をとったこのマシンは、購入できるだけの金銭的余裕がある者の間で何年か人気を誇った（当時の価格は二百五十フラン、現在のレートに換算すると約千二百英ポンド※十九万三千円強）。芝居小屋やサーカスの演目にも取り入れられ、より競争心の強いマニアの面々は世界で初めて組織的に開催された自転車レースにも参加した。

＊ドライスのデザインは完全に廃れたわけではない——自転車の訓練用に子供が使う現在の木製バランスバイクに、いくらかその痕跡が見て取れる。

＊＊世界初のペダル駆動式自転車の登場はこれよりもっと早く、一八三九年にスコットランド人の鍛冶屋カークパトリック・マクミランによって作られたとの説を信じる者もいる。しかし彼は自身のデザインに特許を申請せず商業化されることもなかったため、彼の発明が実際に世の動向より数十年先をいっていたかどうかを確実に証明するのは今や不可能だ。

世界中の発明家がこの新たなスタイルの二輪車を改善すべく競い合った結果、ミショーの生み出した主題の様々なバリエーションが特許庁に大量に押し寄せることになった。一八七〇年代初期に、ボーンシェイカー熱は「ハイ・ホイール」あるいは「オーディナリー」と呼ばれた自転車の到来により終息した。ヴィクトリア朝時代の発明品の中でもおそらく最もアイコニックなこの自転車は、巨大な前輪とそのバランスをとるためのちっぽけな後輪の上に乗り手が鎮座する姿から、イギリスでは「ペニー・ファージング」として知られるようになった――ふたつの車輪のサイズのアンバランスさが、ふたつの硬貨のサイズの違いに似ていたからだ（ペニー貨の方がファージング貨よりはるかに大きかった）。そのデザインは現代の目にはあまりに異様かつ非実用的に映るもので、現実をちゃんと把握していない人間が発明したに違いないと思える。にも関わらずこの奇怪で新たな怪物には何かしら生命力があったのだろう、一八七一年にスターレー＆サットン社が四十八インチ（約百二十二センチ）車輪の自転車を市場に送り出して以降、少なくとも何十年か生き延びた。

ミショーのボーンシェイカーに較べはるかに格安だった上に、この新たな自転車はもっと軽量で意外にはしこかった。空気入りタイヤの贅沢さこそなかったものの、大き過ぎる車輪のおかげで、乗り手は道路がアスファルト舗装される前の時代につきものだったデコボコ道やわだちの刻んだ溝の衝撃を以前ほど直接感じずに済んだ。

七〇年代が進むにつれ車輪は拡張し続け、それに伴い速度および走行距離も増していった。自転車レースは多くの観衆を集め、三分間で一マイル（約一・六キロ）を達成した最初の乗り手たちをゴールラインで歓声と共に迎えた。あまりの需要の高まりに一八八〇年までにイギリスにはオーディナリー型自転車製造業者が百以上存在するようになり、当初は懐疑的だったアメリカ合衆国の買い手も疑念を克服して以降は負けず劣らず熱心になった。そんな回心者のひとりがイギリス移民のトーマス・スティーヴンスで、彼は一八八四年にアメリカ製のコロンビア・オーディナリーに乗ってサン・フランシスコからボストンに達し、二輪車で初の大陸横断を成し遂げた（これはトーマスの自転車冒険行の序の口に過ぎなかった。翌年、彼はロンドンから出発し自転車で欧州、中東、中国、日本を回り、ペダルを漕いで世界一周した最初の人物になった）。

それほど成功したのなら、自転車の進化はなぜオーディナリー型でストップしなかったのだろう？　と不思議に思われるかもしれない。まず第一に、オーディナリーは危険な乗り物だった。高いサドルによじのぼるのは大変だったし、重心位置が高いぶん落下距離も長い――ハイ・ホイール自転車愛好家にとって落車は職業病だった。経験豊富な乗り手ですら、強風、道にできた溝、それ以外の様々な障害物（たとえば転倒したサイクリング仲間）は命取りの危険になりかねなかった。深刻な頭部の負傷は俗名――「cropper（ドシンと落車）」、「header（頭からまっさかさま）」、「imperial crowner（王冠をかぶる※スピードがついた状態で前のめりにハンドル越しに落車する事故）」――が生まれるほど頻繁に起こったし、大半の人間に自転車に挑戦するのを思い留まらせた。自転車反対派はサイクリングを「若い男のゲーム」と呼んだが、死に至りかねないデザイン上のクセゆえに若者ですら興味を殺がれがちだった。しかも値段も法外で、一台買う贅沢ができるのは中流もしくは上流階級の経済的な余裕のある男性だけだった。ということは、サイクリングの喜びもそれに伴う危険も、常識をわきまえた、あまり経済的に恵まれない中年男性には手が届かなかったことになる——そして女性にも。

このマシンに熱中した女性はたしかに存在した——中には勇敢な女性ライダーもいくらかいて、彼女たちはレースにすら参加し大観衆を集めた——とはいえ、ハイ・ホイール好きな女性は少数派だったと言っていいだろう。彼女たちには克服しなくてはならない危険が余分にあったことを思えば、それは驚くに値しない。女性は何層ものペチコート、床を引きずるロング・スカートで自らの身体を隠すものと社会規範に命じられていた。この服装でサドルにまたがるのはほぼ不可能だろうし、どうにか乗りおおせた者がいても、スカートがスポークに絡まった途端、地面に叩きつけられるのは避けようがなかったはずだ。(*)

＊　嘘のような話だが、スターレー社はサドルが脇についた横座り型で、バランスをとるために後輪を片側に寄せたデザインの自転車を創作したこともあった。しかし、実際にそれに乗った者がいたという証拠は見つけにくい。

一部の女性——と男性——は一八七〇年代後期に人気を博したトライシクル、足でペダルを踏むことで駆動する車輪が三つ付いたマシンに乗ることにした。これならサドルにまたがる必要はなく、一般的なヴィクトリア朝時代のドレス姿でも乗れたし膝をぴったり閉じたままで済み、自転車に乗る行為が淑女的で物議を醸さないものになった。挙げ句、ヴィクトリア女王当人すら一八八一年に自らと娘たちのために一台購入したほどだった。しかしハイ・ホイールと同様、三輪車にも根本的な欠陥がいくつかあった。非常に重く大掛かりなマシンだったため上り坂ではその重量を運ぶのにペダルを漕ぐだけでは足りず、後ろから押す人手が必要だった。また、乗りこなすための訓練という意味で乗り手にあまり負担はなかったし、高いサドルから数フィート落下する危険はなかったものの、たとえば道のデコボコにぶつかり横転するといったリスクの数々はやはり残っていた。サイズという意味でも家の廊下に一台置いておく、というわけにはいかず、馬車等の乗り物をしまっておける専用の小屋がない人間には手詰まりだったろう。端的に言って、乗り物専用の建物を構えられるほど富裕な人間でない限り、おそらくトライシクルを購入することはできなかったということだ。(*)

＊ 三輪車はその後カムバックを果たしたが、ただしそれははるかに軽量で使い勝手のいい、お年寄りや身体的な障害があり自転車に乗れない人々向けの形でだった。こうした使用者の多くは、三輪車で動き回るのは歩行よりも楽だとしている。

そんなわけで、ハイ・ホイール自転車はごくひとにぎりの層にしか許されない、男性専用クラブのまま――多くの人間にとってその方が好都合だったのは間違いない――だったし、彼ら向けにあつらえられたクラブも登場し始めた。そのいくつかは遠慮なしに贅沢だった。マサチューセッツ・バイシクル・クラブ（ポープ自転車製造会社が経済的にバックアップしていた）はボストンの堂々とした四階建てのタウンハウスを拠点とし、会員は自転車に乗ったまま斜道経由で建物に入り、休憩室の赤々と燃える暖炉を囲みサイクリング後の一杯と葉巻を楽しむ前にクラブの洗面所と図書室を利用することができた。すべてのクラブがこれほど豪奢だったわけではなく、多くはパブの二階といった利用可能な場所をどこでも会合所に使っていたものの、いずれのクラブもユニフォームは大いに重視した。メンバーはクラブ・カラーの帽子とジャケットにクラブ・バッジを飾った出で立ちで登場した。冒険し、死と競い合い、運試しをしたい若い男性たちのこのエリートなクラブに所属することには誇りの感覚があったし、オックスブリッジの学生たちが自らのクラブを結成し、アメリカのアイヴィー・リーグ勢も程なくしてそれに続いたのに不思議はなかった。

だが、サイクリングを民主化することになる新種の自転車の登場によってこのエリート主義が脅かされた際には、帽子も、バッジも、命取りな巨大車輪も、まったく歯が立たなかった。待ちに待った自転車の登場だった。

安全第一

一八八五年、ジョン・ケンプ・スターレーはハイ・ホイールに続く自社の製品を単刀直入に「セーフティ（安全型）」と名付けた。ふたつの標準サイズの車輪から成るこの自転車はズバリそれ、安全な選択だった。不条理な設計の先輩とは異なり、この自転車は停止した際に乗り手の両足が地面に着くくらい座位が低かった。初期のデザインはやや大型の前輪を用いていたとはいえふたつの車輪のサイズの相違はごくわずかなもので、ゆえに相応に身体を動かせる者であれば誰でも難なく乗ることができた。今日の自転車の基本設計であり続けているそのアイコニックなダイヤモンド型フレームは、その型に一番乗りしようと躍起になっていた志しの高い発明家すべてにとってデザイン面での突破口になった。しかし、古典的なデザインになっていく物体の多くがそうであるように、本格的に人気に火がつくのには何年かかかった。熱狂的なハイ・ホイール信者は当初セーフティをつっぱね、その地面との近さを極めて威厳に欠けるものと看做した。にも関わらず二輪サイクリング界は変転しており、ローバー「安全型」はたちまち世界中に輸出されていった。スターレー本人すら、その革命性のすごさを予想し得なかっただろう。

三年後、遂に真の自転車ブームを起動させたもうひとつの設計面での進歩が起こった。

作り主の名はジョン・ダンロップ、ベルファスト在住のスコットランド人獣医だった彼は、息子の三輪車をもっと心地好い乗り物にするために空気を充填したゴム製タイヤを装着できないかと暇をみて試行錯誤していた。ここには何かあると気づき、彼は特許申請した。こんなものに人気が出るはずがないとするお決まりの否定派ももちろんいたし、初めのうちは物珍しさで野次馬な見物人を引き寄せることもあったとはいえ、実際にダンロップで軽く飛ばしさえすれば、ショックを吸収してくれる空気入りタイヤを使った自転車に乗る方ががっちり固い車輪より良いのは歴然としていた。あるレースの場で自転車にタイヤが装着され、平均速度が三分の一上がったことで、タイヤが自転車と切っても切れない備品になっていくのは確実になった。この見事な組み合わせにより、西洋世界は自転車熱に浮かされていくことになる。

ブーム期

私の曾祖父サミュエル・モスはロンドンのフリート街の印刷工で、一八九〇年代にサイクリング熱に浮かされた人々のひとりだった。九〇年代半ばまでに、彼はロンドンのハーン・ヒルに新たにオープンした自転車競走場で定期的に競うようになっていた。彼が獲得したトロフィーの数々は祖母宅のサイド・テーブルに誇らしげに飾られていた。

この頃までに自転車レースは大人気を博していたものの、ほとんどの人間は近隣の公園に出かけおだやかにペダルを漕いで回る体験の物珍しさを味わうことで満足していた。あまり無理せずゆったりと流していけるその心地好い感覚は大抵の人々にとって他に類を見ない体験だっただろうし、もっと遠くまで行きたいと思う者がいたら誰も止められなかった。現在私たちは自動車に乗り一日何百マイルも走行するのがごく当たり前な時代に生きているが、自動車時代以前を生きた私たちの祖先は馬力と蒸気機関車に頼っていた。列車路線の届かない村落や小さな町で暮らしていた人々の多くは、一日に徒歩でこなせる距離以上に遠出をしたことはなかっただろう。馬を飼う余裕のあった者すら、移動できる距離に関しては制限があったはずだ。平均的な一日ぶんのサイクリングで、馬に乗って一日旅する倍の距離をカバーすることは可能だ。列車はもっと効率的とはいえ、どこでも行きたいところに連れて行ってはくれない。

自転車の価格が下がり購入しやすくなるにつれ、世紀末のヴィクトリア朝人の世界は劇的に広がった。今や彼らは新たな経験やチャンスへの進入路を得たし、おそらく新たな恋愛関係へのドアすら開いた。イギリスの社会学者たちは近親交配にまつわる遺伝子欠陥の減少は自転車のおかげだと考えたし、アメリカ合衆国国勢調査局は一九〇〇年に自転車の発明は革新的だったとしている——「これまで人間に用いられてきた品物の中で、自転車ほど社会状況にかくも大きな革命を作り出した物はめったにない」

ヴィクトリア朝末期の人々は安全自転車を熱狂的に受け入れ、彼らの世紀の終わりを自転車の歴史上最も重要な時期にすると共に、ものの数年のうちに自転車を少数派のアクティヴィティから大衆娯楽へと引っ張っていった。一八九〇年にアメリカ合衆国には二十七の自転車工場があり、年間約四万台の自転車を製造していた。一八九六年までには二百五十を越える工場が百二十万台以上を生産し、多くは需要を満たすべく夜通しで操業した。当時アメリカ最大手の自転車メーカーだったポープ社はこのディケイドの半ばまでに一分に一台を生産していた。一方、七百もの工場を抱えたイギリスは世界におけるサイクリングの中心地としての地位を確立した。

初期モデルは高価だったものの、時代が進むにつれて新たな大量生産技術が取り入れられ、一八九〇年代初頭には約百五十ドル——ポープ社工場の工員の月給六ヶ月分——だった値段も一八九七年までには平均価格八十ドルにまで下がり、中には更に安いモデルもあった。加えて分割払いのオプション、最新型にアップグレードする裕福な消費者層に支えられ成長したセコハン市場もあり、このマシンはすぐに社会のあらゆる層に手の届く存在になった。九〇年代が終わるまでに、西ヨーロッパ、北米、それ以外の世界各地の街路で自転車を普通に見かけるようになった。もはやエリート層の遊び道具ではなく、自転車はレクリエーションと交通手段双方の目的で広く使用されるようになった。

今日の素晴らしいサイクリング都市であるコペンハーゲンとアムステルダムは早いうちから自転車を取り入れており、一八九〇年代初めまでには街角を自転車が元気に行き交っていた。トロントがサイクリング都市になったのもこの時期のことで、成長しつつあった同市の都会的でモダンなイメージに寄与するのは違いないとして知事たちは自転車使用を奨励した。一八九五年のイギリスでは、ロンドンの王立公園でペダル駆動のマシンに乗る姿は流行の最先端だった。一八九六年までに、最大三千人ものサイクリストが日ごとハイド・パークの小径を自転車で走るようになっていた。この同じ年、イギリス映画界のパイオニアのひとりは、通りの脇にたたずむ衆人環視の中を整った身なりの男女の集団が自転車に乗り同公園の広い通りを次々に流れていく光景を粗い画像のモノクロ・フィルムに収めた。『Hyde Park Bicycling Scene』と題されたその二十秒の記録映像は、これらファッショナブルな公園サイクリストたちの世界を垣間見せてくれる素晴らしいものだ。

フランスもサイクリング国家を自認し、パリのブローニュの森を「スタイリッシュなサイクリング」の震源地にお洒落な自転車乗りはどう装うべきかを規定していった。愛好家たちは日々この森林公園のブラッスリー・ド・レスペランスやシャレー・ドゥ・シクルに集い、愛車をクローク係りに預け番号札を受け取り、並木道をサイクリングする前にひといき入れコーヒーやワインを一杯たしなんだものだった。大通りを行く顔ぶれは様々で、ランチ休憩中のウェイターに混じり、妻と子供たちとタンデム自転車（＊ふたり以上で漕ぐ自転車）に乗るカジミール＝ペリエ大統領もいれば、サラ・ベルナールをはじめとする舞台役者やフェルナン・レジェといった芸術家や作家もいた。イタリア人もサイクリング地勢図に乗り込もうと活発だったが、彼らにとってレジャーとしての自転車はあまり心惹かれるものではなかった——自転車レースがすべてだった。

オーストラリアでは、お洒落なアクセサリー云々というより自転車は苛酷な気候と土壌に立ち向かうための実用道具だった。ゴールド・ラッシュ期には荒れ果てたエリアまで長距離移動する必要のあった試掘者が自転車を取り入れ、人里離れた炭鉱町で働く労働者の多くにとってはすぐに馬より経済的な代替交通手段として、また牧羊農家を旅して回る毛刈り人にも活用された。

対してドイツは自転車熱に懐疑的な姿勢をとった。どうやら留まるところを知らない新型自転車の勢いを抑えるべく、サイクリストは試験に合格する必要があると主張する地方自治体も一部にあり、一方でははっきり見える識別ナンバーを自車に装着するようサイクリストに求める自治体もあった。ベルリン、ドレスデン、ミュンヘンでは都市中心部への自転車乗り入れは禁止された。少し前に統一国家になったばかりのこの国では各地方で異なる規則が適用されたらしく、ルール違反者を捕えるべくやる気満々の私服警官があちこち潜んでいた。こうした措置は外国人旅行者にとってハードルになりかねなかったが、この実用的かつ楽しさいっぱいなマシンの人気上昇を食い止めることはできなかった。一八九六年までに五十万のドイツ人が自転車族を自認していた。ニコライ皇帝本人は自転車好きだったものの、ロシアも一時期サイクリストに試験を課すルートをとった――自転車に乗りたい女性は一八九七年になるまで試験を受ける資格を与えられなかった。

世界中の各種製造業者が、消費者は自転車に金をはたいていて自分たちの商売あがったり、と不服を唱え始めた。一部の企業はブームに便乗しようとした。たとえばニューヨークの宝飾会社ティファニーは、紫水晶で飾り真珠母のハンドル付きの金メッキの自転車を一台製作した。お値段一万ドル(現在価格に換算すると二十三万ドル近くに相当)のこのマシンは、実業家〝ダイヤモンド〟・ジム・ブレイディがガールフレンドだったパフォーマー、リリアン・ラッセルへの贈り物として特注したものだった。アメリカの「金ぴかの大好況時代」に絶頂を極めたこの自転車関連の誇示型浪費は、教会が自転車ブームに対して抱いていた根深い疑念を増すばかりだった。著名な聖職者数名がサイクリングは冒涜行為であると非難し、日曜日に教会に来て木製の固い信者席に座り罪をとがめられるよりもサイクリングに出かけるのを選ぶ信者の数が増えていることに憤慨した。

サイクリングは道徳面で問題ありと危機感を抱いたのは聖職者だけではなかった。熱心な自転車愛好家の中にすら、この活動は社会のある一部の層、すなわち女性にはふさわしくないとの意見を表明する者がいた。

なぜ彼らは怒ったのか？　これは女性の主体性が頻繁に否定され、彼女たちに人権がほとんどない時代のことだった。その大部分は社会的にも身体的にも、徹底して自由に欠けた生活を送っていた。彼女たちは自立した存在ではなかったし、エリート大学で学問を追求することも、ふたつの車輪に乗って出かけるはずもないと思われていたのだ。

2／手に負えない自転車女たち

スターンズ社製自転車の広告「スターンズに乗れば安心」、1896年頃
Everett Collection/アフロ

ペダルを漕ぐ淑女

女性に魅力的な自転車を設計しようとの鋭い洞察を得たのはまたも、安全自転車の原型を発明する先見の明のあったスターレー社だった。一八八七年に発表された「サイコ・レディーズ・セーフティ」はトップチューブをなだらかに下げたスタッガード型——ステップスルー——のフレームを用いていたため、わずらわしい長いスカート姿の乗り手もトップチューブをまたがずに済み、チェーンガードの採用により何枚も重ねた衣類のどれかがチェーンに引っかかり事故が起こるのも防止できた。(*)

* 新たな購買層をマーケットに呼び込むのに、「サイコ」はたしかに奇妙な命名と思える。しかし当時この言葉には、主にアルフレッド・ヒッチコックの同名映画の影響から発した今日における含意はまだなかった。※この命名はヴィクトリア朝時代のマジシャン、ジョン・ネヴィル・マスケラインが製作し見せ物として人気を博したオートマトン(からくり人形)「サイコ」にちなむとの説あり。

一年後、ハリエット・H.ミルズ主宰の女性サイクリング・クラブは、彼女たちの本拠地ワシントンDCまではるばるイギリスから輸入する手間にも関わらずサイコ自転車を注文した。ハリエットはアメリカ産の「レディーズ・ダート」自転車を所有していたが、その製造会社は需要に追いつけなかった。また別の会社は婦人用自転車を「ザ・ウィッチ（魔女）」と命名した――この言葉がまだフェミニズムによって奪還されていなかったことを考えると、意外なマーケティング戦略のように思える。胡散臭いネーミングにも関わらず、特に女性に適した型に改良すれば自転車をもっと売れると大西洋両岸の製造者側が気づき始めたのは間違いない。

曾祖父サミュエル・モスは自転車レースでメダルを獲得していたが、家族の言い伝えからは彼の妻、すなわち私の曾祖母も自転車に夢中だったかどうかまでは分からない。しかし統計によれば、一八九〇年代半ばまでにイギリスと北米において婦人用自転車は市場の三分の一を占めていた。これはハイ・ホイール自転車人気が最高潮に達していた十年前には、あり得ない話と思われたことだろう。

女性向け自転車の人気は、社会上層部を占めるやんごとなき面々の熱心な自転車スポーツの受け入れで拍車がかかった。たとえば、サマセット公爵夫人はよくバタシー・パークのレイクハウスに五十人近い友人を招き朝餐を振る舞い、皆でそろって公園内を自転車で周遊したものだった。彼らは中国提灯を明かりに使い夜間の市内サイクリングを楽しむこともあり、乗り終えた先には大晩餐会が待っていた。ロンドン在住の貴族邸の大理石張りのホールのあちこちに自転車が散見され、それらは朝が来るたび丁寧に馬車に積み込まれ、淑女オーナーと共に近隣の公園まで運ばれた。大事な自転車の帰宅を待ち構え、大邸宅の階段にかしずいた制服姿の少年たちは自転車をきれいに拭き磨き上げたものだった。

社交界の花形サイクリストにとって、自転車に乗る姿を人から見られるだけではなく、最新型の自転車とサイクリング用ファッションを備えているかも重要だった。ウォリック伯爵夫人デイジー・グレヴィル（当時英皇太子だった後のエドワード七世の愛人）は「一般に自転車狂の名で知られる熱病」にかかったとされた。[註1] この趣味への彼女の傾倒ぶりは大衆演芸場の定番曲〝デイジー・ベル〟をインスパイアするほどで、歌詞は「君はふたり乗りの自転車のサドルに可愛らしく腰掛けるだろう」と歌った。[註2] 伯爵夫人の装いに執着したマスコミは四季の移り変わりに合わせ変化する彼女の自転車の色とそれにコーディネイトしたファッション――秋にはモス・グリーン、夏は白一色、茶色とゴールドは春向け――をつぶさに報道し、仕立屋たちも彼女の着たものはなんでもコピーしようと待ち構えていた。

当時の自転車関連メディアは、この新たなホビーに夢中になったあまり他の多くのお気に入りの娯楽の中にそれを組み込んだ、こうした社交界の淑女――および有名女優――とのインタヴューで賑わった。最上級のカントリーハウスで週末に開催されるパーティの招待客は、自転車でピクニックに出かけ、ジムカーナ（※指定されたコースを走るタイムトライアル競走）的なゲームや仮装して自転車パレードに参加できるよう愛車の持参を勧められた。中には地方でのキツネ狩りに、普段の乗馬ではなく自転車で参加する者もいた。

ニューヨーク社交界の淑女連も負けず劣らず熱心だった。一八九四年、『サイクリング』誌はこう報道した――「早くて午前五時から、アッパー・フィフス・アヴェニュー＆ブールヴァードを侍女あるいは従僕を従えて自転車に乗るレディが多数見受けられる」。そのうち何人かはアッパー・ブロードウェイに拠点を置いたミショー・クラブ、社交界の上級メンバーだったキャロライン・アスターが仕切り、ロックフェラー一族やルーズベルト一族の面々もその中に数えられたニューヨークの超エリート族こと「四百人」グループ向けクラブの会員だったかもしれない。一八九六年に、『ハーパーズ』誌は同クラブを「ニューヨークのファッショナブルな面々の多くで構成され、男性とほぼ同じ数の女性も会員登録している」と報じた。会員数を上限二百五十に定めたミショー・クラブには瞬く間に長い入会待ちリストができた。クラブの敷地内は図書館に夕べの茶会向けのラウンジ、冬期の屋内訓練設備を誇り、その訓練所で会員は音楽に合わせて自転車に乗り、ルーティンの動きをシンクロで演じてみせた――さながら、ペロトンやソウルサイクルといった今日のフィットネスバイク教室の一九世紀版だ。

『マンジーズ・マガジン』誌の記者はその光景に魅了され、「広々としたホール内を指導者の後に続いて回りながら、バンドの生演奏に合わせサイクリストたちの繰り広げる複雑なパターンの数々はニューヨーク中で最も綺麗な光景のひとつである」と断言した。【註3】春と夏にはリヴァーサイド・ドライヴといった風光明媚な地を目指す集団サイクリングが企画され、到着地で昼食会がおこなわれた。この自転車ブームに応じ、都市計画者たちもプロスペクト・パークから大西洋に面するリゾート地コニー・アイランドに至る自転車路を作り上げた。このルートはあまりの人気ゆえに開通から一ヶ月経たないうちに過剰使用で修復工事が必要になり、多数の利用者向けに路幅も広げられることになった。

イタリアでは、サヴォイア家のマルゲリータ王妃が自転車好きになり、ゴシップ欄には彼女が純金製車輪の自転車に乗っているとの噂が流れた。ポルトガルのアメリー王妃は、物理学の本に読みふけってばかりの彼女の健康を憂慮した夫からサイクリングを始めるよう勧められた。彼女はこの娯楽を熱意と共に受け入れたとはいえ、それでも彼女が科学への興味を忘れずその追求にも時間を割けていたらいいなと思う。

貴族階級のサイクリング熱のインパクトははるか中国にまで及んだほどで、最新流行を常にいちはやく取り入れていた上海の遊女たち（中国の芸者に当たる）が市内の公園を自転車で乗り回す姿が見受けられた。

一八九六年暮れまでに、ロンドン、ニューヨーク、そして世界各地の社交界サイクリストは自転車をほったらかし始めるようになっていた。彼らからすれば、この一過性の流行は始まったと同時にほぼ終わったも同然だった——一般大衆も自転車を手に入れられるくらいブームがいったん最高潮に達するや、雲の上のスポーツとしての希少価値は薄れ、エリートにとってその魅力は失われた。だが、より広い社会においては、自転車の道はまだ開け始めたばかりだった。

この頃までには、教会側もサイクリングは消え去らないことを受け入れつつあった。先取の気風がある聖職者の中には教会に会衆用の自転車ラックを設営し、礼拝とレジャーをひとつにまとめた者もいた。自転車ウェディングすらあった。一八九七年にロンドンのレスター・スクエアの教会でとあるイタリア人カップルが結婚し、婚礼客の一群がペダルを漕ぎ通りを進む後ろに、花で飾られた自転車に乗った婚礼装束の新郎新婦が続いた。この光景にあまりに多くの見物客が集まったため、群集を整理すべく警官が出動したほどだった。二輪上で祝われた聖なる儀式は結婚だけではない。『レディ・サイクリスト』誌は一八九六年に、とある洗礼式に赤ちゃんと乳母がふたり乗りで到着し、式の参列客も八十台近くの自転車でその後に続いた、と報じている。

自転車ハネムーンも流行し、新婚カップルはよくふたり乗りの自転車で旅に出た。トムとヘレンのフォレット夫妻はそんなカップルのひと組で、おじから贈られたタンデム自転車に乗り、一八九六年に二ヶ月かけてニューオーリンズからワシントンDCまで旅した。合衆国南部の悲惨な道路状態を嘆きつつもヘレンは自転車での移動生活に夢中になり、これまでの経験の中でも「最高」と形容した。彼女が感じた自由は「花咲く草原の上を飛ぶ鳥のよう」で、「自分は息を切らせ死にものぐるいな野うさぎの後をはじかれたバネの勢いで追うグレイハウンド犬だ、そんな気がする。自分のことを稲妻の閃光や高速で突っ切る砲弾と較べることすらある。モンテ・クリスト伯があの岩山の頂上によじのぼり、世界は我のものと宣言した時の心境はかくやと気づかされる」【註4】

その前年、フランスでは、物理学者マリー・キュリーと彼女の夫ピエールとが結婚祝いの自転車旅行に出かけた。結婚式はマリーの求めにしたがい質素で、白いウェディング・ドレスも金の指輪の交換も結婚を祝う朝餐も省き、宗教的要素は一切なかった。夫妻の娘エーヴは母親の人生を綴った自著の中で、夫妻の唯一の贅沢は結婚の祝儀金で購入した二台の「ピカピカの」自転車だったと書いている。伝記によれば、自転車を手に入れてすぐに「若い新婚カップルは何千回とせっせとペダルを漕ぎ、行き着いた村で宿代に数フラン払うことで、長くうっとりするようなふたりだけの昼と夜の世界に浸る贅沢を得た」という。【註5】エーヴはまた「この幸福な日々を通じ、男と女を繋ぐ最も素晴らしい絆のひとつが育まれた」とも書いている。女性初のノーベル賞受賞へと彼女を導いた苛酷な日常労働と研究生活からの息抜きの手だてとして、サイクリングはマリーの人生の一部になっていった。夏が来るたびピエールとマリーは自転車に乗ってフランスの田舎を探険した。妊娠後期の八ヶ月目でもまだ自転車に乗っていた。ふたりはブレストを目指し旅したが、その走行距離は妊娠前の自転車旅行と変わらなかった。この旅は、出産のためマリーがパリに戻らざるを得なくなったところでやむなく切り上げとなった。

サイドサドル（横乗り）では自転車に乗れない

かなりお上品な形でだったとはいえ、上流社会の面々のおかげでサイクリングがお洒落と看做されることになった一八九〇年代半ばになるまで、自転車に乗る女性は抵抗と反対に出くわしがちだった。この反応の振れ幅は、軽度のハラスメント――これはよく、自転車女の女らしさあるいはその欠如を問うこと、そして彼女の性的な道徳観に疑問を呈する形をとった――からあからさまな乱暴行為まで様々だった。

女性参政論者で作家だったヘレナ・スワンウィックは、一八九〇年代初期にロンドンで自転車に乗っていた時の体験をこのように描写した――「乗り合い馬車の運転手は必要とあれば私をムチで打つのも辞さなかったし、御者たちは私の背後に集まるのを面白がった。ノッティング・ヒルのスラム街では一度、スカートを引っ張られ自転車から落ちたこともあった」【註6】。それにもめげず彼女は自転車に乗り続けた。サイクリングで得るものの方が偏見を上回ったからで、自転車に乗ることで彼女の生活は「大いに広がった」。彼女は夫とマンチェスターの自宅からそろって自転車で繰り出しカントリーサイドを一緒に探索するのを楽しみ、それ以外のイギリス各地やフランスもツーリングした。ヘレナはケンブリッジ大のガートン・カレッジで学問を修めた人で、ことによるとくだんの悪名高い人形のインスピレーションに貢献したかもしれない。

ヘレナと同じように、作家イヴリン・エヴェレット＝グリーンも彼女のサイクリング活動は辻合馬者の御者の怒りを買ったようだと書いており、彼らからしょっちゅう「あばずれ」と罵られ、また一部の女性に「ムカムカするわ」と嫌悪感を表明されたという【註7】。友人や家族も彼女がロンドン市内で自転車に乗るのは「みっともない」と感じ、乗ることを諦めさせようとした。しかしイヴリンの以下の言葉を読む限り、そんな彼らも数年後には態度をがらっと変えていたかもしれない――「一八九五年四月に、自転車に乗る者は変わり者とされたものだった。同年六月までには、自転車に乗っていない者の方が奇矯と思われるようになった」

他の女性サイクリストの草分けたちは実際に暴力をふるわれた。貴族女性のドロシア・ギブはヨークで安全自転車に乗り始めたところ石をぶつけられたが、それでも彼女はペダルを漕ぐことをやめず、娘にあなたも乗ってごらんと勧めるほどだった。ロンドンで初めて自転車に乗った女性のひとりと噂されるエマ・イーズは、男女双方からレンガをぶつけられ「家に帰れ」の声を浴びた。他の多くの女性たちと同様に、それでも彼女は自転車に乗り続けた。レスター・スクエアにあったアルハンブラ大衆演芸場で観客を前に自転車曲芸の数々を披露することにした際には、彼女の家族はあまりに憤慨したためその件について一切語ろうとしなかった。

先に触れた、ケンブリッジ大の校舎に閉じ込められた女子学生たちとサイクリングする女の人形を掲げ表であざけりの大笑いをあげていた男性暴徒の図は、一九世紀におけるジェンダー規範がいかに構築されていたかの格好のたとえだ。男性と女性は公／私の分離した領域（separate spheres）に存在するものとされており、女は家庭に閉じ込められ、人様の面前でうろうろするのではなく家族の面倒をみるものだった。労働、政治、学習といった社会的および公的な世界は男に独占された領域だった。これは、女性がひとりで通りを歩いているだけでも公共秩序が乱れかねない時代の話だ。ひとり歩きする女性には売春容疑で逮捕されるリスクが伴った。新たな自転車に乗って女たちは家庭という名の牢獄から脱出し、はっきり目に見える形でストリート空間――男たちの縄張り――を占めていった。ケンブリッジ大で学んだ女性と同じように、彼女たちもよく煙たがられた。

「家庭の天使」（※ヴィクトリア朝時代の夫人理想像。詩人コヴェントリー・パトモアの同名作品にちなむ）としての役割を果たし、家庭内の問題にかかりっきりで政治力はおろか行動の自由さえなかった当時の女性ははるかに支配しやすかった。「弱き性」とされた彼女たちは、自らを精神的あるいは身体的に行使しようものなら完全に崩壊する危険がある、と教えられた。この女らしさの概念構築により多くの女性が自宅の囚われ人になった。法に関して言えば独身の女性は父親の所有物であり、結婚すると財産と身体を夫に寄与することを求められ、働き手の女性であれば報酬も夫に渡さなくてはならなかった。

同じように、女たち自身の身体の使い方およびその見せ方も制限されていた。「きちんと」育てられた婦女子は体型を長いスカートとペチコートで覆い隠し、できる限り屋内で過ごすものだった。身体を晒したり街中を歩く女性は売春婦であり、彼女たちは自らをもの笑いの種におとしめている、ということになった。労働者階級の女性が汗水たらして重労働にいそしむのは容認されていたにも関わらず、礼儀正しい社交界の令嬢はあまりにか弱く尊い存在で汗をかくことさえできないとされた。ジェーン・オースティンの小説『高慢と偏見』（一八一三）の中で、極端なコンサバ女性のキャロライン・ビングリーは主人公エリザベス・ベネットが姉の看病のため近郊のネザーフィールズまで徒歩で三マイル（約四・八キロ）歩いてきたことに憤慨し、ひとりきりでスカートを泥だらけにして外出した彼女を社会下層民と看做した。

公的な場で身体を使う活動なだけに、サイクリングはこの女らしさの規則に抵触した。安全自転車の出現まで、仮に富裕階級の女性がスポーツをたしなむことがあるとしたらそれは上品で「淑女にふさわしい」ものに限られていた。クロッケー、弓術、ゴルフ、庭球は塀の向こうあるいは私有の庭でおこなわれ、詮索好きな目から逃れられるスポーツゆえ差し支えないとされた。水泳は一九二〇年代まで男女別だった。この時代の女性水着はビキニよりブルキニ（※イスラム女性信者向け水着。顔と手足の先だけ露出し体型をあらわにしないデザイン）にはるかに近く、ブルマーと黒ストッキングを穿いた上に膝丈のウール製水浴ドレス（屋外プールの水路を泳ぐには役立たずな出で立ちだ）をまとってもなお水着姿の女性は礼儀正しい社会においては際ど過ぎる光景とされた。一八九〇年代半ばに女性のサッカー試合がスタートした際には、抗議が起きて試合はたちまち取りやめになった（第一次大戦時に女子サッカーが非常に人気を博したことでやっと復活した）。

中にはこうした抑圧的な女性概念をものともせず困難な偉業――たとえばアルプス山脈と氷河の登頂――を達成した女性ももちろんいたとはいえ、その数はごくわずかだった。

ヘレナ・スワンウィックや彼女の同志、新型マシンに乗ってストリートに繰り出し自らの空間を主張し、もはや己の健脚ぶりを隠したりしなくなった女たちは、彼女らを押し込め、支配しようとしたルールの数々に変革の発破をかけた。ヴィクトリア朝時代人の多くにとって、こうした女性は確立した秩序を混乱させ妨害する、危険で手に負えない存在だった。こうしたけしからぬ輩は監視し取り締るべきとの意見に同調した者は多く、地方新聞もそれぞれの地域で最初に自転車に乗った女性の話題を報じた。

数多くのオーケストラ曲やオペラを書いた作曲家エセル・スマイスは、一八九〇年代初期のロンドンの新聞各紙はどれだけ「ありがちな、好ましくない第一人者タイプの、手に負えないワイルドな女性」が自転車に乗る姿を捉えた写真であふれていたかを記述した。【註8】後に女性参政論者／女性解放運動の士のアンセム〝The March of the Women（女たちの行進）〟を書き、女性選挙権に反対した国会議員宅の窓に投石し壊した罪状でホロウェイ刑務所に二ヶ月投獄されることになった彼女が、社会規律に服従しない、自立したこれらの女性に魅力を感じたのは無理もない。母親に勧められ、彼女もすぐに自転車を買うことにした。彼女の家族の中にはサイクリングは「優美さに欠ける」活動であり「見目よく立派な女性にふさわしくない、と諭す者もいた。しかし彼らの願いは馬に念仏だった。男たちだけに楽しみを独占させているわけにはいかないではないか？

こうした女性サイクリストの草分けたちにとって女性参政権への興味は「前提条件」ではなかった。だが、自転車がもたらす自立性と興奮に惹きつけられるタイプの女性はまた、男女同権に対してその場限りの興味以上の関心を抱いていた証拠も残っている。ケイト・シェパードは、作家サラ・グランドが一八九四年に発表した随筆の中で生み出した新語「New Woman（新しい女性）」の典型だった。ニュージーランドの有名な女性参政権運動推進者であり、その働きが一八九三年にニュージーランドが世界初の普通選挙制を確立するカギを握った存在であるケイトは、同国初の女性サイクリング・クラブも設立した。

新たな女性は教育を、職歴を追求する権利を求めた。その中には自分も選挙権を得てしかるべきだと考える者もいた。簡潔に言えば、こうした女性は自らの人生に対する自己決定権を求めていた。それを求めた女性は彼女たちが初ではなかったとはいえ、これは社会全体が遷移を経ていた時期であり、ふくれあがった社会的なうねりを抑えられないことははっきりしていった。ヴィクトリア朝女性のあるべき姿、そのがんじがらめな概念を打ち倒そうと意を決したこれらの新たな女たちはエンパワメント、自由、変化を宣伝し促進した。当然のごとく、この運動とサイクリングはマスコミによって結びつけられることになった。ゆえにケンブリッジ大評議員会館の前に女性サイクリストの人形が現れた――暴徒たちの目に、自転車に乗る女性はケンブリッジで学んだエリート連中の確立した秩序を揺るがす脅威と映ったのだ。

一八九六年に、『マンジーズ・マガジン』誌は男性にとって自転車は「たかが新たな玩具」に過ぎないが、女性にとっては「彼女たちが新たな世界に乗り出す馬」であると宣言した。劇作家になる前にアメリカの女子大学でラテン語とギリシャ語を教えたことのあったマーガレット・メリントンもこの意見に賛成したはずだ。一八九五年に書いた記事の中で、彼女はサイクリングを女性が家庭の縛りから解放されるための最良の手段として処方した——「折りに触れ、女性の生きる領域球体の小ささへの不満が表明されている。このような魂の面での不調をわずらう女性は、その球体をつぶして円形の輪にし、それに乗り、ロードに出るに限る」【註9】

明くる年、アメリカの女性権活動家スーザン・B.アンソニーは自転車を「自由のマシン(freedom machine)」と呼んだ。彼女はこのようにも述べている——「女性が自転車に乗って行き過ぎる姿を見るたび、私は嬉しくなる。サドルに乗った途端、自転車は彼女に自助と自立の感覚をもたらす。そして颯爽と乗り出す、そんな彼女の姿は束縛されない女性性そのものだ」【註10】

大学教育が家庭以外の新たな機会へのドアを開けたのと同じように、移動と新世界の探索を約束したローバー安全自転車はお洒落なホビーでは済まされない存在だった。多くの女性が耐えてきた閉じ込められ、じっとおとなしくしていることを強制された暮らしぶり、その正反対の在り方を象徴し実現させたのが自転車だった。彼女たちがこの「自由のマシン」を正々堂々享受するのに非常に熱心だったことに不思議はないし、女性参政権論者で作家のエリザベス・ホールデンは新型自転車のおかげで人生を変えられた女性を代表し、このマシンの発明者を讃える国立記念碑の建立を訴えたほどだった。

しかしこれまで見てきたように、新たな女性の自由に対する熱意を誰もが等しく共有していたわけではなかった。

医者を呼べ

女性の身体が家父長制に厳重に維持管理されていた時代に、サイクリング活動が熾烈な議論、悪しきサイエンス、誤情報の標的になったのは驚くに値しない。広い屋外に解き放たれ、注意深く見守る家族やお目付役の目が届かぬ場所で、女たちが道徳的にどんなけしからぬことをしでかすか分かったものではないではないか？

アメリカの女性救済同盟はサイクリングは女性自転車愛好家に道徳的によからぬ影響を

及ぼすと信じていた。この同盟のリーダーだったシャーロット・スミスはサイクリングを「悪魔の先乗り運動員」と糾弾し、合衆国議会に禁止を求める陳情をおこなった――このまま放置されていたら品行および宗教面での崩壊に繋がり、「無謀な若い娘の層を増やし、彼女たちはいずれ、合衆国にひしめく社会のつまはじきになった女性の待機軍へと流されていくであろう」【註11】。別の言い方をすれば、サイクリングはきちんとした女性をあばずれに変える、ということになる。

サイクリングは品位に欠ける、あるいは淑女的ではないとの見方を多くの人間が共有していた。(*)

* 一八九一年にワシントンの『サンデー・ヘラルド』紙に寄せられた読者からの手紙は、自転車に乗った女性を「筆者がこれまで目にしてきた中で最もふしだらな光景でした……女性の喫煙ほど最悪なものはないと思ってきましたが、その意見を撤回します」と形容した。

この時点までに女性は何世紀にもわたり馬に乗ってきたわけで、では四つ脚から二輪に切り替えることはなぜこんなに物議を醸したのだろう？　理由は、選んだ乗り物への女性のマウントの仕方に尽きた。乗馬する際、女性は横乗りするものとされていた（この伝統は世界大戦をひとつ経るまで続いた）。したがって両脚は馬の背の片側に控えめに垂らされ、長いスカートで隠されていたことになる。しかし裾を引きずるロング・スカートは自転車に乗るのに不便だったし、横乗りは論外だった。自転車であれ馬であれ、サドルにまたがる行為は女性にとって過剰に性的な行為であるとのお堅い、見当外れな考えに賛同していた者たちにとって、サイクリングは女性の品行方正と生殖器官の双方に危険な存在と映った。

医療専門家（と言っても、この時代のいわゆる「医師」の中には高速蒸気機関車で旅すると脳に損傷が起きるかもしれないと考えた者もいたくらいなので、この用語をここではごくゆるい意味で使わせてもらう）を自称した一部の男性――そしてひとにぎりの女性――は科学が味方についていると思っていた。アメリカ人婦人科医のロバート・ディッキンソン博士は、女性サイクリストはわざと「クリトリスと陰唇とに絶え間ない摩擦をもたらす」ようにサドルをセットしており、「前傾姿勢をとることで圧力は大いに増し、かつ精力的な運動により身体があたたまることで、その感覚は更に増幅するであろう」と信じていた。【註12】私からすれば、この記述はディッキンソン博士本人の精神状態を物語っているとしか思えない。実際、彼は多くに関して間違った考えを抱いていた――中でも彼の優生思想の支持、そして女性同性愛者は社会の脅威である、との意見は大きい。彼はキャリアのほとんどを彼女たちの「治療」に捧げた。

他には、サイクリングは性的なふしだらさにつながる、との誤った考えを主張する者もいた。この誤解は現在も、もっと保守的な文化の中ではある程度まで続いている。またおそらくこれが、リベラルとされているはずの国々に暮らす女性が歩行中よりも自転車に乗っている時の方が性的な嫌がらせを受けることが多い、と事例報告する所以でもあるのだろう。

ヴィクトリア朝時代の製造業者はこの議論に便乗し、性的刺激を防止できると謳った新型サドルを生産した。「解剖学にのっとった」あるいは「衛生的」と称されたこれらのモデルの大半には、中央に深い溝が刻まれ、鼻先を縮めたシートが据えられていた。デザインに差はあれ、それらはいずれも「長く続く圧力」の除去、あるいは「身体の敏感な部位にかかるあらゆる類いの圧力の緩和」をもたらすとされた。要するに、彼らの新型サドルを使えば淑女サイクリストの皆さんはオーガズムに達することはありません、ということになる。うち一社は誇らしげに「デュプレックスのサドルなら、またがることになりません」と謳った。(*)

女性でありサイクリストでもあったフランセス・オークリー医師は「サドルから生じる性的刺激」の神話を一蹴した。一八九六年に、彼女は『ハーパーズ・バザー』誌読者に対してこの誤情報に呼応して売り出された「奇怪な」サドルは完全に「誤った解剖学的根拠」に基づいて作られたものであり、その蔓延によって人々は混乱し不安になり、気もそぞろになっていると説いた。悲しいことにこの発言をもってしても議論の幕引きには至らず、中には性器どころか話を生殖器官まで発展させる医者もいた。ある者はサイクリングによって生理の苦痛と重さが増すと考え、不妊の原因になると主張した面々もいた。完全に間違ってはいたものの、当時主流だった医療学説は女性生殖器系そのものが女性を「弱き性」にしており、ゆえにいかなる重労働も彼女らの生殖能力を危険に晒す、というものだった。サイクリングのように身体を駆使する、しかもサドルが女性器に直接触れる活動は、深刻な懸案事項だったことになる。

＊今日の技術的発展をもってしても、数多くの女性サイクリストがサドルに大いに不快感を抱くとの意見で一致している。にも関わらず市場には問題を解消するはずのデザインがいくらでも出回っており、そう考えるとこの議論は今や皮肉な話と思える。極端な例としては、パラリンピックに出場したプロ自転車競技者ハナ・ダインズは先ごろ、長時間のトレーニングとレース用前傾姿勢をとることで敏感な部位に圧力がかかり、外陰部の手術を受けざるを得なかったことを明かした。女性がもっと快適にサイクリングできるデザインの開発向けリソースのお粗末さを「笑止」と彼女が非難したのは、この業界では女性のニーズが必ずしも真剣に受け取られていないことを示す一例だ。

一部の意見では、頭のてっぺんからつま先に至るまで、女性の生体構造の中で自転車に乗ることによって壊されずに済む部位はなかった。サイクリスト志望ながら不安を抱えていたシンシアは、一八九六年に『レディ・サイクリスト』誌に助言を求める手紙を送った。質問はサイクリングのせいで足が大きくなるというのは本当ですか、だった。回答者はそんなことはあり得ませんと彼女を安心させたものの、反対意見を主張する定期刊行物記事は山ほどあったに違いない。事実、ニューヨークのとある医師は自転車に夢中な患者の中に彼が呼ぶところの「自転車歩き」なるものを見出したと信じていた。彼はこの症状を足が前に進むのではなく円を描くように動く、と形容した。ハンドルをつかむために前傾姿勢をとることで見苦しい「自転車猫背」になるのではないかと心配する者もいた。結果、この時期の女性用自転車は高い位置にハンドルの付いた、淑女的な乗車姿勢と認められる直立ポジションを保てるデザインを施されていた。フレームに向けて少しでも背中を屈めることは、空気力学上その方がはるかに有効にも関わらず戒められた。

サイクリングが女性に及ぼす危険に関して言えば、生殖器官と同じくらい頭部も物議を醸した。懸念が集中したのはいわゆる「自転車顔」だった。一八九九年に、これまた優生思想支持者だったアラベラ・ケニーリー医師は彼女の患者クララがこの病気にかかったと主張した。クララの顔には以前微妙な女らしい魅力が備わっていたが、サイクリングや他のスポーツを始めて以来、その魅力が「筋肉の突っ張り感」で損なわれたと医師は感じていた——「顔のなんとも言えない雰囲気、とらえにくい繊細さ、微妙な気配は消えてしまった。それはまるで、風情や情緒を完全に欠いた風景だ」[註13]。別の医師は、四十歳以上の女性はまず間違いなくサイクリングの「被害」に見舞われるだろうと示唆した――「彼女たちの『良いルックス』がみるみる衰え、痩せ細りシワっぽくなり、かつて備えていたであろう見た目のみずみずしさを急激に失う様を私は目にしてきた」[註14]。『ハーパーズ』誌は、この影響を食い止めるためにガムを噛むことを勧めている。

男性も同じ症状にかかったらしく、『ニューヨーク・ヘラルド』紙記者はニュージャージーで開催されたアメリカ自転車愛好家同盟の会合に参加した男性会員のほとんどにどれだけ「自転車顔」が見受けられたかを報じた。しかし医師たちはこの症状が女性にどう影響するかの方をもっと懸念したし、それは彼女たちの女らしさがかかっていたからだった――自転車に夢中な女性は、男性と見分けがつかなくなるリスクを背負っていた。ケニーリー医師はまた、サイクリングのせいでクララは家事の面でだらしなくなり、足取りも男っぽくなり、何より悪いことに、彼女の未来の子供たちの「生まれる権利」をみすみす無駄にすることになるだろう、とも述べた。

ということは、サイクリングに興じることで女性は成す術もなく売春婦暮らしに押しやられるか、さもなくば子供を産めない身体になり、最悪の場合は女らしさ、優雅さ、出産力を奪われ男になってしまう、というわけだ。国家の未来がかかっていたのは間違いない。

サイクリングによって女性は心身を病むであろうとの思い込みは、当時の医師の多くが鬱病、概して「ヒステリー」もしくは「神経衰弱」と呼ばれた一連のメンタル・ヘルス面での病状に「安静療法」なるものを処方し治療していた点を踏まえると一層皮肉に思える。この療法は、シャーロット・パーキンス・ギルマンの書いた一八九二年のフェミニスト短編小説『黄色い壁紙』で批評されたことでよく知られる。「一時的な神経衰弱」の兆候を呈していると形容される語り手は、医師である夫によりベッドで安静させられている。唯一心底からの楽しみである執筆行為すら許されない。閉じ込められ身体もほとんど動かせない状態の彼女は、夫は「特別な指示なしには、私に軽く身体を動かすことすらさせてくれない」と言う【註15】——これは必要に迫られての医学的介入ではなく、現在の私たちが支配的束縛と呼ぶ振る舞いだ。

結果、語り手は徐々に現実との接点を失っていき、寝室の壁紙のデザインに執着するようになり、壁紙の模様の背後で四つん這いで這い回るひとりの女性の姿に遭遇するものの、その女性は「常に乗り越えようと必死だ。けれどもあの模様を乗り越えられる者などいない——あれに窒息させられるからだ」。うわずった狂乱状態の中で彼女はその想像上の女性を解放すべく壁紙を剥がそうとするが、囚われの女性は語り手自身——そして作者自身——の精神状態の投影だ。なぜならシャーロット・ギルマン本人も産後の鬱病治療のために、安静療法の考案者である医師、サイラス・ミッチェル博士から一定期間ベッドでひたすらじっとしているように――あるいは家庭内監禁と言ってもいい――と命じられたことがあったからだ。彼女はこの「治療」で精神に異常をきたしそうになったと記述し、医師の指示に反しこの療法をストップすることにした。彼女は夫とも別れ、息の詰まるヴィクトリア朝時代の家庭性を拒否して専業作家になり、離婚の決断は自らの正気を保つための唯一の方法だったと述べた。(*)

ミッチェル博士は強い遺憾の念を表したはずだ。なぜなら彼は女性が働くことはおろか、女性を男性と同等な立場にするような行為の何もかもに反対していたからだ――「女性が抱く、男性と競い合う立場にのし上がり彼の任務を果たしたいという欲望、私からすればそれは間違いなく、たちの悪いいたずら心に過ぎない。彼女は精神面でその男性とは別物である」。(**)【註16】この療法は女性の身体および知性面での自立を弾圧することを求めるより広範な文化を反映したものであり、実は政治的、社会的、身体的な公権の欠如こそ女たちを苦しめていた現実にミッチェル博士は(故意に)目をつぶっていた。

＊ 作家ヴァージニア・ウルフも鬱病治療のため、二〇世紀初頭にミッチェル博士の安静療法を受けたことがあった。当初は彼女も執筆活動を禁じられ、これは不条理なだけではなく、とんでもなく残酷に思える絶対命令

だ。とはいえ、やがて一日数時間だけ小説執筆を許可されるようになった。後に彼女は自作フィクションを通じ、彼のメソッドを風刺した。

＊＊もうお分かりだろうが、ミッチェル博士のジェンダーへの接し方は滑稽なほど二元的（バイナリー）だった。女性患者にベッドでの安静を指示する一方で、彼は当時求められたあるべき男性像からすれば知的過ぎる、女々し過ぎると看做された男性患者に対しては屋外活動と運動を奨励した。彼の「西部」療法はそうした男性陣を米中西部の牧場に送り込み、狩猟や牛の放牧といった典型的に「男らしい」活動に従事させることだった。患者の中には当時オスカー・ワイルドに似ていると言われたセオドア・ルーズベルト（後にアメリカ大統領になった頃には、彼はもっとたくましい男らしさの象徴とされた）、そして今日多くの人間から同性愛者だったであろうと看做されている詩人ウォルト・ホイットマンもいた。私としては、彼が牧場のカウボーイたちともっと『ブロークバック・マウンテン』的な経験をしてくれたことを祈るしかない。

同医師が、サイクリングをやり始めて以来、初めてこんなに爽快な気分になれたと語る多くの女性の声に耳を傾けてさえいてくれたら。他の選択肢は家に閉じこもり日々同じ壁を眺めて過ごすことだったわけで、彼女たちがそう感じたのは無理からぬ話だった。『サイクリスツ・ツーリング・クラブ・ガゼット』誌に手紙を寄せたとある女性は、医者も匙を投げた頭痛、嘔吐を含む様々な不調すべての特効薬は彼女の新たなホビーだと考えた。娘と夫と共にサイクリングを始めたところ、体力がついただけではなく、それまで味わってきた各種の体調不振が消え去ったことに彼女は大喜びした。今や彼女は、すべての女性も屋外運動をやることで同様の恩恵を得られると確信するようになった。別の自転車好きの女性は、以前は身体が弱く疲労しがちだったもののサイクリングをやり始めて以来すっかり元気になり、一日に最高七十マイル(約百十二キロ)まで走れるようになったと述べた。【註17】

医学界にはケニーリーやディッキンソン系の考えに反対し、サイクリングはありとあらゆる苦痛の緩和に役立つとする陣営も存在した。アルバットなる医師は患者に適度なサイクリングを命じ始め、彼の助言にしたがった者全員が目に見えて快方に向かったとしている。一八九七年に自転車雑誌に寄稿したとある女医は、女性の心身両面の健康にサイクリングが良い影響を及ぼすのは間違いないと書いた――「女性が生命体としての自らのニーズを理解し始め、使われないまま価値がないとされてきたこれらの部位や器官、筋肉を動かし出したことで、全身・全存在は新たに生まれた自由に歓喜をもって反応した。周囲の嘲笑もはやし立てる声も歯が立たない。髪は風になびき、頬に陽光がくちづけ、血は胸躍る鼓動に乗ってあたたまり赤さを増し、彼女たちの身体は強くなり精神はリフレッシュした」【註18】

フランス人内科医のジェニングス博士はサイクリングは不妊につながるとの考え方に反論し、むしろその逆の効果があるだろうとして子作りに問題を抱える患者に自転車に乗るよう指示した。フェントンという名の医師は、サイクリングは身体に毒ですとの間違った意見を女性に述べる同僚たちを非難した――彼は女性が自転車に乗ることを妨げるものは「解剖学的に言っても生体学的に言っても一切ない」とし、女性は「男性と同じくらいまったく問題なくサイクリングできる」と断言した。彼はヴィクトリア朝時代の女性への見当違いな医療化と安静療法に対しても、彼女たちの症例の九割は倦怠感およびエネルギーを消費する機会のなさの結果であると一蹴し「一般的な病弱体質と見られてきた何千人もの女性」が「既にサイクリングによって救われてきた」と報告している。【註19】つまり、女性はそれほどか弱くも無力だったわけでもなかったし、エクササイズによって死ぬわけでも不妊になるわけでもなく、それどころか運動する女性は強さを増していくことになる――自らのジェンダーのためのより良い状況と機会とを求め立ち上がろうとしていた者にとって、これは大いに役立った。

処方箋としてのサイクリング

フェントン医師は良い点に気づいていた。運動の効用は今や広範にわたる科学研究で裏づけられており、中でも二〇一七年に医学誌『ランセット』に発表された研究は不活発なライフスタイルも喫煙と同じくらい人間の早期死亡の要因になると報告している[註20]——知らずにやっていたこととはいえ、女性人口を支配すべく、家父長制的なヴィクトリア朝文化が彼女たちに率先して強いた結果はこれだった。

また、科学者は習慣的に自転車に乗ること、特にサイクリング通勤は早期死亡の可能性を半分近くまで減らすことも発見している。『ブリティッシュ・メディカル・ジャーナル』誌に発表されたある研究は車や公共交通を使って通勤する代わりに自転車でオフィスに行く行為をがん発症リスクを四十五パーセント、循環器疾患リスクを四十六パーセント低下させることに関連づけ、脳卒中、二型糖尿病やそれ以外の生死に関わる諸症状の危険性も下げるとの概要を述べている。[註21] 気乗りしなければワークアウトをサボることもあるかもしれないが、仕事場に行く手段がサイクリングであれば継続する傾向が高くなる。多くの人間にとってサイクリングはトレッドミルに乗ったりバーベルを使って筋トレするよりも愉快で楽しく、その点もまた私たちにやる気を起こさせるのに大いに役立っている。

別の研究では、サイクリングは老化のプロセスを遅め、免疫システムの若さを保ち筋肉量を保持することが指摘されている。[註22] たしかに、私が少し前にフランス南部で見かけた長く急な坂道を楽しげに自転車で上がっていた八十代の男女は、長年サドルに腰掛けてきたことによる健康の恩恵を享受しているようだった。自転車使用促進チャリティ団体サイクリングUKによれば、その効果は学童にも恵みをもたらすらしい。十～十六歳男子の中で自転車通学習慣をもつ子供は推奨健康水準に達する率が三割アップし、女子の場合は通常の七倍にもなるという。プライマリー・スクール（日本の小学校にほぼ当たる）一年目のイギリスの子供の五人にひとりが肥満あるいは太り過ぎと分類されるとの政府調べの数値に較べて、元気の出る統計だ。

メンタル面での満足感においてもその影響は大きく、自転車で仕事場に向かう者に較べマイカー通勤族の精神健康度ははるかに低い。サイクリングは誰でも実践できるわけではないだろうし、特に長距離通勤者には困難だろうが、自転車の習慣がメンタルヘルスにポジな影響を与えることに疑問の余地はない。サイクリングによる循環器系トレーニングはストレス反応を高める効果をもつアドレナリンとコルチゾールの両ホルモンの値を下げ、不安感や軽度～緩やかな鬱病症状を和らげるのに役立つエンドルフィンを体内に放出する。いくつもの研究がサイクリングは自尊心を高めることも示している。こうしたすべては、かつての医師も患者をベッドに縛りつける代わりにサイクリングを指示していた方がはるかに理にかなっていたはずであることの証明だ。

私も個人的な体験を通じて自転車は気分を高揚させてくれるのを知っているし、その効果に頼るようになった。少々落ち込んだりストレスを感じている時に、自転車に乗って出かける意欲さえ掻き立てることができれば、自分のハマっていたネガティヴなものの考え方を中断するのに役立ち、より広い観点から物事を考える時間の余裕がもたらされる率は高い。しかも元気回復効果もとても高い。日々の通勤に数マイルをサイクリングすることですら、ロンドンの激しい交通量相手ではあっても、私のメンタル面での満足感に確実にポジティヴな効果をもたらしている。移動行程を自分でコントロールでき、ホームの人ごみや電車の遅れに足止めを食うこともないし、かつ全身のシステムに血を行き渡らせることは元気の出るエンドルフィンの勢いで一日のスタートを切るのに役立つ。

もっと幸せな気分にしてくれるだけではなく、サイクリングは私たちの頭脳も拡張してくれる。【註23】『ジャーナル・オブ・クリニカル・アンド・ダイアグノスティック・リサーチ』誌の発表した研究は、三十分間サイクリングをした後に被験者の記憶力、論理的思考、立案力のテストの成績が上がることを示している。エクササイズは脳により多くの血管を作り出し新たな脳細胞の形成を司るタンパク質の発達を活性化させるわけで、ということはサイクリングは脳の健康を向上させ得るだろうし、更に言えばアルツハイマー病といった認知症のリスクを減らすのにも役立つかもしれない。

もっとたくさんの人々が自転車に乗っていれば二型糖尿病、脳卒中、乳がん、鬱病の発病例の多くは防止できていたかもしれないとの説得力ある証拠ゆえに、イギリスのかかりつけ医の中には担当する患者にサイクリングを指示し始めた者もいるし、立証済みの健康面での恩恵により多くの人々があずかれるよう、医療従事者は政府にサイクリング向けインフラ整備への投資を求めるロビー活動を展開している。一九世紀の医師がこれと同じ考えを抱いてくれさえいたら、あらゆる運動を戒められ、心身双方の健康を大いに損ねていた当時の多くの女性たちの人生がどれだけ向上したことだろう。

3／そんな格好で外出はもってのほか

「新しい女——洗濯の日」と銘打たれた風刺調の絵葉書、1901年
GRANGER.COM/アフロ

主導権は今や誰の手に？

一九世紀末の反動保守派や見当違いな医師からの熾烈な反対をもってしても女が自転車に乗るのを食い止められなかったとしたら、では続く問題は、女性が着るものとされていた婦人服が非常に面倒なシロモノ――あるいは危険――だった時代に、どうやってサイクリングに興じるかだった。フェントン医師はこの点を察しており、どんな種類であれ身体を使う運動をほぼ妨げているという意味で、彼は当時の女性ファッションを「ハンディキャップ」だとした。

ハーバートン子爵夫人ことフローレンス・ウォレス・ポメトリーはこの意見に強く賛同しただろう。一八九九年四月五日、彼女は同時代女性の定番ファッションだったロング・スカートとコルセットを廃止するために何年も続けてきたキャンペーン活動を法廷に持ち込んだ。前年十月にサリー州で自転車旅を楽しんでいたフローレンスは、コーヒーでひと息つこうとオッカムのホーボイ・ホテルに立ち寄ることにした。だが喫茶室に向かおうとした彼女の前に、ホテルのマネージャーのスプラーグ夫人が立ちはだかった――いわく、「その格好では入室いただけません」【註1】。フローレンスは公共向けのバー、おがくずが撒かれた床はツバだらけな、昔風の酒場に向かわされた。フローレンスの意見によれば、そのエ

リアは「不快そのもの。バー酒場につきもののすべて、アルコール臭とひどい臭いでいっぱい」だった。【註2】

酒類販売免許違反の疑いで法廷出頭を命じられた同ホテルは、貴婦人をバーに押し込めるものではないと悟ったことだろう。とはいえこの告発は、服装差別の訴えという方がおそらく正確だ——スプラーグ夫人がフローレンスの喫茶室入室を断ったのは、彼女がスカートを着用していなかったからなのだから。スプラーグ夫人からすれば、フローレンスは腰から下は裸も同然だった。彼女が着ていたのはケンブリッジ大で晒しものになった人形が着せられていたのと同じ、スキャンダラスな衣類「合理服（rationals）」だった。

合理服には色々な型があったが、概して言えば他の女性アパレルとの主要な相違点はスカートの代わりにブルマーもしくはニッカーボッカーを用いた下半身にあった。基本的には、短めで膝のすぐ下で先細りになるゆったりしたズボンのことだ。

ヴィクトリア朝時代人の多くにとって、このようにあからさまに男性的な身なりを選ぶ女性は男になってしまう危険を冒していた。一九世紀の世界ではズボンを穿くのを許されたのは比喩の意味でも実際上の意味でも男だけであり（※wear trousers/pants＝ズボンを穿くというフレーズには「主導権を握る／亭主を尻に敷く」の意味もある）、多くの人間がその状態のままであるのを望んでいた。概して現状維持を脅かす存在と捉えていた「新しい女」をマスコミがからかう時、彼らはその手の風刺記事にブルマー姿で自転車に乗る、もしくはその横でポーズをとる女性のイラストを添えがちだった。一九〇〇年に使われた絵——「子供の世話をし、洗濯を済ませ、十二時に昼食」のキャプションがついている——はチェック柄のぶかっと大きなブルマー姿で自転車の脇に立つ女性と、彼女の靴ひもを結ぼうとエプロン姿でひざまずく夫の姿を描いている。雑誌『パック』掲載の「夫をお出かけに連れ出す『新しい女』」と題されたイラストは、合理服を着て自転車に乗る体型を大きく誇張されたいかめしい風情の女性とその半分のサイズの男性がハンドルにちょこんと座っている図だ。当時の漫画家は合理服を着た女性を後ろから見て男と勘違いし、しかも正面に回ってもやはり男だと思い込む男性たちを描いた。これらの絵が意味するところは明らかだ——こうした女は自然秩序に対する甚大な脅威であり、分相応な立場に押し戻す必要がある、と。

自転車産業側はまた別の見方だった。これら解放された女性が収益に必須な存在であるのを承知していた彼らは、力強く自立した、合理服姿の女性を祝福する広告キャンペーンを展開した。エリマン社の万能塗布軟膏、筋肉痛用マッサージ薬の宣伝は臆することなく男性サイクリスト勢の先頭に立つニッカーボッカー姿のスポーティな女性たちが主役で、中には女性に追い抜かれ転倒する男性ライダーを描いたものもある。

『レディ・サイクリスト』誌は女性の身体の動きをもっと自由にするのに貢献したとして合理服を讃える一方で、合理服を着る一部の女性の「自信たっぷりの威張りぶり」と彼女たちの「男の子っぽい動作や話し方」をする傾向を「とんでもなく品位に欠ける」と戒めた。【註3】二一世紀の観点から考えると、この控えめな衣類に対して巻き起こった憤慨の声、というかどうしてこれが文明を脅かしかねない衣類だとまで考えられたのか理解に苦しむ。非難に晒されたとある着用者は、合理服を受け入れてもらうための努力を「大戦」と形容した。(*)【註4】

＊ この闘いは今なお続いている。伝えられるところによれば二〇一九年のカンヌ映画祭はハイヒールを履いていない女性のレッドカーペット登場を断ったとされるし、日本の厚生労働相は女性による職場でのハイヒール着用義務づけ反対運動の嘆願を却下した。厚労相の言い分は「社会通念に照らして、業務上かつ必要な範囲であればそうした規定は受け入れられる」だった。

ハーバートン子爵夫人は単にこの際どいファッションを試していたわけではなく、彼女は一八八一年以来ヴィクトリア朝時代の婦人服の危険な過剰さに反対しキャンペーンをおこなってきた合理服協会の会長だった。サイクリングは女性のドレス問題にスポットを当ててきたし、彼女とホテルの間で起きた小競り合いは合理服を世間の注目を集める事件にするチャンスであり、彼女のためにキングストン裁判所に提訴するほど進歩的なサイクリスツ・ツーリング・クラブ（CTC。サイクリングUKの旧名称）という機関もあった。マスコミの視線はニッカーボッカー姿のフローレンスに集中したものの彼らはスプラーグ夫人を擁護する立場をとり、ホーボイ・ホテルは夫人に飲み物を提供すること自体を拒否したわけではないため容疑は成立しない、との判決を下した英司法システムも同様だった。陪審側も、法廷向けに白いテーブルクロスと花を飾りきちんと整えて撮影されたバー内部の写真を見て納得させられてしまった。CTCはホーボイ・ホテルを同クラブのサイクリスト向けお勧めホテルのリストから除名することで応酬し、ツーリングに出かけた際にコンサバ志向な施設から放り出されるのを防ぐために合理服の上に重ね着できるスカートをひとつ持参するよう女性会員に助言した。二股に分かれた衣服を着た女性が飲み物のサーヴィスを受けるためにわざわざ法廷沙汰に持ち込まずに済むようになるまでには、またしても、世界大戦をひとつ経る必要があった。

命がけのファッション

フローレンスと同じように、反対派の声や嘲笑に出くわすのをものともせず多くの女性が合理服を着続けた。それが提供した行動の自由をいったん味わった後で、彼女たちに一般的なヴィクトリア朝婦人ファッションへ逆戻りするつもりはなかった。スカートとペチコートの総重量は十四ポンド（約六・三十五キロ）に達することすらあった。長い裾は床を引きずり、泥やばい菌を拾い、つまずく危険が絶えなかった。それ以上に致命的なリスクもあった。着ていたスカートが灯油ランプをかすった、あるいは覆いのない暖炉の火に近過ぎたため女性が生きながら焼死した例はいくつかあったし、通りすがりの軽馬車の車輪にスカートが巻き込まれ轢死した者も何人かいた。したがって、サイクリング時に女たちがスカートを着たがらなかったのも驚くに当たらない。スカートの果たした唯一の目的は着る者をあまり遠くまで行かせないことにあった――おそらく意図的に。かつ、裕福であればあるほど、その女性の服装はますます大きくかさばり非実用的になっていった。

『ザ・レイショナル・ドレス・ガゼット』紙に寄せた文章の中で、フローレンスは婦人服に課せられた制限と「弱き性」としての女性の地位とを結びつけている――「習慣の力のせいで世界はこれらの不自由さの数々が人工的なものであることを忘れており、結果、女性の地位は概してより低められている」【註5】。彼女はまた、女性のボディをねじ曲げることの責任は誰に帰せられるかについても率直に述べた――「地面に触れる部分のドレス幅が最も広く、直径にして約七～八フィート（約二～二・五メートル）。そこから幅は腰周りにかけて絞られていき、ウェストはかなり大きい喉の太さとさして変わらない……この、文字通り男たちの仕業と言っていい体型においては、自然が本来描いた身体のラインは無視されるばかりか、断固として逆転させられている」

女性のウェストを彼女ののど首サイズにまで締めつけるファッションに常識が勝利するまでまだしばらくかかることになったものの、多くの女性はコルセット追放を一方的に決意した――一六世紀以来コルセット着用が礼式上必要なものとされてきた時代に、これは相当な決断だ。支援する構えの医師たちも一部におり、彼らはコルセットを不快な上に身体を傷つけるものと看做していた。ニーセンという名の医師は、コルセットは各種内臓と胃を心臓に向けて押し上げることで「大血管に圧迫をかけ、生殖器内の弁をもたない血管に血液停滞を引き起こす――女性特有の病気の多くの潜在的要因である」と非難した。【註6】この説が科学的に正しいかどうか私には立証できないが、きつく締め過ぎたコルセットが血液と酸素の流れを制限し、失神の原因になったことがあったのは間違いない事実だ。

『レディ・サイクリスト』誌に一八九五年に寄せられた手紙の中で、とある女性は当時のファッションの流行にのることを「長く続く自殺」にたとえ、他にもひどい弊害をもたらすとはいえ、中でも「失神、ヒステリー、消化不良、貧血、無気力、活力減退」はコルセットのせいであると述べている。【註7】彼女の意見では、服装改革の大義を促進するに当たってサイクリングは極めて重要だった——彼女は「昔の女性はこんな状態にいたわけですが、嬉しいことに彼女のような存在は消えつつあります。この成果に大きく寄与したもののひとつは服装改革であり、自転車はこの改革を助けています」とし、したがってサイクリングは「考える女性すべて」に享受されるべきだと感じていた。

コルセット着用を止める女性サイクリストの数に不安をおぼえたアメリカン・レディィ・コルセット・カンパニーは、この広がるトレンドに歯止めをかけるべく、新たなコルセット一着購入につき百ドルの自転車保険を無料提供し始めた。

ブルマー旅団

コルセットとクリノリンをゴミ箱行きにする運動をスタートさせたのは、フローレンスが初ではなかった。最初に婦人服飾の合理化を求めた扇動者は実に多くの人間を怒らせたある衣料品の名称の由来になった——彼女の名はアメリア・ジェンクス・ブルーマー。

一八五〇年代に、アメリアと仲間の女性運動家、エリザベス・キャディ・スタントンとエリザベス・スミス・ミラーの三人は、足首まで届くたっぷりとしたトルコ式ズボンを膝丈のスカートもしくはドレスの下に着る習慣を始めた。それは「自由服（freedom dress）」と名付けられた――後にスーザン・B・アンソニーが自転車を「自由のマシン」と呼んだのとよく似ている。いずれのアイテムも動き回る自由を通じて自立と自律を表していた。

彼女たちは解放に強い関心を抱いており、一八四八年にニューヨーク州セネカ・フォールズで開催された公式に記録された世界初の女性権大会にも参加したことがあった。この服装を他の女性にも取り入れてもらうべくアメリアはアメリカとイギリスを回り、自ら創刊した女性向け新聞『ザ・リリー』に様々な記事を寄せた。着用してみた者の中でも女優ファニー・ケンブルは最も目立つ自由服ファンだった。もっと遠いエリアでは、女たちはこの服装の一種を政治的な理由ではなく実用的観点から着用していた。辺境開拓民の女性は厳しいライフスタイルにマッチした衣類を必要としていたのだ。米中西部プレーリーの農家で働いていたそんな女性開拓者のひとりは、新たなスタイルの服装をこう賛美した――「牛なら十六頭分、人間なら十八人分の家業をこなせます。七マイル（約十一キロ）歩いても平気です」【註8】

「ブルマー・コスチューム」に大いに怒ったメディアはこのような女性には焦点を当てず、

男っぽくなった女と骨抜きされた軟弱な夫とを描いた戯画を掲載し新たなファッションを受け入れた者を風刺した。エリザベス・キャディ・スタントンの夫は、二度目の上院議員任期を目指し出馬した際に妻の選んだ服装に対するメディア側の偏見の犠牲になった。「洋裁師二十人がかりで縫い、スタントン夫人はズボンをお召しになる」の見出しは彼の優勢を損なうのに確実に貢献しただろう。

公の場でのブルマー着用はかんばしくない注目を集めるもので、スーザン・B・アンソニーはニューヨーク・シティの郵便局に行った時にその現実をじかに体験した。野次を飛ばし冷やかす男性の一群に囲まれた彼女は警察官に救出してもらわざるを得ず、果たしてこの世は女がズボンに類する装いをするにはまだ早いのだろうかと彼女に再考を強いた。

程なくして最初の提唱者たち、アメリア・ブルーマーすらこの装いを断念した。その快適さを大いに尊重していたものの、この服は女性の権利という差し迫った問題から焦点をずらしてしまうと彼女たちは考えた。「自由のマシン」を快適に乗り回すことを求めて「自由服」のアイディアに再びスポットを当てた次の世代の女性が登場するまで、そこから四十年かかった。残念なことに、このファッションを導入し物議を醸した女たちの新たな波の出現を目にすることなくアメリアは一八九四年に世を去った。

「嘆かわしい出来事」

合理服スタイルを着用する利点はサイクリストには明白だったにも関わらず、それを認めるべきか否かの論争は一八九〇年代を通じ激しい勢いで続いた。ブルマー姿のフローレンスがホーボイ・ホテルに断られるほぼ五年前、一八九三年に、ニュージャージー州ニューアークのアンジェリーン・アレンと彼女のサイクリング時の出で立ちは新聞ネタになった。当時最も人気のあったアメリカの男性雑誌のひとつ『ポリス・ガゼット』は、「彼女はズボンを穿いていた」の見出しの下、ブルマーと黒ストッキング姿で自転車に乗り外出したアンジェリーンがいかに近隣住民に衝撃を与えたかを報じた――「その身なりに多くの人間が仰天し振り返って凝視」したが、着ていた当の本人はどうやら「騒ぎを巻き起こしていることにまったく気づいていない」ようだった。【註9】この報道は正確だったとは言えない。別の記者から取材を受けたアンジェリーンは人目を惹くためにブルマーを履いた、と認めている。彼女が引き寄せた群集にしても、おそらくそこまで不意を突かれていなかった――何ヶ月か前に、彼女は膝から数インチ上までしか届かない水泳用ドレス姿でアズベリー・パークの他の水泳者を憤慨させたばかりだった。その光景にショックを受け、また少なからず興奮してもいた群集のあまりの騒動に、彼女は警察にエスコートされて入浴小屋に戻り、彼らに警護されながら着替えることになった。すぐに、ニューアークの住人は「彼女が自転車で通りかかるかもしれない」と耳にするや見物するため窓辺に駆け寄るようになった。

アンジェリーンがカーテンをこっそり開け覗き見する行為にニュージャージー人を駆り立てていたのと同じ年、英国ブライトンでは、ブライトン＝ロンドン間の往復百二十マイル（約百九十三キロ）自転車走の女性新記録樹立に挑んだ十六歳のテッシー・レイノルズが熾烈な論争の的になった。彼女の記録は八時間三十八分――自転車に乗る女性が一般に受け入れられるのとはほど遠かったばかりか、競走に参加する者は更に珍しかった時代にこれは驚異的な達成だ。レース終了後、彼女を診断した医療関係者は肉体的ダメージは一切なかったと検査結果を公表したが、その言葉を信じようとしない者は多かったはずだ。テッシーはいわゆる「手に負えないワイルドな女たち」のひとりであり、この時点までに少なくとも三年間はサイクリングにいそしんでいた――彼女の成し遂げたことから察するに、真剣に取り組んでいたのだろう。このイヴェントで計時係を担当した彼女の父親も自転車マニアだった。彼は自転車店を経営し、近くのプレストン・パーク競輪場でレースに参加し、自転車でツーリングする者のために自宅を宿として提供していた。

イギリス各地はもちろん遠くアメリカの新聞までテッシーの達成を報道したものの、その書きぶりの多くは熱意からほど遠かった。『サイクリング』誌はこの一件を「女性生来のしとやかさと彼女たちの自らの分をわきまえる感覚」を信じる誰をも不快にする「嘆かわしい出来事」とした。[註10] マスコミは彼女の出で立ちにも同じくらい執着した。アンジェリーンとフローレンスと同じく、彼女もスカート姿で自転車に乗るのではなく膝丈のウール製ニッカーボッカーと同じ素材の長いジャケット着用を選んだ。イギリスの新聞の一紙はその姿を「最も愛らしく素晴らしき人類のつれあいの悪しきパロディ」と呼んだ。[註11] サイクリング・メディアの大半はもっと考え方が進歩的で、これは女性サイクリストのためになると認識していたのは賞賛に値する。『バイシクリング・ニュース』誌の女性向けページはレイノルズ嬢の「世間の動向に背く勇気」を讃えた。同じ号で男性ライターは彼女のことを「ペチコートに対する反逆の嵐の前触れを告げるウミツバメ」と形容した。[註12]

　賛否両論あったとはいえ、テッシーは有名人になった。すぐにブライトンの様々なショップで合理服姿の彼女の絵葉書が販売されるようになった。悪びれたところが一切ない彼女のブルマーの受け入れぶりは、他の女性にもそれに倣う自信をもたらしたのかもしれない。同様の身なりの女性を目にする場面は次第に増えていき、憤慨したとある女性は『デイリー・テレグラフ』紙に「ショッキングで見るに耐えない晒しものになっている」女性たちに「抗議」する手紙を寄せたほどで、「自転車に乗るという堕落ぶりの上に、男性の服装を着ることで自らの女らしさを更に損なっている」と意見した。[註13]この書き手はこうした女たちによって女性というジェンダーは男の目にますます卑しむべきものと映るようになっていると考えており、男性が女性服を着るのは違法であり、ゆえに女性が男性服を着るのも違法であるべきだとし、法の力が介入してはどうかとまで述べている。テッシーが受け取ったファンレター、中には結婚のプロポーズも一通混じっていたが、そこから察するに世の男性すべてが彼女の衣服に嫌悪感を抱いたわけではないようだ。

一方、海の向こうのアメリカではいくつかの州で「異性装」が犯罪として禁じられるようになっていた。フェミニストの女性革命家がズボンを穿いたこともあったパリでは、健康上の理由から必要であると明記した許可証を持たない限り女性がそのような服装をするのを禁じる法律が議会で可決され、一七九九年のフランス革命は終わりを告げた。臆することなく、パリのブローニュの森を行くお洒落な女性はブルマー着を熱烈に歓迎した。彼女たちをそっくり全員逮捕する代わりに権威側は一八九二年に同法を修正し、ズボン姿の女性が「自転車のハンドルを握る／もしくは馬の手綱を握っている」場合は例外を認めることになった（そうでない場合、女性は「男性のように装う」許可を警察から得る必要があった）。お構いなしに、逮捕されるリスクを冒してでもズボンを穿く女性もいた。作家ジョルジュ・サンドはパリを自由に動き回り、女性が歓迎されない、あるいは拒絶されることすらある場所に入るのを可能にしてくれる伝統的な男性の装いを好んだ。
公式には二〇一三年まで撤廃されなかったものの、この法律は既に長い間無視されてきた。突然のブルマー人気爆発の背景にはその新法令の物珍しさもあったかもしれないが、女たちに合理服姿を許し好き放題やらせるところまではいかなかったとはいえ、当時の政府は少なくともロング・スカートで自転車に乗るのは実用的でも安全でもない点は認識していた。『サイクリング』誌の女性向けページの編集者は、うらやましそうにこう評している――「パリの女性たちは幸いなことに、合理服の先駆者としてポーズをとることの意味などのほほんと知らぬまま、自転車に乗り自分自身であることを満喫している」【註14】
常にファッションの最先端をいく都市パリは、すぐに世界中に女性サイクリング・ファッションの波を起こしていくことになった。サイクリング雑誌のほとんど――そして『ヴォーグ』――は、ブローニュでの最新スタイルの着こなしをたびたび報じた。その大半はパリジェンヌのブルマー姿を熱く支持し、とりわけ上質でデリケートな薄色の生地を用いたものを「優雅」で「女らしい」と描写した。コンセプトそのものはある程度まで受け入れられたものの、それはやはりどこまで淑女的に見えるかにかかっていた。そこまでファッション志向の強くないイギリスの合理服着用者が着ていたのは実用的なウール・サージ地やツイード製で、ヴィクトリア朝時代のジェンダー観の範疇においてはいまだ危険なほど男性の領域に近いままだった。

パリの女性たちのファッショナブルなブルマーをもってしても、頑強な反対派を転向させるに至らなかった。一八九六年にふたり乗り自転車で新婚旅行に繰り出したくだんのエレン・フォレットは、ニューオーリンズの地元民のひとりから南部諸州でブルマーを着る女性は「リンチされるだろう」と警告された。スカートがペダルに絡まるせいでしょっちゅう地面に叩き落とされると書いたヘレナ・スワンウィックは、夜闇に紛れて以外はブルマーを穿けないと感じていた。だがそうすることで感じた自由の感覚はあまりに素晴らしく、彼女は思わず大声で歌っていたという――ドイツの短い流行歌で、歌詞の一節は「男らしい男子たることはなんと栄えある歓喜であろう！」だった。

創造力豊かな針仕事

ブルマー姿は反感を買うものの着る利点の方がそれを上回ると信じた女性がいた一方で、中には手持ちの一般的な衣類に手を加えることで「品行方正」さを維持しつつ、もっと広がった行動の自由を楽しむべく工夫しようとした者もいた。それは単純に裾の折り返しを少し上げて布地の量を減らし幅が狭めのスカートに仕上げる、あるいは布が風でめくれ脚が露出するのを防ぐために裾に重しを縫い込む程度だったかもしれない。一方で、巧妙な装置を使ってスカートまるごとをサイクリング向きの、しかし物議を醸すことのない衣類に変えてみせた者もいた。

実用性をとるか一般からの受け入れをとるか、このふたつの間の緊張状態ゆえに、一八九〇年代の女性自転車着は複雑な謎解きだったことになる。回答を出そうとした女性は数知れず、多くはデザインを特許局に申請し自らの関心を商業的な事業に育てようと夢見た。

そんな女性のひとりだったロンドンのチェルシー区に住むアリス・バイグレーヴは、一八九六年に特許品「バイグレーヴ・コンバーチブル・スカート」で成功をつかんだ。当時はまだイエーガーズ・サニタリー・ウーレン・システム（毛織り肌着）株式会社を名乗っていたファッション・ブランドのイエーガーがこのデザインを買い取り、様々な布地でこのスカートを生産した。アリスは宣伝のためにアメリカまで旅したこともあった。おもり、プーリー式カーテンに似た引き紐、ボタンから成るこの凝ったシステムは、自転車に乗った状態ではスカートの前と後ろ両方が持ち上がるようにし、腰回りに布をひだ寄せした。乗り手にとって重要だったのは、広告が謳った通り「瞬時に上げ下げ可能」なところだった。このスカートを着た者は、自転車から下りるとヴィクトリア朝時代の女らしいドレスとして通用するスタンダードな装いにすんなり舞い戻ることができた。

デザインの利点を宣伝するコンテストで、アリスは義姉のロジーナ・レイン、ロンドンの娯楽施設アクアリウムで競走したこともあったサイクリストだった彼女にこのスカートを着てもらった。新スタイルの衣服は瞬く間に人気を獲得し、程なくしてイエーガー製のヴァージョンは高価で手の出ない者も型紙を取り寄せ、自宅で縫い上げられるようになった。

ディヴァイデッド・スカート（股下があり左右に割れたスカート）、もしくはブローニュのお洒落なパリジェンヌの呼び方にしたがえばキュロットスカートもこの問題の人気解決法のひとつだった。プリーツの入ったこの幅広ズボンは身体を人目に晒す恐れなしに動きやすさをもたらし、何より良かったのは立った状態では一見フル・スカートと見分けがつかないところだった。しかもこの衣服は、ファッションの権威と言えばこの人、オスカー・ワイルドからもお墨付きをもらった。一八八五年に『ニューヨーク・トリビューン』紙に掲載された『ドレスの哲学』と題されたエッセイで、オスカーは女性服には簡素化――すなわち合理化――の必要があると論じ、着る者に「気楽さと自由」を与えるディヴァイデッド・スカートに賛成した。彼は布地を多く使うことでスカートとして「通用させる」という発想にはあまり乗り気ではなく、それは女性服改革の目指す長期的なゴールに役立たないと感じていたからだった――「その正体が何かを隠さずはっきり告げましょう、そうすれば真の困難を解決する方向へもっと進めることになるはずですから」【註15】

女性ファッションの問題に彼がこだわることになったのは、間違いなく彼の妻コンスタンス・ワイルドの影響だった。しばしばその優美なディヴァイデッド・スカート姿を描かれたコンスタンスは、合理服協会の一環としてフローレンス・ハーバートンと共にキャンペーンを展開し、同協会会報の編集者でもあった。この十年後、悲惨なことに卑猥行為と男色の罪で投獄された時までに服装改革はオスカーの念頭から消えていただろうが、ズボンを穿いた女性は同性愛と同様、いまだヴィクトリア朝の男らしさに対する脅威と看做されていた。

自転車のおかげで、キュロットスカートはブルマーを早いうちから受け入れたパリの女性の間で少なくともワン・シーズンは「流行の先端」としてカムバックを果たした（※キュロットはもともと乗馬用に作られた）。監禁されたも同然の女性服からの解放を待ち望みつつ、しかしブルマーを穿いてまでフェミニスト的声明を打ち出す心構えがまだ整っていなかった女性にとって、ディヴァイデッド・スカートは巧妙な解決法だった。

さらばコルセット着用、ようこそライクラ

ありがたいことに今日の女性は、少なくとも西側諸国では、どんな風に装いたいかを比較的自由に決めることができる。二一世紀の女性が着ることのできる無駄がなく身体を拘束しないサイクリング専用衣料をフローレンス・ハーバートンが目にしたら、きっと感動したことだろう。ロンドンの女性サイクリストを観察してみれば、スーツにハイヒールのオフィス仕事族から全身ライクラで固めたスポーティな者まで幅広い層がいるのが分かる。悲しいことに、少なくともイギリスとアメリカでは、自転車に乗る女性はいまだ男性よりも少ない。二〇一七年の運輸省調べによれば、イギリス男性が自転車で出かける回数は女性の三倍にも及び、彼らは平均して女性サイクリストの四倍の距離を走っている。安全なサイクリング用インフラの欠如がその主因のひとつとはいえ、別の重大なバリアとして、自らの容姿をどうジャッジされるかを女性が気にする点もある。ヴィクトリア朝時代のシスターたち以上に選択肢はあるかもしれないが、私たちの外見は自分たちに何ができるか／できないかの感覚を指図し続けている。

私が二〇一八年にフランスを自転車で回った際に、とあるホテルの男性オーナーから頂戴したサイクリングシューズに対するコメントは女性が受ける心理重圧の典型例だった。

クリート（※ペダルに靴底を固定する装置）付きの私のシューズを指差し、彼は皮肉っぽく「すごくセクシーだね」と言った。〔冗談だったとはいえ、このジョークは魅力的で女らしい見映えを常に維持するのが女の責任である、との思い込みから発している。シューズのおかげで私はより効率的にペダルを漕げるし、あの日九十マイル（約百四十四キロ）も走ったことを考えれば「セックス・アピール」はなくても利点の方がはるかに上回る。この男性のような態度があまねく広がっている状況で、ワークアウト用の服を着ることすらしない女性が一部にいるのも不思議ではないだろう。

ボディ・イメージに対する不安感は西側社会における固有の問題で、マスコミとソーシャル・メディアからのプレッシャーはここで大きな役割を果たしている。カーダシアン一族のようなルックスに近づこうとして整形手術を受け失敗し、死に至った者もいる。より多くの人々のスポーツ参加奨励を任されている公共機関スポーツ・イングランドは、身体を使う運動を避ける理由として多くの女性と女子がボディ・イメージへの懸念を指摘しているのを発見した。彼女たちの多くが自分は正しい体型を備えていないと感じており、ワークアウトしたら不格好に見えるだろうし、人目が気になり過ぎて運動に参加できない、としている。

ツール・ド・フランス競争者のように肌に吸いつくショーツとジャージを着なくてはな

らないとの思い込みは、それだけでも十分に一部の女性にサイクリングを始めることを敬遠させる。見た目があまりにスポーティ過ぎると「女らしくない」と思われるのではないか、と心配する女性は多い。どうやら私たちの概念は、合理服姿の女性が「女っぽくない」とか「優美さに欠け見苦しい」と言い表された頃から大して進歩していないようだ。この点を考えれば、十代になると女の子は自転車通学をやめる傾向があり、男性に較べ女性がエクササイズする率が低いのはなぜかも説明がつく。

幸いなことに、ボディ・ポジティヴ思考が遂に主流にも入り込むようになり、女性の現実をもっと反映したモデルが広告キャンペーンに起用されるようになった。スポーツ・イングランドの展開した「This Girl Can（この娘はやってみせる）」キャンペーンはセレブやプロの運動選手を回避し、一般女性――あらゆる年代、スポーツ能力、民族的背景、体型を網羅していた――を優先し、彼女たちが身体を動かし汗をかくポジティヴな体験をシェアした。映像はこうした女性――セルライト、汗、ぶるぶる揺れるお肉も含めて――の全身に運動で力がみなぎり、そこから生じるエンドルフィンのすさまじいハイを味わう様を祝福した。このキャンペーンの誰でも含めるインクルーシヴ性は、活発に動いている時の婦女子はどんな風に見えるべきかとの凝り固まった概念に挑むと共に、アスレチックなルックスを定義し直してもいた。スポーツ・イングランドによれば、同キャンペーンの影響でその一年の間に十四歳から四十歳までの二百八十万人の婦女子がもっと運動することになった、と答えている。うち百六十万人は、それ以前にエクササイズをやったことはなかった。

まだ道は長い。プロの女性アスリートの多くは、公衆とメディア双方の目が、彼女たちのスポーツ面での功績以上にルックスを重視していると感じ続けている。ソーシャル・メディア時代のイメージで氾濫したカルチャーにおいては、女性アスリートはトップの座に立つだけではなくセクシーなルックスであることも期待される。二〇一八年に、栄えある女子バロンドール（※「黄金の靴」の意。サッカーの世界年間最優秀選手に贈られる）初代受賞者アーダ・ヘーゲルベルグがトロフィーを受け取った際、司会者は彼女に観客のためにトゥワーク（※腰を低く下ろしヒップを振り挑発的に踊るダンス）してくれないかと訊ねた。彼女は拒否した。

同業の他のプロ連中から見下したコメントを受けてきた、と不満を表するプロのスポーツウーマンは引きも切らない。どうやら「痩せている＝良し」の概念は、達成とはお構いなしにプロ・スポーツ界ですら勝るらしい。オリンピック出場経験のあるサイクリストのジェス・ヴァーニッシュは国内競技連盟ブリティッシュ・サイクリングに対していくつか深刻な苦情を訴え、その中には同団体の技術責任者が彼女のサイズと体型をたびたび侮辱した、との申し立てもあった。彼は一切の罪状を否定したものの、内部調査の結果はヴァーニッシュの訴えを支持した。陸上競技界ではオリンピック金メダル獲得者の七種競技選手ジェシカ・エニス＝ヒルが、イギリス陸上競技連盟の某長老メンバーが彼女のことを「太っている」と言ったと主張している。多数の女性、そして男性すら含むプロのサイクリストが細身で身軽なボディを維持するための巨大なプレッシャーを感じ、しかも体重についてトレーナーから常々当てこすりを言われるゆえに摂食障害を起こした／あるいは起こしそうになったことがある、と答えている。

スポーツ界のトップにいる女性に一定のルックスを期待される心理重圧がかかっているとしたら、運動選手ではない多くの者がスポーツは自分に不向きと感じるのは無理もない。もっと現実的で、女たちをちゃんと体現した「活発な女性のイメージ」なしには、この状況は変わりにくいだろう。その結果、人々は既に証明されている健康面での大いなる恩恵を受けそこねている。ほんの数週間適度なエクササイズをやるだけでも、外見はさして変わらない／まったく変わらないとしても、その人間のボディ・イメージの向上には役立つ。そして、エンドルフィンの良いところはいったん体内に放出されると中毒性が生じる点だ――自転車の車輪で起こす一回転をきっかけに、また異なる類いの変転が広がっていく。

4
トランスミッション——知恵の伝達

自転車に乗るデイジー・エリオットを補佐する
マリア・"ヴァイオレット"・ウォード、1895年頃
Austen E Alice/Staten Island Historical Society/Collection of Historic Richmond Town

ペダル・パワー

東ロンドンのハックニー・ダウンズは、今日は風が強い。空は灰色でひと雨来そうだが、それも待ちに待った秋の樹々の目も鮮やかな黄や赤の紅葉が埋め合わせてくれている。私はここで、バイク・プロジェクトというチャリティ団体が運営する女性オンリーの自転車教室に参加を申し込んだ難民と亡命希望者の女性グループと一緒にいる。彼女たちの学習レヴェルは全員まちまちで、舗装されたテニスコートを歩き乗りして回りながらバランス感をつかもうとしている者もいれば、周辺をサイクリングしつつハンド・シグナルや非常ブレーキのかけ方、ギアの切り替えを実習する者もいる。私がしんがりを務めているのは、レッスンに長く通ってきて練習用コートから走り出す自信がついた一群の乗り手だ。次の学習段階に進むべく、彼女たちは指導員の後について公園の並木道を犬やジョギング族、学童グループを縫って走りながらサイクリングのスキルを磨くレッスン中だ。ヘルメットにハイビズ防護服で固めた女性サイクリストのこのワニのように長い列を見かけた公園管理者が、彼の娘も自転車に乗るのを覚えようとしていて、補助輪が取れたばかりのところだよ、と誇らしげに声をかけてくる。一人前の自転車乗りになるための大いなる一歩だ。

この「ペダル・パワー」セッションに参加している女性や若い女の子の大半は子供時代

に自転車を習う機会がなく、ゆえに彼女たちが習得しようとしているこのスキルは新たな——かつ、いささか怖じ気づかされる——ものだ。なぜこの教室に来ているのか、経験から何を得ているかと訊ねると、彼女たちはストレス解消やリラックス目当て、新たな技術を勉強できる、といった話をしてくれる。参加者のひとりは「サイクリングをすると翼が生えて、飛べる。ものすごく幸せで楽しくなる！」と言う。それは誰もが待ちこがれるポジティヴな経験と言えるが、難民もしくは亡命希望者という身分ゆえに働く権利を認められず常に不確実な状態で生きることを強いられ、避難した国に送還されるのだろうかと思いまどう者にとってはとりわけそうだろう。週三十七ポンド(現レート換算で約六千円強)で生活しなければならないプレッシャーは言うまでもない。

とあるイラン人女性が、イギリスに来る前は看護士だったと私に話してくれる。現在、娘と暮らしながら就労も許されない状態の彼女は、経済面とパーソナル面の双方で自由をほとんど失ってしまったと感じている。ロンドン暮らしは八年になるが、イギリス永住権の許可が下りるかどうかの英内務省決定をまだ待ち続けている。自転車の乗り方を習うことは、自ら駆動させる動きとスピードから生じる身体的な快感以上のもっと大きな何かを彼女にもたらしている——彼女が強く必要としている、エンパワメントの感覚を修復するのに役立っているのだ。

初心者向けのレッスンで、まだ安定できずよろよろ乗りのエリトリア人女性が転倒する。それにもめげず、指導員の「ちょっと休んだら?」の声も無視し、彼女はすぐサドルに戻る。何度も横転しているにも関わらず、このグループでいちばん熱心な生徒のひとりである彼女は「金曜日が来るたび、本当にわくわくする。好きな男の人がいて、彼に会いに行く時みたいな気分。イギリスに来て以来、こんなに楽しい気分になったのは初めてだ」と私に教えてくれる。じきに、受講者の多くはグループから卒業できるくらい自転車の達人になることだろう。その時点で彼女たちにはそれぞれ、同チャリティに寄付され、協力するメカニックたちの手で上手に修理・整備された中古自転車が贈られる。自分自身のふたつの車輪を得て、これらの女性は新たな家となった都市を無料で探索しながら自らをエンジョイできるようになる。

多くの人間にとって自転車を習うのは子供時代の通過儀礼だ。私が三輪車から自転車へジャンプを果たすのを助けてくれたのは父と兄姉たちだった。我が家は全員自転車に乗っていた。母は仕事に自転車で通い、父は仕事を離れストレス解消のために自転車に乗った。いちばん歳上の兄はレースに出るようになり、他の子はマウンテンバイクが好みだった。姉は背をまっすぐ伸ばして座るタイプの茶色のヴィンテージ・スタイルの自転車を持っており、お尻に優しいバネ付きサドルに私を乗せて学校に送ってくれたものだった。私自身もいずれマイ愛車を乗り回すようになるのは目に見えていた。

あの、最初にもらった自転車のことは今でも目に浮かぶ——アシッド・イエローの車体に太い白タイヤで、兄弟のひとりがブリストルの森林に放棄されていたのを見つけてきて、私のために再び道路に出るにふさわしく上手に修理してくれた一台だった。彼は増え続ける自らの自転車コレクションをしょっちゅう解体しては組み立て直していたので、この作業はお手の物だった。その太幅タイヤはバランスをとるのに好都合だったが、私はすぐにもっと大型でホイールの細い車種へコマを進めて行った。後に、ラレー社のピンク色の「ビアンカ」ショッパー自転車に乗り、自転車を買ってもらった／兄姉からおさがりをもらった友だち連中と近所を探険したものだった。とある友人の兄弟が乗っていたラレーのチョッパー自転車には嫉妬を感じたものだった。チョッパー型自転車はオートバイを真似ていて、ハンドルが非常に高くギアスティック付き、しかも大型座席には背もたれまで付いていた。クールな子供たちがみんな乗っていたBMXを、一時期ものすごく欲しいと思ったこともあった。

自転車を習うのは私にとって子供時代の成長に本質的に備わっていたもの、それこそ靴ひもの結び方を覚えるのに近かったし、それゆえ友人から自転車は彼らが大人に育つまでの旅路に関わってこなかったと聞かされることがあったのには驚いた。乗り方を手ほどきしてくれる人に恵まれない者や自転車に手が出ない者もいるのだし、「乗ろう」という動機は言うまでもない。

ペダル・パワーで自転車を習っている者の多くは、単純に、彼女たちの生まれた国では女の子は自転車に乗るものではないとされていたために習う機会を与えられなかった。練習に使える自転車がなかった者もいる。大人の生徒であるぶん学習するのが楽ではない、というかもっとむずかしいかもしれない。水泳のように、近所のプールに行って水泳教室に申し込めるのとはわけが違う。成人向けの自転車教室も存在するとはいえ、数は決して多くない。習いたいと思う人々向けに練習用自転車を用意しインストラクターもそろえるのは、高くつく上に広いスペースが必要だ——とはいえ、まさにそれを実践している素晴らしい機関はいくつかある。また、大人になってからの自転車習得は身体的に言ってももっと困難で、それはバランスが更に取りにくく落車のショックも大きい——落ちると、身体にもっとこたえる——し、自らのもろさ・傷つきやすさに対する自覚が子供の時より増しているからだ。何年も自転車に乗っている人間にとって、サイクリングは歩くのと同じくらい気軽な行為だ。だが、バランスを取りつつペダルを駆動させ、そのまま前に進めるスピードを維持するスキルを会得するために様々な段階を経ているペダル・パワーの女生徒の様子を眺めていると、長く自転車に乗っていてそれがすっかり習慣として身についている者が考える以上に、自転車に乗るのは複雑な行為であるように思えてくる。

一ヶ月後、私が再びクラスに参加した時、前回はぐらぐらだったくだんのエリトリア人女性——彼女ほど意志が固い人でなければ、自分は本当にこれをやりたいのだろうかと考え直したくなるくらい何度も転倒してきた——は、自信たっぷりにハックニー・ダウンズを漕ぎ回っていた。根性と決意とで、遂に何かがカチッ!と噛み合ったのだ。彼女が乗る修理済みのラレー自転車——「私のランボルギーニ」と彼女は言う——はお持ち帰りされる予定になっているので、これからはもう金曜の自転車教室を指折り数えて待たずに済む。今や彼女も、他の女性たちから手助けを受け、サイクリングの中にエンパワメント、自由、楽しさを見出してきた女たちの豊かな歴史の一部になったことになる——それは、女性が最初に自転車に乗り始めた時点にまでさかのぼる長い歴史だ。

学校に戻ろう

一九世紀末に自転車を習うのも同様の問題を提示したことだろう。熱心だった者の多くはとっくに子供時代を卒業していたし、いずれにせよ当時サイクリングは大人限定の活動と考えられていたので、子供は概して自転車を習わせてもらえなかった。自転車という厄介な相手を自分にしたがわせ乗りこなすだけではなく、この「淑女にあらず」とされた行為とそれが自らの道徳観に及ぼすかもしれない影響にまつわる気のとがめを克服すること、そして言うまでもなく自転車に乗ることで浴びせられる非難に耐えるには、ある程度の献身と勇気が必要だった。これらの資質すべてを発揮した女性の数は非常に多く、それは楽しさと自由の双方をもたらしてくれるマシンを会得できるのなら、その程度の努力に犠牲を払うのは大したことではないと彼女たちが信じていたからだ。

一八九〇年代の自転車狂時代における「自転車乗り志望者」の需要はすさまじく、彼らが数時間自転車を乗り回すための人気会場としてスケート・リンクが自転車教室に乗っ取られたほどだった。中でもエリートだったのがロンドンのスローン・ストリートにあったキングストン&カンパニー校で、『レディ・サイクリスト』誌はここを「上流階級向けの自転車校」と説明している。同校では、初心者は「自動インストラクター」という名の機械、回転ローラーに吊り下げられているので転倒の危険なしにペダルを漕ぎバランスを取る練習のできる自転車に乗るところからスタートする。同誌の報道は、生徒はハンドル付きの革ベルトを装着しているので男性指導員が彼女たちの身体に実際に触れることはない、という点を強調している。

ロンドンのベルグラヴィア区では以前彫刻家のスタジオだった建物の中にH・G・トーマス校が開校した。待合室には大理石の彫像が置かれ、グランド・ピアノの生演奏が流れていた。どの自転車校もここまで高尚だったわけではない。学校の多くは自転車店付属で、新参の乗り手に指南をおこなえば売上増加につながると気づいた店主たちの働きだった。ロンドン社交界の花形が公園をサイクリングする姿を見物しようと観衆が集まったのと同様に、友人や親類が自転車のコツをつかもうとする姿を眺めに人々が集まる自転車校もいくつかあった。パリのシャンゼリゼにあったル・プティ・メナージュ校にはバーがあり、人々は酒を飲みながら見物できた。

指南を授けるのは自転車校だけではなかった。多くの女性が手引書を書き、シスターたちとノウハウを分かち合い彼女たちが自転車に乗ることを奨励した。そんな書き手のひとりがアメリカ人の女性参政権運動指導者にして女性キリスト教者禁酒連合会長だったフランシス・ウィラードで、一八九三年に五十三歳にして熱心なサイクリストになった彼女は、自分の経験が他の女性にもインスピレーションを与えるのではないかと考えた。

フランシスは病気がちで、仲の良い友人だったレディ・イザベラ・サマセット夫人の邸宅、ライゲート小修道院に療養のためにやって来た。フランシスの記述によれば休みなしで働いてきた歳月に加え母親の死に見舞われたことで、彼女は神経衰弱の一歩手前だった。

そんな彼女に安静療法の代わりに体力を育むべく運動養生法が指示された。自身も自転車愛好家だったイザベラはフランシスに自転車を習うよう勧め、彼女に自転車を贈り、それはグラディスと命名された。このふたりの女性の間には心の面での深い絆があり、フランシスはイザベラのことを「私にとっての美しい画廊、図書館、景観、オーケストラ」と形容した【註1】——そしてイザベラはフランシスを「自分の幸せを現世につなぎ止める錨」と呼んだ。【註2】フランシスがこの友人の助言にためらいなくしたがったのも不思議はない。

フランシスは、ウィスコンシン州の農場で「奔放に駆け回っていた」頃の子供時代の感覚を取り戻させてくれた、この新たに得た「自由のマシン」に強く心惹かれた。かつて一時的に味わった自由は、彼女が十六歳になった時、ヴィクトリア朝時代の大人の女性につきもののロング・スカート、コルセット、屋内暮らしという制限を強制されたことで唐突に終わりを告げた。新たな拘束衣を着ることで歩くのが実に困難になったために、屋外で得る喜びが奪われたほどだった——「生まれつき、家でじっとしているのに断固反対」な人だったにも関わらず。【註3】その代わり彼女は教育を通じて自らの自由を追求し、ノースウェスタン大学女性カレッジの学部長に就任、続いて女性キリスト教者禁酒連合に参加した。婦人と子供は有り金すべてを飲み代につぎこんでしまう酔っぱらいの夫の犠牲になることが余りに多いと感じていた彼女は、節酒を促しただけではなく、女性の教育と参政権、家庭内暴力の根絶、監獄および労働状況の改善も訴えた。

初の女性アメリカ合衆国大統領の人生を想像してみた小説を書くことも計画したものの、フランシスはキャンペーン活動に忙殺され、結局執筆には至らなかった。この思いつきを抱いてから百年以上経った現在も、女性大統領がフィクションの世界以外では存在しない事実に彼女はショックを受けることだろう。(*)

＊偶然とはいえ、一九一三年にロンドンの『イヴニング・スタンダード』紙読者は彼女の親友レディ・イザベラを「女性首相に最もふさわしい」女性に選出している。

しかしフランシスには、著作『車輪の中にある車輪：私の自転車学習法』(一八九五)を書き上梓する時間はあった。この本は彼女に自転車の手ほどきをしてくれたイザベラに捧げられており、そのお返しとしてフランシスは読者にも同じ体験をもたらせたらと願っている。私が所有する版の同書の表紙と中面には、真剣かつ意を決した表情で自転車にまたがるフランシスと彼女に付き添うひとりないしはふたりの女性の姿をほぼ間違いなく一緒に捉えた写真が使われている――この活動が女たちのものであることを強調するイメージだ。これらのサポーターたちがバランスの取り方を学ぼうとしていたフランシスの自転車を支え、助言と励ましを与えてくれた「献身的かつ素敵な同志」、彼女に自転車を教えた一連の教師なのは間違いない。読者に対し、フランシスは熟練した自転車女になるには時間、忍耐、意志の強さが必要だと説いているが、彼女はこれらを人生全般の会得にも必須な資質と看做している。実際、彼女は「どうかうまく乗らせてくださいと自分の自転車に懇願し遂に乗りこなすうちに、人生哲学を発見した」と述べている。この新たなスキルを学ぶ上で、最も大きく乗り越えにくい障害は他人からジャッジされることへの恐れである、と彼女は見極めている――それは「私たちは皆、無意識のうちに公衆の意のままになっている」からであり、この意見は今でも大いに的を射ているし、あの当時はなおさらそうだったろう。自転車を習う、五十代の未婚女性であれば言うまでもない。フランシスは女性の大義を前進させる可能性を自転車の中に見ており、その理由として女性服飾の合理化に自転車がもたらすであろう影響と共に、女性に何ができるか／できないかに関する頑強な意見を弱める点を挙げた。事実、公の場に立ち「見られる」女性、実に多くの人間から尊敬される者として、性差は障壁にあらずと証明するのは自らの義務だと彼女は考えていた。

フランシスは、女性にとってエクササイズは有益であると確信していた医師たちの発言を引用する。非理性的な感情論の大合唱によって理性の声が頻繁に押し殺された時代に、これは賢明な戦術だ。また彼女は読み手がその人の「グラディス」をどう見事に乗りこなすかについての助言も伝授しており、バランスを取るのには数学以上の精確さが求められること、気持ちが揺れると車輪も揺らぐ、怖がって下を見ると確実に転倒する、といった言葉が含まれる。ほぼ毎日十〜二十分間の練習を続けたことで、三ヶ月経たないうちにフランシスは先生たちに支えてもらわずとも、ひとりで楽しくグラディスに乗って漕ぎ出していけるようになった。

サイクリングはフランシスにとって一時的な興味ではなかった。少女時代の冒険好きだった面が再び目覚め、一八九六年に彼女はレディ・イザベラと連れ立ってフランス南部へ自転車旅行に旅立った。この旅は、自国での虐殺を逃れてきたアルメニア難民を助けるためふたりがマルセイユ行きを決意したことで短く切り上げられた。彼女たちは使用されていない病院にセンターを設け、避難民に住居と食事を提供すると共に、彼らの多くにアメリカあるいはイギリス定住を組織し成功に導いた。

イザベラとフランシスが人道的支援のためにサイクリングを一時休んだのと同じ年、ニューヨークのスタテン・アイランド自転車クラブ会員だったマリア・ウォードは『レディのための自転車術（Bicycling for Ladies）』を出版した。その前年に撮影された写真はマリア（あだ名はヴァイオレット）と彼女の姉妹キャロラインがクラブの他のメンバーと一緒に自らの安全自転車の隣に立つ姿を捉えている。現存するこの時代に撮影されたクラブ写真の多くとは異なり、ここには少なくとも男性と同じくらい女性も顔を並べるグループが写っている。中央に立つマリアは合理服を着ているらしく、他の女性たちは主に長いスカートにパフスリーヴのブラウスと派手な帽子姿、男性陣は膝丈ズボンに長いソックス、麦わらのカンカン帽を被っている。写真の裏はサイクリングへの招待状になっており、同クラブは六月二十五日の午後四時半にセント・ジョージズを出発し、クラブハウスに戻ったところで茶会を催すのでご参加くださいと書かれている。撮影者のアリス・オースティンは仲間のクラブ会員で、初の女性記録写真家のひとりでもあった。この本のためにアリスは数多くの写真を撮影し、ニッカーボッカー姿の体操選手デイジー・エリオットが自転車に乗る際の様々なポジションを図解するためにポーズをとる姿を写している。

マリアの本は熟練したサイクリストになるのに女性が知っておく必要のある知識を何もかも網羅した指南入門書だ。フランシス・ウィラードの本がもっと哲学的なアプローチをとったのに対しこのガイド本は徹底的かつ広範な内容で、どのタイプの自転車を選ぶか、何を着用するか（理想を言えばブルマー、もしくは膝と足首との中間まで届かない丈のスカート）、どのように自転車に乗り倒れないようにするか、路上でのルールと他の人々にどう自転車を教えるかについてまで様々なトピックを論じている。

マリアはサイクリングの実用的な利点——移動と運動——を強調するものの、その筆致が最も熱っぽくなるのは探険と発見のチャンスについて語る時だ。彼女はどんな風に「次々に現れる素晴らしい可能性の数々」と共に「前に道が伸びていくか」に思いを馳せ、「いくつかの広場ではなく、あなたは町をいくつか知っている。数マイル圏内の土地を少し知っているのではなく、ふたつか三つの郡をおなじみのエリアだと言える。一日がかりの遠征もものの二、三時間に短縮される」と綴る。実に多くのヴィクトリア朝時代の女性にめったに訪れなかった冒険の可能性は、マリアのガイダンスにしたがうことでもたらされる大きな報いだった。この感覚は、同書の群青色に金で文字を箔押しした豪華な革張り初版本の表紙にも反映されている――幸せいっぱいに丘を駆け下りる合理服姿の女性のイラストが描かれており、彼女は両足を前輪のフットペグにもたせながら、帽子は風で後ろに飛ばされている。裏表紙では、彼女の後を小さな犬が追いかけっこしている。

マリアが「征服」、「熟達」、「達成」といった言葉を繰り返し用いることで、ゴールは何かがありありと見えてくる――能動的な動因になることだ。自転車を習うのに女友だち同士で助け合うことを示唆しつつ、一方で彼女は単にフェンスの支柱をサポートに使えばそれと同じことができるとも断言する。『レディのための自転車術』は、自立し自足できる者に待っている自由を繰り返し強調する――まさにその依存ぶりで女性が定義されがちだった時代に、ラディカルな意見だ。サイクリングの社交的側面も大いに好んだとはいえ、彼女はまた読者に「いかなる緊急事態にも対応できる構え」でいること、自らのマシンを修理しメンテナンスするのに誰の力も借りずに済むことを求めてもいる。これらを達成できる者たちは、マリアの意見では最も「生をひしひし実感」しており、パンクや壊れたチェーンのせいで道ばたで立ち往生することもまずないだろう、としている。

というのも、自分のトラブルを解決してくれる誰かが通りかかるのを待つほかないとしたら、オープンロードの自由などないではないか？　マリアは自転車の部品配置と各パーツがどう組み合わさっているかを細かに説明し、ナットとネジのひとつひとつをチェックしその役目を判断することを読者に指示している。「女性と工具」と題された章では金属機器の使用を分かりやすく説明しようと試みる――「針やハサミを使いこなせる女性なら誰でも、同じくらい上手に他の道具も扱える」。この参照ポイントの記述で現代女性読者は古臭い本だと思うかもしれない――タイヤのパンクを直せても、靴下を繕うことができないのは私だけではないはずだ――が、金槌やレンチ等は家庭生活の定番ツールとなんら変わりはないと主張したマリアのことは誉め讃えるべきだろう。彼女は自転車のワークショップで必要になる工具の様々な使用法を紹介した上で、読者に一台の自転車を分解し、構成部品を清掃し、組み立て直す課題を与える――その全工程を邪魔が入らないようドアをロックできる部屋で一から十までやるように、と。マリアが大事にした「自分だけの部屋」（※『A Room of One's Own』はヴァージニア・ウルフのエッセイの題名）はどうやら作業台を備え自転車のパーツがあちこちに散らばる、彼女の細かな記述によれば何もかもがきちんとあるべきところに収まっている部屋だったようだ。自信たっぷりな知識の伝授ぶりから察するに、この部屋で彼女は既にかなり長い時間を過ごしたことがあった。

一八九六年には、イギリスでもリリアス・キャンベル・デイヴィッドソンが『レディ・サイクリストのための手引き（Handbook for Lady Cyclists）』を出版し、増えつつあった、女性向けに女性が執筆したサイクリング関係の自助本ライブラリーに貢献した。リリアスは一八五三年にブルックリンで生まれたが、この時点までにイギリス南部で数年間暮らしていた。彼女は以前に女性旅行者向けの手引書も書いており、女たちに外に飛び出し世界を見て回って欲しがっていた人だったのは間違いないだろう。マリアと同様に彼女も女性に愛車のメカニズムをよく理解しておくことを求め、とりわけ人里離れた田舎をひとりきりでサイクリングしたいと切望していた女性に対してはそうだった。マリアとの違いと言えば、彼女の「会話の中で始終自分の知識をひけらかす」必要は女性にはない、との助言だろうか。知識はパワーかもしれないが、リリアスにしてみれば知識を有しているという事実そのものに注目を集めるのは必ずしもお勧めできることではなかった。彼女は既に、彼女のジェンダーには不適切と看做される物事を隠すことを実践してきた——一八八〇年代末に、初めて自転車に乗ったパイオニア的な女性のひとりとしてサイクリングし始めた頃、彼女は人目を避けて早朝しか自転車に乗らなかった。

そんなリリアスも、サイクリングにふさわしい服装に関しては妥協を許さなかった。自転車に乗る女性がロング・スカートとペチコートを着用するのは「論外」と力説した彼女が好んだのは短めで細いスカートとニッカーボッカーの組み合わせで、この装いは日常活動のすべてに対応できるはずだと彼女は考えた。男性服デザインは実用的で、彼らには気が向けばいつでもひょいっと自転車に乗ることができた。男たちは「バタバタはためく、帆のようにかさばるひだ付きの衣類によって女性がこうむっているひどい邪魔」を、女性に「最も大きな不安感、深い悲しみ」を引き起こすその妨げをまったく感知していなかった。リリアスにとって、サドルに乗るためにいちいち着替える必要性はサイクリングを「前もって計画しなくてはならないややこしい活動」に変え、そうであるはずの完全なる「自由のマシン」から大きく引き離すものだった。

合理服もしくはブルマーがサイクリング着として最も理にかなっているとリリアスも感じていたものの、ただしそれらの衣服は着る者の体型に合わせて裁断され仕立てられなければならないと注意を促している。というのも、自著や『サイクリスツ・ツーリング・クラブ・ガゼット』の連載コラムで女性サイクリストを声高に擁護していたものの、通りがかりの牧師にショックを与えないようあわてて脇道に逸れた日々のことを彼女はまだ捨て切れていなかったからだ。手引きの中で彼女は一貫して女性サイクリストが「女らしい優雅さと気品」を保つ必要にこだわっている——それをやり損ねた者は「恐ろしいおばけ」だった。彼女の意見では女性サイクリストの九十九パーセントは「スタイル面で完璧ではない」そうで、その責任は仲間の女性たちにあった。経験の浅いサイクリストの友人に自転車を教える際に、見かけを保つことがいかに重要かを注意する義務が女性にはあった。リリアスによれば「騒がしく、スピードを出し、ただ単に恐ろしく見えると、彼女は（女性のサイクリングに）とんでもない害をもたらす」ことになる。

女性にサイクリングを始めるよう奨励しつつ、それと同時に女性にふさわしいしとやかな物腰で自転車に乗ることを強く求めるこの押しつけは当時のマニュアル書やサイクリング・メディアに共通する傾向だった。女性をターゲットにしたサイクリング雑誌、たとえば『レディ・サイクリスト』（編集長は男性）は自転車に乗る際の正しい立ち居振る舞いと服装の重要性を力説した。こうした雑誌も合理服を推薦したかもしれないが、あくまで通行人男性の反感を買わないようにきちんと仕立てられたものに限ってだった。それらの多くは自転車に乗る女性が女らしく魅力的であるのは可能でありそうあるべきである、とのメッセージを読者に納得させるべく短いお話——サイクリングをベースにしたお行儀のいい中流のヘテロセクシャル女性が主人公の恋愛もの――を掲載した。女性の身体は容赦なく取り締られ、評者はいくつかの衣料は一定の体型の持ち主に不向きであると指摘した。ある書き手の意見は「姿形が変わっている」女性は自転車に乗っても決してサマにならないだろう、だった。【註4】現代女性はヴィクトリア朝時代のシスターたちには許されなかった権利と自由を数多く享受しているとはいえ、ボディ・シェイミングの不快な問題は新聞や雑誌にいまだに顕在化し続けている。いくつかの点で、私たちの道のりはまだ長いようだ。

別の寄稿者は「俗っぽく派手な身なりの女性が埃っぽい道を一日中自転車で走った後に移動で汚れただらしない格好になって戻ってくる姿ほど、洗練された心持ちの人間に苦痛を感じさせるものはない」と述べた。【註5】この苦痛を軽減するには身だしなみチェック用に小型のバニティミラーをハンドルに取り付ければよい――「長いツーリングの間には髪型が乱れ、時に煤が鼻につき、帽子がかすかに上向きに曲がってしまうことがあるのは確実」だからだ。

果たしてこの助言が家父長制規範は遵守されなくてはならないとの感覚が動機だったのか、それとも妥協の念から来たものなのか、時に曖昧になってくる。既存の規定を無視するのではなく一見それにしたがっているように振る舞えば、何からも干渉されずに女たちが穏やかにサイクリングを楽しめる可能性は高まっただろう。反対勢が彼女たちの外見と物腰の中に見出す欠点が少なければ少ないほど、女性が追求するにふさわしいものとしてサイクリングはより許容されるようになるだろうし、結果、あまり社会反抗心の強くない女性も励まされ「試しにやってみよう」と思い立つかもしれない。窮屈に思えるかもしれないが、イギリスで初めて月給を取った女性ジャーナリストであるエリザ・リン・リントンがヴィクトリア朝時代の女性の在り方を損なう「危険な」新しい女性に自由を呼び込む役割を果たしている、として自らのコラムで頻繁にサイクリングを批判していた時代に、これは納得のいく戦術だ。

リリアスを反逆者と定義するのは無理だった――それでも彼女が一度も結婚せずひとり暮らしもしくは他の女性たちとの共同生活を好んだのは注目に値する――とはいえ、できる限り多くの女性がサイクリングの恩恵を味わうことを彼女が望んでいたのはたしかだった。数が多ければ怖くない。日常的に出くわす度合いが高いほど、それだけその行為をけしからんとする声も上がりにくくなる。彼女にとっては、自転車に乗る女性の誰もが「唱道者」だった――「このスポーツのベストな広告塔」になるべく彼女たちが努力を払えば、という条件付きではあったが。「ずぼら」で優雅さに欠けるサイクリストの存在は、何より大事な新兵の加入を促すよりも彼女たちを怖がらせることで足を引っ張ってしまう。水準は維持されなければならなかった。

自分だけのクラブ

ペダル・パワーの生徒が自転車を習う場所としてハックニー・ダウンズはふさわしい場所だ――ここは最初のサイクリング・クラブのひとつだったピクウィック・バイシクル・クラブ発祥の地で、結成年の一八七〇年に亡くなったチャールズ・ディケンズに敬意を表しこう名乗ることになった。珍しいことに、同クラブはサイクリングとディケンズ作品への関心を組み合わせた。今日も続くこのクラブの会員は創成期の伝統をいくつか継承しており、そこには『ピクウィック・ペーパーズ』の登場人物、スモールトーク伯爵、スノッドグラス、ディズマル・ジェミーといったニックネームで互いを呼び合うことも含まれる。会員は総じて「ザ・ピクウィック・ファーザーズ」と呼ばれるが、それがジェンダー面でふさわしいのは、二〇一九年ですら、ここが男性専用クラブだからだ。

クラブのウェブサイトにアップされた毎年好例のガーデン・パーティの写真は、クリスタルのシャンデリアが吊るされアーチ型の天井を誇るグランド・コノート・ルームスを埋め尽くす白人男性たちを捉えている。この会場がかつて、これまた友愛会的かつ排外的な団体だったフリーメイソンの本拠地だったのは何やらぴったりだ。メンバーの多くはクラブの制服である麦わらのカンカン帽と黒とゴールドのネクタイを身に着け、ラッパ手団やもろもろの式典の歓迎を受ける。クラブの掲げる公約――「連帯感と陽気さ」の流布――は、ふさわしいジェンダーではない限り適用されないようだ。このようなクラブはペニー・ファージングと共に廃れただろうと思うかもしれないがそうではないようだし、ゆえに会員のひとりがペニー・ファージングの脇に立ち写真に収まっているのもなるほどとしか思えない。二一世紀においては時代錯誤な組織と映るかもしれないが、このクラブの入会はなんと七年待ちだそうだ。(*)

* オリンピック出場も果たした元自転車競技選手クリス・ボードマンがクラブの男性オンリー方針に異議を唱えたところ、ある会員はツィッターで「ほとんどの本物の淑女の皆さんは我々と同席したがらないでしょう。#boystalk(野郎話)」と返した。彼のこの意見はおそらく正しい――女性は退屈で死にそうになることだろう。私も同クラブに対し男性しか入会資格がないポリシーの根拠を問い合わせたが、回答は戻ってこなかった。とはいえピクウィック・ファーザーズについて知れば知るほど、主に非白人女性が占める新世代サイクリストたちが彼らの排他的なクラブ発祥地でサイクリングと恋に落ち、自転車に乗るのが許されるのは誰かというルールを書き直す一助になっていることにますますエキサイトさせられる。

一八九〇年代半ばまでにアメリカ合衆国およびイギリスのサイクリスト人口の三分の一を女性が占めるようになっていたにも関わらず、時代遅れな男子専用ルールにしがみついたクラブはピクウィックだけではなかった。それでも分別ある大半のクラブは女性会員に門戸を開け始めていたが、マサチューセッツ州ボストンのとあるクラブは時代の逆を行き一八九四年に在籍中の女性メンバーを会から締め出す投票を採決した。結果、放り出された女性たちはこの禁止令に反対した男性メンバーたちと共に新たなクラブを結成することになった。

英団体サイクリスツ・ツーリング・クラブ、先述したフローレンス・ハーバートンの合理服事件を法廷で争ったのと同じ団体は、一八八〇年から女性会員を受け入れていた。それでも多くの女性は自分たち自身のクラブを結成しようとしたし、イギリスと北米各地に女性専用サイクリング・クラブが出現していった。うちいくつかはエリートな高級会員制紳士クラブを手本にしていた。ニューヨークのミショーがそうであったように、これら高級団体のメンバーはクラブハウスの豪奢なダイニング・ルームでお茶を飲みながら社交をし、おそらく仕立屋をクラブに呼んで新たなサイクリング着の打ち合わせをしたことだろう。ボストンのウッドブリッジ・サイクル・クラブには専用のラッパ手がいたほどだった。とはいえ、大半のクラブはもっと平等主義なもので、たとえばレディーズ・サウス・ウェスト・バイシクル・クラブはロンドンのクラッパム・コモンの池のほとりで毎週水曜午後三時に集合した。

多くの女性が同性だけと一緒にサイクリングする方を好む点に気づいたリリアス・キャンベル・デイヴィッドソンは、一八九二年にレディィ・サイクリスツ・アソシエーション（LCA）を発足させた。ネットワーク作りをおこなう連盟として活動したLCAは全英各地の女性サイクリストの連携を助け、彼女たちが各々ローカル・クラブを立ち上げ社交ライドに出られるようにした。同連盟は合理服を着ている／いないに関わらず女だけで自転車旅をする女性サイクリスト勢を手厚くもてなしてくれる各地のホテルや旅館のリストも出版した。その月刊会報は会員に自分と同じ興味をシェアしている者は他にもたくさんいるのだと安心させ、仕立屋や自転車の会員専用割引も盛り込んでいた。

車輪に乗った女同士の仲間関係を提供してくれるセーフ・スペースをどこかに切り出したいと多くの女性が望んだのも無理はない。既存のクラブの大半は男性会員の方が圧倒的に多かっただろうし、クラブ生活のより競争心の強い側面は彼女たちをウンザリさせるものでもあっただろう。私が所属するロンドンの某クラブは女性メンバー支援に尽力しているが、それでも会員数に女性が占める割合はわずか二十パーセント強であり、この数は今日において珍しくない。日曜の朝に集合場所に向かうとライクラでぴっちり固めた——大半は白人——男性の群れが待ち構えている、という図にはひるまされるかもしれないし、もっと誰でも受け入れ少数派グループを歓迎する存在になるべくクラブ側が非常に多くの努力を重ねない限り、その経験はおそらくバランスを変えることにつながらないだろう。

リリアスはクラブの会員制服にはあまり熱心ではなく、メンバー全員に適した服装の落としどころを見つけるのはむずかしいだろうし、その点が将来のメンバーの気をくじくことにもなりかねない、と主張した。しかし一部のクラブは制服着用が連帯意識を促進すると感じていたし、中にはたとえばシカゴのニッカーボッカーズやハーバートン夫人のチェルシー合理服主義者会のように、自転車着からクラブのアイデンティティそのものを引き出したものもあった。ハーバートン夫人のクラブは彼女が会長を務めた合理服協会の仕事を宣伝し更に前進させるために合理服以外の着用を認めなかった。対照的に、サリー州のリッチモンド・パークで毎水曜にマルムズベリー伯爵夫人が率いた自転車走はスカートを着た女性しか参加できなかった。これはブルマー姿も何人か混じるグループに入ることに気が進まない、よりコンサバな女性の参加を促すためだった。大多数のクラブは厳しい服装規則を施行することはなく、各人の個人嗜好に沿った様々なスタイルをメンバーに許可していた。それでもやはり多くのクラブに会員バッジが存在したし、自分たちのサイクリング人員を認識するための固有のクラブ・カラーを誇るものもあった。これは今日も同様で、私の所属するクラブも含めほとんどの会のメンバーは記章とカラーを用いたジャージを着用している。

地元スタテン・アイランドの（男女混交）クラブの活発なメンバーだったマリア・ウォードは社交ライドの良さを読者に熱心に勧めている。彼女はクラブ発足に関するアドヴァイスもいくつか記しており、手始めにメンバー間で共有できる自転車を二台購入するのが良いのではないかとしている――自転車所有に対する一種のタイムシェア的アプローチだ。会員が増えるにつれ購入できる自転車の数も増える仕組みで、そのコストはおそらく会員費でまかなう。この平等主義的でインクルーシヴなアプローチゆえにクラブは自分用の自転車を買うお金のない者にも門戸を開けることになる。ロンドンのモーブレー・ハウス・サイクリング・アソシエーション――フローレンス・ハーバートンと自転車好きな人道主義者の貴族レディ・イザベラ・サマセットが一八九二年に共同設立し、ワーウィック伯爵夫人ことデイジー・ベルからも支援を受けた――は平等主義をもう一歩押し進めた。この共同組織は特に労働者女性、自身の自転車を購入するだけのお金を稼ぐのが無理だった彼女たちに向けたものだった。

フローレンスとイザベラはまず、リベラルな新聞編集者W・T・ステッドの援助も受けつつ自腹を切って何台もの自転車を購入した。参加希望者は誰でも、ささやかな額を払えば毎月一週間か二週間自転車を使うことができた。一八九七年までに彼女たちは会員百五十人で共同使用する自転車を二十四台所有していた。手の届く額で使える自分用の移動手段によってメンバーにある程度の自立をもたらしたのに加え、これらの自転車は長時間労働をこなしていた女性たちが強く求めていたリラックスできる時間と楽しみとを提供した。女性参政権運動家のミリセント・ギャレット・フォーセットが支援者だったのは当然の話で、彼女は高級誌『ホィールウーマン』読者に対し手持ちの古い自転車を同クラブに寄付することを呼びかける記事を書いた。

モーブレー・ハウスは経験不足な会員にレッスンも提供した。いったんサイクリングの自信がつくと彼女たちはロンドンのはずれにある田舎のエリアを目指す、定期的に開催される社交ライドに参加できた。また会員には分割払いで自転車を買い取るオプションもあった。しかも同組織はジプシー・キャラヴァンを一台、大型のキャンヴァス製テントにコテージも一軒所有していた。それらはすべてロンドンの南のカントリーサイドにあり、会員たちにサイクリングを基盤に据えた経済的な週末休暇を、彼女たちのサイフで唯一可能だったホリデーを楽しむチャンスをもたらした。メンバーはW.T.ステッドの編集していた新聞『ペルメル・ガゼット』紙のロンドン中心部のオフィス内に置かれたクラブ拠点に頻繁に集まり、クラブ関連の諸問題や資金繰りを話し合い、合理服やその他の当時の社会・女性問題についての講演に耳を傾けた。組織設立者のフローレンスに倣い会員の多くは合理服を取り入れ、全員が蝶のシンボルをあしらったモーブレー・ハウスのバッジを身に着け、クラブ・カラーである青と白で装った。

労働者女性に的を絞ったクラブはこれ以外にもあった。ロンドンのガイズ病院は一八九六年に、同病院で働く看護婦たちのために自転車クラブを発足させた。ノット＝バウアー看護婦長は、サイクリングは「ぼろぼろに疲れ切った病室付き看護婦たち」に「気が滅入るような病室に昼夜閉じ込められた後で、気持ちを切り替え運動する」機会を与えたと語った。【註6】このクラブがどれくらい続いたのかは不明だが、その遺産は今日も、先ごろ新設された東ロンドンの王立ロンドン病院看護人サイクリング・クラブの中に続いている。この慈善プログラムは女性ナースが身体を使った運動の恩恵を受けることを支援すべく設立された。参加者の半数がそれ以前は週にエクササイズした時間は三十分以下だったと答えている。うち七十五パーセント以上は自転車に乗るのは初めてだとし、ある女性は「過去五年間、自分に適していてお金の面でも手の届く自転車教練セッションを探し続けてきましたが、この教室はきちんと定期的に開催され、安全で、恥ずかしい思いをせずに自分も参加できた初めてのグループです」とのコメントを残している。【註7】経済的に負担にならず、様々な面でジャッジされないセーフ・スペースを提供してくれるクラブというのは、百二十年以上前にフローレンスとイザベラが興したプロジェクトの核を成す基本方針だった。

自転車のためのキッチン

東ロンドンのハックニーにあるバイク・キッチン。工具や自転車部品が壁を覆い天井からぶら下がり、自転車の構成部品をすべて名称付きで図解した黒板が置かれたこの作業場はマリア・ウォードにもきっと居心地良い場所だろう。しかし邪魔されないようドアをロックするどころか、この非営利の自転車メンテナンス・ワークショップは自転車を修理したい者なら誰でもやって来て、広範なノウハウと必要な道具の恩恵を受けられる――かつてマリアがやろうとしたのと同様の知識を伝え自足を促す方法のひとつだが、と同時にそれをやるための場も提供している。ここはとりわけ重要なポイントで、実に多くの人間が狭いフラットやハウスシェアで暮らしていて空間が非常に高くつく都会において、自転車専用ワークショップなどというものは夢のまた夢だからだ。

ロンドン・バイク・キッチン設立者、カリフォルニア生まれのジェニー・グビアズドフスキーは、自転車が修理に出された際に起きる錬金術から神秘性を取払い、ワークショップで何が起きているか「カーテンを引いて内幕を明かし」自分も挑戦してみようと女性をエンパワーするのが目的だと語る。キッチンはギアの調節法から自転車を一から組み立てることまで、幅広いスキルを網羅した実用向けセミナーを開催している。ロサンジェルスにある同様のコンセプトのワークショップにひらめきを得たこの場所のアイディアは、ノウハウを分かち合うだけではなく関与できるのは誰かとの考え方に挑むところにある。

大半のワークショップに較べバイク・キッチンには女性メカニックが多いとはいえ、ジェニーはこのジェンダー面での偏りを強く意識している。自転車工資格を取るための訓練を受講した際、彼女はそのコース唯一の女性だった。マリアの『レディのための自転車術』が出版されて百二十五年近く経つにも関わらず、自転車ワークショップは男性が大半を占める領域のままだ。道具部屋のジェンダー・ポリティクスには徹底的な改革が必要だ――女は何かを修理するのに興味がなく、一方男は生まれつきハンマーやレンチの扱いに長けるもの、という思い込みは今なお健在だ。科学心理学会の二〇一五年の研究は、これが子供時代の発育にまでさかのぼる可能性を示している。[註8] マーケティングやそれ以外の様々な社会勢力を通じ、男の子は何かを組み立てることや複雑なパズル・ゲームといったSTEM（科学・技術・工学・数学）科目に重要な「空間推論」と認知のスキルを育む遊びを奨励される。これはテクノロジーと機械学は男子のものであるとの考え方を一般化させるもので、科学とテックの世界に女性の数が少な過ぎる要因のひとつと看做されており、自転車ワークショップの状況も同様だ。

こんなに典型的に男臭い職種に就くのかという見込みに臆することなく、ジェニーは彼女のアクセス自由なワークショップを軌道に乗せることに躍起で取り組んだ。ジェニーの最初の指導教官はテレーズという名のネイティヴ・アメリカン女性で、ロンドンの自転車ワークショップで数十年働いてきた彼女は業界内で伝説としての地位を確立していた。彼女はジェニーのワークショップ立ち上げを指導し、かつての教え子が成功するのを熱心にサポートした。

七年前にバイク・キッチンがオープンした時、諸設備を活用する女性はゼロに等しかった。その状況も今や、隔月開催される女性／既存のジェンダー枠に当てはまらない人々を対象にしたWAG（women and gender variant）ナイトも手伝い変化してきた。ジェニーが夜間教室を始めたのは、通常のセッションに参加する自信、可能性、積極性が最も低いのはおそらくこうした人たちだと気がついたからだった。構成員の七十五パーセントを男性が占めるサイクリング・クラブへの入会に女性がためらいを感じることがあるように、自転車ワークショップの典型的に男っぽい環境に足を踏み入れるのを同様に——もしかしたらそれ以上に——億劫と感じる者は多いだろう。私がこうした会合のひとつに参加した時は、くつろいだ雰囲気のワークショップで十人ほどがジェニー主宰のチェーンの手入れのセッションを受けていた。私たちはチェーンと対応するパーツを順序よく外す作業のプロセスをひとつひとつ段階を踏んで見せてもらい、質問があったら何でもいい、基本的過ぎて訊けないなどと思わずじゃんじゃんぶつけるようにと勇気づけられた。

ジェニーは彼女のWAGセッションが立ち入り禁止の場所、あるいは疎外される空間と思えてきたかもしれないエリアに入り込む「裏口」――そしてそこでくつろげるようになるための手段になってくれることを祈っている。こうしたセッションのポイントは、たとえパンクしたタイヤの修理をやることに不安を感じるとしても「これはあなたがやるべきようなことではない、という考え方を取り除く」ことにある。そこは安全かつジャッジされない空間であり、カセット（スプロケット）とは音楽を聴くための旧式メディアのことだと思っても誰からもバカにされない場だ。

これらの会合は愛車の作動状態を良好に保つための定番テクニックを網羅している――リリアスとマリア・ウォードが主張した通り、自転車が快調に動くように少なくとも基本的な修理のやり方を心得ていない限り、自足と自立のアドバンテージは勝ち取れない。しかも、問題が生じるとその都度修理店に持ち込むよりはるかに安上がりだ。

WAGセッションが持つ「足がかり」としての性質、その証として、バイク・キッチンがおこなうその他のセッションも今ではそのジェンダー配分がはるかに平等になっている。あまりに多くの人間が自分はサイクリングの世界に「フィットしない」と思っている状況において、これは喜ぶべきことだ。

第二部

抵抗と反抗

RESISTANCE AND REBELLION

5／自転車に乗る権利をめぐる闘い

キャサリン・T.“キティ”・ノックス、1895年頃
The Referee and Cycle Trade Journal, 15:12 (July 18, 1895) Smithsonian

キティはLAW（法律の意味もあり）と闘った

（※ボビー・フラー・フォーやザ・クラッシュのカヴァーで知られるザ・クリケッツの楽曲〝I Fought the Law〟のもじり）

一八九五年七月の天気の良いある夏の日、リーグ・オブ・アメリカン・ホイールメン（LAW）年次総会取材のためマスコミがニュージャージーのアズベリー・パークに集まっていた。何千もの会員が会合に出席すべく全国各地から続々到着していたが、マスコミの目はとあるサイクリスト、ボストンから来た二十一歳の裁縫師キャサリン・〝キティ〟・ノックスに集中していた。とはいえメディアに騒ぎを巻き起こしたのは彼女のジェンダーではなく肌の色だった。キティは人種が混じっており、この前年、LAWは物議を醸した「カラー・バー」（※有色人種に対する障壁／差別）、白人以外のあらゆるメンバーの入会を退ける方針を採択した。こうして、誰もがキティとLAWの動きを見守ることになった。

アメリカン・ライフの至るところで人種偏見が根深かった時代に、ケンタッキー州ルイヴィルのW.W.ワッツ大佐が率いたLAWの南部派閥は一八九二年に発表された「すべての人種がメンバーシップ資格を有する」との宣言を覆し、同組織を白人オンリーの会へと変えるキャンペーンを成功させた。ワッツ大佐は三年間にわたり黒人排除――そしてカリフォルニア各支部に対しては入会を希望する中国人の拒否――の嘆願活動をおこなっていた。この禁止令の賛同者だったとある南部会員は、同組織への所属はかつて「名誉」なことだったが、非白人を会員に受け入れたらそうではなくなるだろうと語った。【註1】この人種差別的な見方の持ち主は彼だけではなかった。百二十七票対五十四票でワッツ大佐が自らの意見を通した秘密投票では、南部支部会員が満場一致でこのジム・クロウ法（※一八七六年から一九六四年にかけて存在した黒人および有色人種の一般公共施設利用を禁止・制限した法律）型の修正案に賛成票を投じた。結果、会規は「リーグ会員になれるのは白人のみ」と変更された。

新方針に全会員が賛成したわけではなく、もっと見識のあるいくつかの支部はこの決定の実行を拒否した。ボストンの奴隷制廃止主義のルーツに違わず、マサチューセッツ支部はそうしたグループのひとつであり、年次会合に黒人メンバーと共に現れ南部の人種差別主義者を怒らせるのも厭わなかった。

新たな禁止令ははなはだしく差別的なものだったとはいえ、同規則が発効した時点で新たな入会希望者ではなく既にリーグ現会員だったキティにはいずれにせよこのルールは原則としては当てはまらなかった。にも関わらずマスコミ、そしてキティと彼女のボストン人の仲間もきっとそうだったに違いないと思うが、彼らは当日何らかの衝突が起こるだろうと身構えていた。

自転車に乗る有色人種女性としてキティは白人女性サイクリスト以上に詮索と道徳的なお説教の対象になった。人種と性別に加え彼女の装いも話題になった。ブライトンのテッシー・レイノルズのように、彼女も自らの洋裁の腕前を活かしてたっぷりしたグレーの膝丈ブルマーとお揃いの上着を手作りし、仕上げはサイドにボタンのついたロング・ブーツという合理服アンサンブルを着ていた。シカゴのサイクリング雑誌『レフェリー』は彼女を「健康美あふれるブルマー族」と謳った。この服装は彼女の乗った男性用クロスバー自転車には理想的で、進取の気風に富んでいたとおぼしきマサチューセッツの自転車イヴェントでおこなわれたサイクリング着コンテストで彼女に賞をもたらした。しかしこれはまだあまり啓蒙されていなかった一八九〇年代の話であり、非白人の参加者が受賞することに不満を漏らす声も一部にはあった。

キティはリヴァーサイド・サイクリング・クラブ会員でもあった。一八九三年設立の、アメリカ国内初の黒人サイクリング・クラブのひとつだった。これまたテッシーと同じように、実に熱心なサイクリストだった彼女はいくつかの競技に出場したほどで、センチュリー（百マイル＝約百六十一キロ）・レースにも何度か参加した。彼女のアズベリー総会出席にマスコミが多大な関心を示したことは、新聞雑誌に過去に何度も取り上げられてきた人だっただけに本人には驚きではなかったかもしれない。だが、それに続いた報道の矛盾ぶりには彼女も首を傾げたはずだ。

彼女は会合出席を阻まれたと語る情報源もいくつかあったが、『ニューヨーク・タイムス』紙はキティがクラブハウスの前でちょっとした「素敵な素早い動き」をデモンストレーションで披露したと報じているので、彼女はおそらく他のメンバーと共に公園までペダルを漕いでいったに違いない。この次に何が起きたかはもっと不明瞭で、論争の中心は彼女が彼らに会員証を提示した際にＬＡＷ側がそれを受け付けたかにある。『サンフランシスコ・コール』紙は会員証を拒否され彼女は「とても静かに引き下がった」と報じ、しかしメンバーの九十九パーセントはその光景に遺憾だったと同紙は信じる、としている。他紙は、同郷のボストン人である執行委員会役員のひとりが組織は彼女をメンバーの一員として認め、資格を持つ会員としての権利を与えるべきだと訴えたと報じた。『ボストン・ヘラルド』紙はキティはアズベリーで受けた待遇になんら不満はなく、メディアの大騒ぎにまごつかされていたと述べた。相反するＬＡＷ会員の談話がマスコミに更に伝わってきた。会合に歓待されただけではなくキティは夜におこなわれた舞踏会の華で白人男性数人と踊った、との声もあった。結果、彼女の目に余る振る舞いを嫌悪した女性会員が抗議として集団退場した、との目撃談もいくつかある。

キティの出席に対し南部のマスコミが人種差別的な不快の念を吐き出す中、この問題はそう簡単に消え去りそうになかった。『ニューヨーク・タイムス』は「この一件により、有色人種を妨げるラインという課題をLAWは一時保留することになる」とし、一部の会員は「ノックス嬢の在籍を許可することに対し抗議するだろう」と結論づけたが、間違いの多かったかもしれない一連の報道の中で、悲しいことにこの意見は正しかった。

キティの同胞のボストン人たちは既に会員であったことを根拠として彼女を擁護したが、最終的に彼らも非白人の入会希望者に対するこの差別的な新ルールを覆すことはかなわなかった。彼らはまた、サイクリング界で盛り上がりつつあった人種差別の潮流を根絶やしにすることもできなかった。各々の非白人会員禁止令を施行するクラブ――ボストン内のいくつかも含む――が増えていき、この方針によりキティや他の人々はクラブ入会権を直ちに剥奪され、以前はオープン参加だったイヴェント、たとえば彼女が優れた成績を残したボストン・ホイールマンのセンチュリー・ライドといった競技に出場するチャンスももぎ取られた。

LAW――現名称リーグ・オブ・アメリカン・バイサイクリスツ――は、長い間実質無視されてはきたものの、論争の的となったこの「カラー・バー」方針を一九九九年まで公式に放棄しなかった。方針を撤回した際、彼らはサイクリングにおける多様性を支援すべくもっと努力するとの声明を発表した。これは大幅に遅れをとってきた課題であり、取り組み続ける必要がある。なぜならアメリカ合衆国のサイクリスト人口で女性が占める割合はいまだ二十五パーセント――二〇〇八年の運輸省調べによればイギリスでは二十七パーセント――に過ぎず、その中でも有色人種女性の数はごくわずかだからだ。【註2】

一八九五年七月のあの日の実情はどうあれ、キティがこのイヴェントに出席すると意を固めていたのはもっともなことだったし、国内に台頭しつつあった人種隔離を煽動する情勢に対し彼女はあっぱれな大胆不敵ぶりを見せつけた。今日、多くのボストン人が彼女をサイクリング界のローザ・パークスと呼ぶのはこれゆえだ（※ローザ・パークスはアメリカ公民権運動家。一九五五年、人種隔離が実施されていたアラバマ州の公営バスで白人を優先するため席を立つのを拒否し市条例違反で逮捕され公民権運動の導火線になった）。肌の色だけを根拠に参加を妨害しようとした、極めて不公平かつ偏見に満ちた姿勢と行動とに彼女は抵抗した。キティは反抗姿勢を崩さなかったし、彼女は「お前たちのやることではない」の声をものともせず自転車に乗り続けてきた、そして今日においてすら暴力でひどく脅されながらもその声に抵抗している者もいる、そんな自転車女たちの長い系譜に連なる人だ。彼女たちの闘いは、人種、ジェンダー、公的空間、気象変動、都市計画を始めとする様々な政治をめぐる議論、その交差点の中心に自転車が存在することを明かしている。

サイコなシスターたち

二〇〇九年にサン・フランシスコでウィメン・フォー・クライメイト(Women4Climate)がおこなった調査によると同市のサイクリストで有色人種女性はわずか十三パーセント、アジアおよびヒスパニック系女性の数が最も少ないのが分かる。全人口の三十四パーセントを有色人種女性が占める街であることを考えるとこれは低い率だ。取材に応じた者の多くは「私のような女」は自転車に乗らないものであり、サイクリングは主に若い、白人男性のやることだと思うと答えている。【註3】おなじみの話だが、自分たちを代表し存在を主張するのは大事なことだ。この問題はサン・フランシスコに限ったものではなくアメリカ全域およびそれ以外の地にも広がっている。(*)

＊ 二〇一七年にロンドン交通局がおこなった研究【註4】によれば、市民人口の四十一パーセントを占めるにも関わらず、黒人、アジア人、およびそれ以外の少数民族グループは男女を問わず、ロンドン市内での自転車による移動の十五パーセントしか占めていない。

アフリカン・アメリカン女性のモニカ・ギャリソンが二〇一四年にピッツバーグでサイ

クリングを始めた時、彼女はすぐにこの街で自分のような見た目の女性があまり自転車に乗っていないことに気づいた。とあるインタヴューの中で、彼女はサイクリング・コミュニティ内での明らかな存在感の欠如に悪戦苦闘したことを明かしている——「サイクリストとは誰でどういう見た目の人か、との既成概念が自分の中にあったのはたしかです。そのどこに自分が入り込めるのか、私にも分かりませんでした」【註5】

結果として、彼女はブラック・ガールズ・ドゥ・バイク（BGDB）という団体、彼女いわく「自転車に乗るブラック女子のための激励会」を立ち上げた。かつてリリアス・キャンベル・デイヴィッドソンが興したレディ・サイクリスツ・アソシエーションと同様にBGDBも女性たちをつなぐ役割を果たしているとはいえ、その活動は有色人種女性を同じエリアのサイクリストと結ぶことに絞られている。今や団体支部は全国各地に散らばり、同組織に支援され鼓舞された女性の手で次々と新たに発足している。彼女たちはグループ・ライドを企画し、基礎的な機械学といったスキルを分かち合うことで自転車を習い始めたばかりの面々をサポートし、サイクリングをもっと多様性に富み誰でも受け入れる活動にするため助け合い育て合うコミュニティを作り出している。目標はメンバーが勇気づけられ快適に感じられることにあり、したがって、女性が初めてペダルを漕ぎ始めた瞬間からえんえん続いている「自転車に乗っていいのは誰か」の物語を変革することに寄与している。

自転車コミュニティの多様性の欠如はロサンジェルスでも問題になっている。この明らかに自転車に優しくない都市――自動車時代のために築かれ、どの界隈もハイウェイで二分されている――ではサドルにまたがるだけでもレジスタンス行為になる。女性のサイクリング参加を妨げる主なハードルのひとつとして道路上の安全性が頻繁に指摘される中、ロサンジェルスのサイクリスト人口で女性は五人にひとりだけ、というのも不思議はない。特定のエリアにおける女性自転車ライダーの数はその地がどれだけ安全にサイクリングできるかのバロメーターでもある。サイクリング向けの良好なインフラを備えた国、たとえばオランダは、もっと望ましいジェンダー比率を誇る。BGDBと同じように、東LAのボイル・ハイツ地区では主にラテン系女性から成るとあるグループが圧倒的に白人男性が占める同市のサイクリング文化に異議を唱え、と同時にストリートを取り戻す活動とサイクリングを組み合わせている。

オヴァリアン・サイコズ・バイシクル・ブリゲード（卵巣のあるサイコたちの自転車旅団）、またの名をOVAS（Overthrowing Vendidos, Authority & the State――Vendidosは主流アメリカ文化を選び自らの文化を棄てたメキシコ系アメリカ人を指す。※ゆえにこの名称／スローガンは「白人べったりの連中、権威、国家を転覆する」の意になる）は同地区の有色人種「womxn」(*)のためのサイクリング婦人団体だ。キティ・ノックスとは違い、他のクラブから公式に入会を拒絶されたわけではない。だが彼女たちは、社会の周縁に取り残されたコミュニティに生きる有色人種女性としての価値観と日々の現実とを反映するようなサイクリング空間を切り出す必要性に駆られていた。グループのシンボルである卵巣と子宮の絵をプリントした黒いバンダナで顔を覆ったサイコズの面々が集団で走る画像は暴走族のような印象を与えるかもしれないが、真実はそれとはほど遠い。

＊ サイコズはしばしばこの「womxn」と共に、性別を越えたノンバイナリーな「Latinx」＝トランスジェンダー女性と有色人種女性も含むことを意味するタームも使う。
※womxn(ウーマン)は、man＝「男」に由来する言葉であるwomanを避け、性別のないxで代用したノンバイナリー／トランスジェンダー女性を含める意味で使用される表記。

公然たるフェミニストで政治面に積極関与するクルーであるサイコズは、ミュージシャンでコミュニティ活動家のチェラ・ド・ラ・Xによって二〇一〇年に設立された。ある時自動車が壊れ、修理費を出せなかったチェラはLAのダウンタウンにある仕事場に自転車で通い始めた。いずこの女性と変わらず、彼女も日々のサイクリング中に通行人として味わったことがないくらいの冷やかしの声やその他様々の露骨に性差別的な嫌がらせを受けた。それでもお構いなしに彼女はかの都市の悪名高い交通渋滞をすいすい縫って動ける自由さをエンジョイし、「これこそ自由の感覚、自分の行動を阻む障害が一切ない気分とはこういうものだ」と思わされた。【註6】彼女は他の女性にもこのフィーリングを体験する機会を持って欲しいと思った――それまでの彼女のようにひとりきりでハラスメントに耐えつつ走るのではなく、皆で一緒に、自転車旅団として守られながら。第一回目のルナ・ライドのアイディアはこうして生まれた。彼女のコミュニティに暮らす自らを女性と認識する者およびノンバイナリーな人々、これまではひとりでストリートに繰り出す自信を持てなかったかもしれない、だが自らと同じような連中に囲まれてなら安心して乗れるであろうサイクリストたちのために満月の晩におこなわれるライドだ。

チェラの暮らすボイル・ハイツはイーストサイドの界隈で、広域にわたるダウンダウンとはロサンジェルス川を隔てて目と鼻の先にある。日に輝く高層ビル群を始めとする資本主義の象徴の数々を備える中心業務区のダウンタウンとはかけ離れたエリアだが、徐々に寄せてきたジェントリフィケーション効果でその状況も変わり始めている。メキシコ系アメリカ人をエンパワーするための運動であるチカーノ公民権運動の一九六〇年代における中心地はこのエリアで、現在も地区人口はほぼメキシコ系が占める。社会正義を求めて闘った自分たちのコミュニティの歴史と自転車旅団としての活動とを誇りをもって結びつけているサイコズは、自らを「ウォリアーズ（戦士たち）」と称する。だが彼女たちの活動の焦点は、このエリア出身の有色人種女性としての彼女らに影響を与える諸問題に重点的に絞られている。

自由、可動性、自己決定権、そして恐れを知らぬ大胆さがこのグループの集団気風の核にあるが、チェラはこれらの資質は大人になるまでの彼女の人生の中にひどく欠けている気がしていた。彼女の兄弟たちはどこでも好きな所をうろつけるのに、自分は屋内に閉じ込められていると感じていた――彼女のサイクリング・シスターたちと共にストリートに居場所を陣取るのは、果敢な反抗行為なのだ。メンバーの何人かは、自分たちの親の世代は女の子のやるべきことではないと考えていたため、子供時代に自転車に乗るのを奨励されなかったと語る。他のメンバーは子供の頃に自転車に乗っていたものの、嫌がらせを受けたり難色を示されたために後にギブアップしている。そんな彼女たちは今やルールを書き換え、自らの身体を使って何をやっていいか、そしてどこに行けるかについてのコントロールを奪還しつつある。その過程の中で、彼女たちはもはやストリートを自由に動き回ること、とりわけ夜間の行動を怖がって避けたりはしない、とのメッセージを集団結束を通じて力強く打ち出している。

ルナ・ライドに出ると、彼女たちはふたりあるいは四人ずつ並んで走りながら近隣を巡回し「ストリートは誰のもの？　私たちのもの！」と連呼する。集団としてのパワーのおかげで、彼女たちはその空間、以前は夜間にひとりで出歩くのを避けたかもしれないストリートにひるむことなく大胆に存在できるようになる。チェラが言うように「女性のグループと一緒に自転車に乗っていると、『自分は支えられている、誰かがバックアップしてくれている』という気がする。戦争にだって勝てる気がする。何ものも、本当にどんなものも自分を止められやしないと感じる。あれは自転車に乗ることを恐れない女たち、あるいはとても危険な地帯の中に自分たちの居場所をひたすら主張すること」だった。また別のメンバーはこの旅団の一員としてサイクリングする際に味わうフィーリング、それがもたらす安全さとエンパワメントの感覚を「この世界で最も解放的な感覚」と述べる。

アクティヴィズムの一環として、サイコズは彼女たちのコミュニティ出身の若い女性が殺害あるいは誘拐されたエリアへのライドを組織することでも知られる。それらを通じ彼女たちは社会に蔓延する女性に対しての組織的暴力へのアウェアネスを高めると共に、自分たちは恐れのせいでストリートから追い出されはしないとのメッセージを補強している──まるでリジー・ボーデン監督の一九八三年のフェミニスト・ディストピアン映画『Born in Flames』に登場する、ストリートで脅されたり襲われた女性を救う女サイクリストのギャング団さながらだ。彼女たちの目につく存在感は、それまで自分と似た外見の人間が自転車に乗る姿を見たことがなかったかもしれない他の女性たちをこのムーヴメントに参加するよう鼓舞した。組織するライドの多くはテーマを掲げており、また女性の健康や自己防衛といったメンバーにとって意義ある問題に関するトークを主催し、人道主義的側面に焦点を絞った活動、たとえばホームレスへの支援パッケージ配布等も引き受けている。人気の高い社会運動ライドであるクリティカル・マス(*)、少なくともそのLA版は全面的にインクルーシヴな催しと呼ぶには白人と男性が多過ぎると看做すサイコズは、自分たちの代替イヴェントとして毎年恒例の三十マイル(約四十八キロ)走も組織している――その名もクリトラル(クリトリスの)・マス。そこでは誰ひとり置き去りにされない――タイヤがパンクした者がいたらグループ全員が付き合い待ってくれる。メンバーのマリアン・アグイレが言うように「ポイントは誰がいちばん速く走れるかではなく、私たちに大事なのはシスターフッド」【註7】だ。対照的に、住民の大半が白人で高級地のエコー・パークやパサデナといった近隣地区にグループが乗り入れると人からしょっちゅうじろじろ眺められ自分たちはお門違いな気がする、もしも全員が高価な自転車に乗りサイクリング専用着姿だったらそんな目には遭わないだろう、と彼女たちは述べている。

最近おこなわれたクリトラル・マスのひとつに関するオンライン版『LAイスト』の記

事のコメント欄を眺めてみたところ、このフェミニスト・サイクリスト集団は明らかに脅威と見られている。名無しコメンテーターのひとりは彼女たちを「アホフェミニスト（造語Femtard＝Feminist+retard）」そして「思い違いしたヒステリックな女連中」と形容し、「奴らがどれだけタフか拝見する」ために「スポークに棒切れを投げ込む」ことを人々に示唆している。しかしサイコズは現在も好調に活動しており、とりわけ自らのコミュニティに大きな影響を及ぼす問題――これにより家賃上昇と立ち退きが呼び寄せられるだろうと彼女たちが考えているボイル・ハイツの高級化、そして移民の子供たちに対する非人道的な勾留措置と両親からの強制的な離別を含むアメリカ―メキシコ国境に関する合衆国政府の方針――にますます積極的に関与するようになってきている。

＊ クリティカル・マスは一九九二年にサン・フランシスコで始まった。多数のサイクリストが月に一回定期的に集合し街中を一緒に走り、数の多さがもたらす安全性を活かして自動車から空間を取り返し、気象変動やサイクリストの路上での安全といった問題に対するアウェアネスを高める。このイヴェントは今や、サイクリングの祝福兼よりエコな交通手段のためにストリートを奪還するアクティヴィズムのひとつの形として世界各地の都市でおこなわれている。

バーミヤン渓谷の自転車乗り

自転車に乗るのを思いとどまらされるどころか家族やコミュニティから積極的に自転車を禁じられる女たちも世界にはまだいる。それにも関わらず乗り続ける者のいる国に、自転車に乗る女性は「異端者」のレッテルを貼られ暴力はおろか死で脅されることすらあるアフガニスタンも含まれる。アフガン女性はイギリスのわずか一年後、アメリカの一年前の一九一九年に選挙権を得たものの、トムソン・ロイターが二〇一八年におこなった世界で最も女性が生きにくい国を選ぶ世論調査でアフガニスタンの順位は下から二番目、同国の婦女子はジェンダー由来のシビアな暴力、虐待、非識字、貧困、その他様々な人権侵害に晒されている。それは過去五十年間の不安定な国内情勢、ソ連による侵攻、八〇年代から九〇年代にかけてムージャヒディーン武装勢力と政府軍との間で繰り広げられた内戦、それに続いた抑圧的かつ暴力的なターリバーン支配の遺産だ。

ターリバーン政権下において女性の権利は葬られた。婦女子が学校に行くこと、就労、政治への参加、男性のお目付役なしでの外出を禁じる法令が制定され、人前に出る際は決してブルカを脱がないことも必須になった。不服従に対する処罰は暴力的で、時に死の危険もあった。自由、独立、動きやすさ、楽しさをほのめかす行為であるサイクリングが許されなかったのも無理はない。同政権の女性権に関する悲惨な歴史を根拠のひとつに掲げ、二〇〇一年にアメリカ合衆国が政権打倒のためアフガニスタンに侵攻した際（もちろん現実はそれよりはるかに複雑だったのだが）、国内の一部で女性の置かれた状況は改善し始めた。教育が復活し議会に出馬する女性も登場したほどで、判事になる者もいたし、商業取引の場でより大きな役目を果たすようになる等、女たちは概して公共生活の場で再び目に見える存在になっていった。

冒険家でキャンペーン活動家のシャノン・ガルピンは十年以上にわたりアフガニスタンを訪れ、同地で女性の権利に関するプロジェクトを展開してきた。彼女はコロラド州にある、どこかを旅していない普段の時は娘とふたりで暮らす自宅から筆者の電話取材に応じてくれた。彼女にとって二〇〇七〜〇八年は特に、同国の女性の権利およびそれ以外の重要な権利の数々が衰え知らずに前進を続けるように思えたクライマックスな時期として印象に残っている。だがこれら新たな自由の数々にも関わらず、彼女は自転車に乗る女の子の姿を当時一度も目にしなかった——それはいまだに「物議を醸し過ぎる」存在だった。熱心なマウンテンバイク好きであるシャノンは、その事実も彼女が自転車で国内を回る妨げにならないだろうと思った。そうすれば彼女には、他の交通手段では不可能そうなやり方で息を呑むような景観を体験し、外国人の目には主に戦争、恐怖、貧困の地として知られる国、一枚岩どころか実にいくつもの文化から成り立っている国をまったく別の視点から見ることができる。

二〇一〇年にシャノンは女性では初めてカーブル州北部の高山地帯にあるパンジシール渓谷を自転車で走り、また同地で彼女が遭遇した民衆の大半が初めて目にした「サイクリングする女性」になった。外国人女性として、アフガン女性が同じことをやるのを禁じる厳密な社会規範を免除されているのに彼女は気がついた。彼女はむしろ「好奇心の的、曲芸をやるサーカス団のクマ」に近いものと見られていた。ほとんどの外国人旅行者と同様に彼女が護送された車両団の一員として旅していたとしたら、このアメリカ人女性に声をかけるのは不適切な行為だと思ったに違いない男性たちが彼女に近寄り話しかけてきた。それが打ち解けるきっかけになった、と彼女は説明する――「何であれ、彼らを縛っていたものが消えた。好奇心の方が文化的な境界線という規制に勝ったんです」。誰かと交流したいというオープンな欲求は、時に彼らが彼女を自宅に招きお茶を振る舞うことにも発展した。

女性通訳とふたりで旅していた際、とある家で、シャノンは男性ゼロの部屋でなら自由に話せると感じた一家の女性たちと遠慮なしで言いたい放題の会話を交わすことができた。アフガン人女性はまず避妊と女性の健康についての質問から切り出し、シャノンはその機会を捉え、彼女たちに国内の女性の生活ぶりについて訊ねた。ターリバーン政権の陥落後、権威側も女性の健康にとって運動が非常に重要であることを認識し、いくつかのスポーツへの参加は奨励されるようになった。サッカー、バレーボール、クリケット、テコンドー、更にはボクシングまで許されたのは、それらが閉ざされたドアの向こうでやれるスポーツだったからだ。対してサイクリングは、多くの場合公共の場でおこなう行為であるがゆえにタブーのままだった。アフガニスタン文化は伝統的に女性に控えめな装いを奨励し一部のエリアでは人目につかないよう屋内に留まるべしとすらされるだけに、一部の人間は自転車に乗る女は可視性が高過ぎる上に男性の凝視に晒され過ぎる、と看做している。

シャノンはまたアフガニスタンのように宗教面で保守的な国においてサイクリングが今なおここまで物議を醸すのは、自転車のサドルにまたがるという身体行為が性的な放埒さと過剰なセクシャリティを示唆するものと見られていて、ゆえにタブーになるからではないかとも信じている。(*)

＊ 二〇一八年に『アラブ・ニュース』が報じたサウジアラビア王国で自転車に乗る女性に関する記事のコメント欄に、この結果彼女たちは「すぐにサウジにエイズが入り込んでくるのを待つようになる」との発言を残した人物と似ている。

これはイランにも当てはまる。イラン・イスラム共和国最高指導者であるハーネメイー師は二〇一六年に、道徳観を脅威に晒すとの誤った見解から公の場で自転車に乗る女性に対するファトワー（※イスラム教において法学に基づき発令される禁止勧告）を発した：「自転車に乗る行為は頻繁に男性の注目を集め社会を堕落に晒し女性の貞操を犯すことにもつながるがゆえに、放棄されなければならない」。【註8】それでも多くの女性がイランで自転車に乗り続けているとはいえ中には逮捕された者もいた。自転車は押収され、彼女たちは自転車を断念しますとの誓約書に強制的にサインさせられた。発達した自転車路を誇るゆえにサイクリストが密集するイランの都市として有名なイスファハーンの当局側はこの禁止令を無視した女性は「イスラム法の処罰」を受ける対象になるだろうと二〇一九年に述べた。話によると彼らは女性向けに「覆いを被せた自転車」を開発中らしい。

花嫁候補の処女検査がしばしばおこなわれるアフガニスタンでは、他の活動をやっていても裂ける危険があるにも関わらず多くの人間がサイクリング行為は極めて重要な無傷な処女膜に損傷を与えると看做している、シャノンはそう信じている。彼女が出会ったとある男性はまた別の意見だった。彼は自転車に乗るのは非常に頭を使う行為であり、だから女たちには乗れないのだと彼女に語った。

アフガニスタンで自転車に乗ったことでこれは他のどの国でも女性がやれてきたし実際にやってきたことだと証明できたとシャノンは感じたが、その一方で外国人である彼女は、同じことをやっているアフガン婦女子に対する見方を変えることは無理なのも悟っていた。シャノンは知らなかったのだが、実は彼女がパンジシール渓谷を乗り回していた頃、そこから西に数百マイル離れたエリアで非難の声と暴力とを覚悟で自転車に乗り、そうすることで彼女のような人間がサイクリングしてもおかしくないという考えを広めるのに貢献したひとりのアフガニスタン人女性がいた。

現在二十代のザハラは、イランで暮らしていた頃、強い反対を受けたにも関わらず十三歳から自転車に乗り始めた。小さな頃に両親を亡くした彼女は姉に育てられ、彼女いわく姉はアフガン人少女のほとんどよりもずっと自由でもっと勇敢であって欲しいとの願いから彼女を男の子のように扱ったという。その効果はてきめんだったらしくザハラは自らのジェンダーゆえに彼女の様々な行為を禁止しようとする声に抵抗するのに尻込みしなかったし、学校に通うことも要求した。

十八歳の時、ザハラはターリバーン勢力が排除された後に再開した大学で考古学を学ぶためカーブルの北西にあるバーミヤンに引っ越した。授業に自転車で通う彼女はたちまち衆人の目を引きつけるようになった。地元の男子学生たちは大学に自転車で通学していたが、バスが通っていないために徒歩ではひどい時には一日に往復二時間かかるにも関わらず自転車に乗る女性や若い娘は彼女を除きひとりもいなかった。ザハラは「それが教育であれ自転車に乗る権利であれ、女の子も男の子と同じ機会を持つに値する」と信じている。【註9】

今も学問を続けているカーブルから電話で私との談話に応じてくれた際に、ザハラは彼女が最初にこのやり方で色々な場所に行き始めた頃に近隣のイスラム法学者たちの逆鱗に触れ、彼らから彼女を石打ちの刑に処すべきだと言われたと話してくれた。あまりに危険な闘いであり諦めて徒歩に逆戻りしても誰も彼女を責めなかったはずだが、それでもザハラは自転車に乗り続けた。やがてサイクリングは彼女が学問を続けるのに必須であると彼らを納得させてみせた。自転車に乗る女の人としてよく知られた存在になり、すぐに他の者も彼女の仲間に加わりたがるようになった。そんな女性の最初のひとりがザキアで、イランで自転車を習ったものの母国に帰国後は自転車に乗り続けるのは無理と感じていた彼女はサイクリングを恋しがっていた。

ザキアの父親は自転車店を経営していた人で女性の参加も応援してくれたとはいえ、当然のごとくひとりで自転車に乗る自信のなかった彼女は道ばたでザハラをつかまえて話しかけ、程なくしてふたりは一緒にライドに出かけるようになった。そのうち他の娘たちも彼女たちに加わりたがるようになり、この時点で両者はトレーニング会と競技もおこなうチームを始めようと決意した。自転車を一台買うことも参加を妨げるハードルのひとつ——購入費は月給一ヶ月分に相当した——だったが、あるチーム・メンバーの父親はグループに加入したいという娘の夢を実に熱心に応援し借金してまで彼女に一台買ってやったほどだった。

　彼女たちは定期的に集合し始め、まず集まっておしゃべりし、ご飯を食べ、ウォームアップし、自転車を清掃点検し修理した上でロードに繰り出した。大型トラックや収穫を山積みした荷車をロバに引かせる農民と空間を共にする交通量の多いハイウェイでは一列走行し少なめな道では二列に広がり走ることで、どんな車の流れも彼女たちが走っていくために道を譲らざるを得なかった。彼女たちはよく歴史的な石窟仏教寺院遺跡群、二〇〇一年にターリバーンに爆破されるまで砂岩の崖に六世紀に彫られた巨大なバーミヤン仏像群が立っていたエリアも通り過ぎた。

　二〇一五年にチームはツアー・オブ・バーミヤン自転車競技、アフガニスタンで初めて女性を受け入れたレースに参加した。それでも彼女たちは受け入れられるのに悪戦苦闘しており良くない類いの関心を集め続けている。地元の宗教的指導者の何人かは彼女たちを「異端者」で「罪人」であるとし、彼女たちのやっていることは恥ずべきことであり、ゆえに自らの「名誉」を失う危険を冒していると宣言した。誰にも見られない、どこかプライヴェートな場所で自転車に乗るのならまったく構わないと言われたものの彼女たちは「集団で堂々とパレードすること」で暴力を招くのも厭わない姿勢だ。彼女たちはまた、ヘッドスカーフを被らず適切ではない服装で自転車に乗ったとの濡れ衣も着せられている（メンバーは全員、腕、脚、髪を隠すという国内の服装規則を守っていた）。

メンバーの多くは当然のごとく怖じ気づいたがザキアとザハラは恥ずべきことは何もしていないと確信していた。彼女たちはもっと進んだ考え方のバーミヤン知事と何度か会合をおこない支援を仰ごうとした――知事は喜んで援助を申し出たが、もちろんそんな彼にしても彼女たちがサイクリング中に突然暴力行為に見舞われた際の保護は確証できない。それ以来ザハラと彼女のチームと一緒に走ってきたシャノンはザハラのことを彼女の知る「最も強い女性のひとり」と形容しているが、彼女がそう思うのは納得だ。

五年経った現在もチームは元気に活動を続けている。メンバーは概して言えば地元コミュニティに受け入れられており、中にはこのチームが同エリアのアイデンティティの一部であるのを誇りとする者もいる。表でサイクリングする彼女たちを見かけた少年たちは自分の姉妹にも自転車を教えるつもりだと彼女たちに話す。自分の娘や姉妹が自転車に乗ることを許さない男性もまだ存在するとはいえ、彼女の国でもやがて誰だって自転車に乗っていいのだという考えがもっと受け入れられるだろうとザハラは楽観的だ。

ザハラは現在カーブルで学問を専業的に学んでいるため、チームの監督およびトレーナーの役割はザキアが受け継いでいる。ヴィクトリア朝時代のモーブレー・ハウス自転車協同組合の面々と同じようにこのチームのメンバーもクラブ所有のマウンテンバイク六台を共有しており、セッションを朝と晩に分けてトレーニングしている。学校が休みの金曜になると彼女たちはヒンドゥー・クシュ山脈の奥にあるアフガニスタンで最初の国立公園バンディ・アミール湖までバイクを搬送し、普段よりも長い百キロ近い周回ライドをおこなう――ザハラが地元の街路で大胆にペダルを漕ぎ始める以前には想像もできなかったことだ。

グループの存在は女の子や女性が自転車に挑戦することを鼓舞し続けており、カーブルとマザーリシャリーフの様々な女性チームをつなぎ競技ミーティングを組織してきたとはいえ国内には安全にサイクリングできそうにないエリアがいまだ多く存在する。他のいくつかの地帯に較べバーミヤンは比較的進歩型でリベラルな街であり戦時中の遺物である地雷も少なめだ。それ以外の各地ではターリバーンが支配権を奪還し、教育といった基本的な権利を女性が求めることは不可能になりつつある――授業に行くために自転車に乗ることなどもってのほかだ。

ザハラは通学および学問のため遺跡発掘現場を訪れる際に自転車を用いスポーツとしてもサイクリングを活用しているとはいえ、このような日常に必須な移動手段を与えられていない者はアフガニスタンにはあまりに多く、とりわけ自動車を所有する者がわずかで公共交通網にも限界がある僻地の人々はそうだ。

歴史的に婦女子が自転車に乗ることが一般文化規範ではなかった国々は存在するが、そうした国でも今や田舎で暮らす女の子たちは通学のため、そして健康管理機関や雇用にアクセスするために自転車を用いている。彼女たちの人生はふたつの車輪のおかげで変わった。以前であれば徒歩通学には遠過ぎるためおそらく学業を諦めていたであろう彼女たちも今やもっと速く、楽に、安全に学校に通えるようになっている。数多い自転車の利点の中でもこの点は彼女たちの就職の見込みを高め、それに伴い彼女たちも自らの生活を自分自身でもっとコントロールできることになる。

自転車は社会正義を実現するためのパワフルな道具であり、アフガニスタンの女性が自転車に乗るのを許されれば彼女たちも同様のアドバンテージを体験できるようになるだろう、シャノンはそう信じている。それは「充実した人生と抑圧された人生」との違いを生み得る。チャリティ団体ワールド・バイシクル・リリーフが彼らの寄付した自転車を受け取った女の子たちの間で学業成績と出席率が向上したと報告しているのも、この点を証拠立てている。

ターリバーン再浮上に伴いアフガニスタンにおける女性権の未来は不安定になっているものの、現在のところ安全なエリアではより多くの婦女子が自転車に乗るようになっているのは動かしがたい事実であり、彼女たちの多くはザハラのような第一人者たちに勇気づけられてきた。またカーブルには女性の自転車走ナショナル・チームも存在し、男性コーチに向けられた汚職疑惑（本人は否定している）でいったん解散したもののグループとして再編成しつつある。いつかこのチームが国際レース、いやもしかしたらオリンピックにすら出場しアフガニスタンを代表する日が訪れたら、同国の他の女性たちに同等な機会を拒否することを正当化するのは一層むずかしくなるだろう。

緑色の自転車

アフガニスタンから西に目を向けると、世界で最も保守的かつ閉ざされた国のひとつであるサウジアラビアでは何十年にもわたるキャンペーン活動を経て女性もやっと自動車を運転する権利を得たばかりだ。世界で最後までこの権利を認めなかった国がここであり、執拗に女たちの自由を制限しようとし、今なおそれを続けている、多くの人間が全体主義独裁体制と看做す国における女性の権利にとって歴史的な瞬間だった。この二年前には彼女たちにも遂に選挙権と地方議会への出馬が認められている。それらよりあまり知られていない事実として、サウジアラビアの勧善懲悪委員会――宗教警察――によって施行された女性の自転車乗車禁止令が二〇一三年に覆されたというのがある。

二〇一二年に公開された映画『Wadjda（邦題：少女は自転車に乗って）』は、題名に名前を冠された主人公ワジダが必死に自転車を手に入れようとする物語を通じサウジで自転車に乗る少女たちというタブーを探っている。監督のハイファ・アル＝マンサールは自国で長編映画を撮影した初のサウジアラビア人女性であり、ジェンダーに基づく厳格な期待と相容れない目標を追求する困難を知り尽くしている人だ。映画の中で親友の男の子アブダラから秘密で自転車の乗り方を教わったワジダは、一目見て気に入った緑色の自転車を自分がお金を貯めて買いに来るまでどうか売らないでと地元の自転車店に頼み込む。母親は「ここでは女の子は自転車には乗らないもの。自転車に乗ったら子供を産むことができなくなる」と彼女を諭し、しつこくせがむとお前は結婚できなくなるよと言う。それにも関わらずワジダの心は目標から逸れなかった。学校でクルアーン（コーラン）の暗唱コンテストがおこなわれ優勝賞金が出るとのニュースを知り、そのお金があれば自転車代になると思った彼女は猛勉強に励む。ワジダはコンテストで優勝することになる。ところが女生徒の振る舞いを監視することも職務のひとつである教師たちから「賞金で何を買うつもりか」と訊ねられたワジダの回答に彼らは恐れおののき、賞金を取りあげ彼女の名の下にパレスチナへと寄付してしまう。程なくして彼女の父親が二番目の妻を娶ることになった際に、ワジダの母は娘に自転車を買ってやることで反抗する。アブダラを自転車競争で負かし、喜びに輝くワジダの表情で映画は幕を閉じる。

二〇一三年の法令布告により女性やワジダのような少女が自転車に乗ることは法律上許されることになったはずだが、実際に乗る者は少なかった。禁止令こそ撤廃されたもののそこにはいくつもの条件が添えられていた。女性サイクリストはアバーヤ(伝統民族衣装の長衣)もしくは身体の線を隠すローブを着用しなければならない、一定の指定地域しか走れない、男性後見人が必ず同行しなければならない。そして——女性の行動の自由を制限することでよく知られる国らしい、最もいかにもな規定だ——彼女たちの自転車は交通手段としてではなく余暇活動にしか使用できない。

今日、ペルシャ湾岸沿岸部東部州の都市アル・コバールではビーチ沿いの道を一緒に自転車で走る女性グループをいくつも見かけるとはいえ、ここに達するまでには長い年月がかかった。こうした女性のひとりがファーティマ・アル=ブルーシで、ヨーロッパで一週間かけておこなわれるチャリティ自転車レースへの参加を決意した彼女は二〇一七年からこの街でサイクリングし始めた。子供時代に自転車の乗り方を覚えたものの、知り合いの他の女の子たち(彼女たちに習う機会があったら、の話だが)のほとんどと同様に彼女も大人になってからは乗るのをやめていた。海外に出て自転車族に優しいロンドンやアムステルダムといった都市に旅したところでやっと、彼女はライドに出かける機会をつかむようになった。

最高一日百キロを七日間走行することを求められるレースへの参加に備えるためには故郷でトレーニングする必要があるとファーティマは判断した。この当時、彼女はアル・コバールで他に自転車に乗る女性を見かけたことがなかった。人目を引くのを避けるため彼女は静かなエリアで早朝もしくは夜に走ることにした。彼女のやっていたことを禁じる法律はなかったにも関わらず、よく警察に止まれと命じられたと彼女は私に話してくれた。彼らは彼女を叱責し二度とこれを繰り返しませんと述べる書類へのサインを求め、もしもこれを破ったら法的措置を受けるぞと警告を発したものだった。こうした警察官たちは彼女に対し我々は単独行動する女性の安全を配慮してこの処置を取っているのだと説明したが、サイクリング中に彼女が遭遇したトラブルは彼ら警察とのいざこざだけだった。ファーティマは彼らは個人的な偏見に基づき行動していたと考えている。こうした男性たちは強い意見の持ち主でそれを強制するだけの権力も備えた、彼女がサウジの文化規範に挑んでいる事実を快く思わない連中だった。うちひとりは非難めいた口調で「ここをどこだと思ってるんだ？　お前はアメリカにいるわけじゃない。我々はまだお前がそんな風に外出できるだけの段階に達していないんだ」と詰問した。

同じレースに参加することになっていた全員男性のサウジ・チームは、一緒に走るのを女性に許可したことで体制側と問題が生じるのを恐れファーティマの加入を拒んだ。その代わり彼女は国際走者チームに加わった。サウジ人女性がレースに参加した――史上初のことだった――とマスコミが報じた時、彼女の元に自国の女性と少女たちからメッセージが殺到した。彼女に自分も自転車を習いたいと伝えた者もいた。次回のレースで彼女と一緒に走れたらと願う者もいた。その大半はひとりで自転車に乗る自信がない女性たちだった。

この需要に応じるべくファーティマはハーライド（HerRide）というグループを結成し、メンバーを率いて自動車の通らない断崖沿いの市内唯一の自転車専用路を週二回走ることにした。その翌年、この年はスウェーデンを出発しドイツがゴールだったたくだんのレースに参加すべくファーティマの姉妹ヤサも含む同グループのうち四名がヨーロッパに向かった。全世界から集まったサイクリスト数百人と競い合った後に彼女たちが帰国した時、ファーティマは遂に風向きが変わり始めたのを感じた。女が自転車に乗る光景は、少なくともジェッダとアル・コバールのように比較的リベラルな都市では王国の日常として受け入れられるものになりつつあった。

これは二〇一七年まで少女たちの学校カリキュラムに体育が含まれていなかった国にお

いては驚異的な進歩だ。女性のオリンピック出場は二〇一二年まで認められず、この年初めて二名が派遣団員として参加し――多数の強硬保守派を狼狽させることになった――二〇一六年にその数は四名に増えた。エクササイズも男性にしか許されない領域だった。女性の多くは健康維持の最後の手段としてショッピング・モール周辺をぐるぐる回るほかないほどだった。この結果、サウジ女性は男性に較べ肥満、がんや様々な病気を患う率が高いとの統計が出ている。スポーツ・イヴェント観戦にすら禁止事項があった。女性のスタジアム入場禁止令は二〇一八年まで施行されていた。

若干の規制緩和はあったかもしれないが、この超保守的社会の中にはスポーツに参加する女性に対する態度にまだ反感が残っている。反対派からの主張は一九世紀後半に西側で上がった声と似ている――身体を使った活動は女らしさを損なうものであり、そこから厳格な服装規定が緩まることにつながり、ひいては道徳観にまで影響する、と。ジェッダ在住の女性サイクリストのひとりは、彼女が二〇一五年に友人たちと連れ立って初めて自転車で外出し始めた頃、その姿に不満を抱いた一般民が警察に通報し彼女たちを止めろと求めたこともたまにあったと述べている。

サウジ国内で自転車に乗りたい女性たちには今や強い味方がいる――サウジ駐米大使、リーマ・ビント・バンダル・アル＝サウード王女だ。サウジ初の女性大使である彼女はそれ以前にはサウジ総合スポーツ委員会の会長を務め、運営から競技参加まで女性をもっとスポーツに含める任務を付託された。学校に体育教育を設け、通りや公園に出て運動するよう積極的に女性を鼓舞する動向の多くは彼女の仕事だった――「私は女性に対し、公の場でエクササイズするのに許可を求める必要はない、自分たち自身の運動用プログラムを始めるのに許可を取る必要はない、と言い続けてきました。そして今や、それを実践する者はどんどん増えています」【註10】。同委員会は現在、女性サイクリング・チームの発足を進めているところだ。

ファーティマは文化的な変化の恩恵を受けてきた。彼女は他の女性にも自転車の乗り方を教えられるように各種訓練コースに派遣されたし、新たな女性サイクリング・チームに加入しオリンピックで競うべくトレーニング合宿にも参加した。

ナディマ・アブ・エル＝エニーンもその恩恵を受け、サウジにおける自転車に乗る女性に対する態度の若干の軟化に貢献してきた。生まれ故郷である紅海沿いの都市ジェッダで、彼女は女性が自転車に乗ることを鼓舞し乗り方を教える活動に関わってきた。二〇一八年に彼女は国内初の女性自転車レースを組織し、これは同国では史上二番目に開催された女性運動競技だった。これ以前は彼女も自転車女に対するネガティヴな文化的姿勢を免れることはできず、十代になったところで自転車に乗るのをやめさせられた。しかし二〇一五年に姉妹と母親から再び自転車に乗るよう勧められた彼女は様々なライドの写真をインスタグラムにアップし始め、ファーティマと同じように彼女の元にもたちまち一緒にライドに出かけたいとのメッセージが他の女性たちから寄せられた。同年、十六歳の時にナディマは国内初の女性専用サイクリング・クラブのビスクリータ（Bisklita／Al-Besklita表記もあり）を起ち上げた。同クラブは会員六名から五百名に膨れ上がり、メンバーの年齢も能力も幅広く、中には脳損傷をこうむりバランス感覚を損なったもののめげずに三輪自転車で参加している者もいる。

ナディマは母親から自転車の乗り方を教わったので、彼女からすれば他の女の子や女性が同じことをやるのを応援するのはごく当たり前の話だ。イスラムにおいて女が自転車に乗るのを禁じる戒律は存在しないと彼女は確信している。彼女たちが一緒に走り始めた頃、自転車に乗る女性はまだ珍しく人々から怒鳴られたりものをぶつけられることもたまにあった。それをものともせず彼女たちは走り続け――バーミヤンの女性サイクリストたちのように――住民たちからどんどん受け入れられていくようになった。

変化はまだ同国の他の地域にまで及んでいない。多くの都市、そして田舎のエリアでは自転車に乗る女性は嫌がらせを受け続けている。サウジアラビア・サイクリング連盟会員証の携帯は法律で義務づけられていないものの、このカードを提示すると警察が引っ込む事実をファーティマは発見した。グループ走をしていて警察から足止めを食らうのにうんざりしたナディマはサイクリング連盟が彼女のクラブに許可証を発行することを求める書簡をリーマ王女に送った。許可が下りるまで暫定的に、王女はナディマが誰にも邪魔されることなく生徒たちを訓練できるよう同クラブの地元スタジアム利用を手配した。

状況が改善されるのにどれくらい時間がかかるかはなんとも言いようがない。「サウジ・ヴィジョン2030」の名称で知られる構想は、女性をもっと労働力として起用することおよび社会の構成員すべてに対しスポーツ活動へのアクセス手段を向上することもその目標の中に掲げている。批判者たちはこれを「うわべだけ」と相手にしていない。平等、もしくは女性の社会および政治面での全般的な公民権付与に関しては一切言及されていないからだ。サウジ統治は異議を唱える者に容赦しないため、女性の権利を主張する活動家はシステムに変化をもたらそうとして大きな代償を払ってきた。自動車運転禁止令を覆すべく闘った女性たちは投獄され、また人権団体によれば拷問を受けた者もいたとされる。二〇一八年に禁止令は終わったものの彼らの多くは今なお刑務所に収監されたままだ。

抑圧的な後見人制度によりサウジアラビアの女性市民ひとりひとりは結婚、旅券取得、海外旅行、刑務所あるいは国家の保護機関からの解放、人命保護のための中絶、家庭内暴力の犠牲者向けシェルター入りといった件で保護役を任された親類男性からの許可を得ることを求められる。そして仮に女性が彼女の後見人の手にかかり虐待を受けても、国家は彼女を守るためにほとんど何もしてくれない。世界で最も女性として生きるのが困難な国のランキングでサウジアラビアが五位につけているのもこれで納得がいく。

逮捕された場合は投獄、拷問、時に死の可能性があるにも関わらず、この抑圧的なシステムから逃れるべく国外脱出した女性の例はいくつかあった。二〇一九年に、当時十八歳だったラハフ・ムハンマド・アル＝クヌーンは家族からの虐待を理由にタイへ逃亡した。彼女はホテルの一室に籠城し難民の地位を得るまで立ち去らないと訴え、遂にはカナダに難民として受け入れられた。海外での自由を求めサウジの抑圧から脱出した別のとある女性は、もう外出許可を得ずに済むこと、思うままに装えること、その他いくつもの私たちの多くにとってごく当たり前な物事を満喫できる喜びを語っている。彼女は今、自転車の乗り方を習い、それだけではなく水泳とアイス・スケートも勉強中だ——これらは彼女の後見人が許さなかったはずの活動だ。

本書執筆段階では、サウジアラビア王国は後見人規則のいくつかを緩める計画を進めていると噂されており、女たちもじきに後見人の承諾なしにパスポートを取得し海外を旅することができるようになるかもしれない。後見人制度を完全に解体しようとの取り組みはまったくおこなわれていないので、この緩和が女性の権利および行動の自由にどんな影響をもたらすことになるかはまだはっきりしない。

　そんな中でも草の根レヴェルでは、少なくともファーティマやナディマのような女性たちは、ほんの十年前かそこらまでは女性に立ち入り禁止だった活動を楽しむことができるようになっている。彼女らは自由、動き、身体性と非常に大きく関わった何かを始めることを他の女性たちにも鼓舞しているし、ファーティマは私に彼女がどれだけ「サウジ女性を力づけ」たいか、そしてその一環として彼女たちに自転車に乗って欲しいかを語ってくれた。

「嬉しさで心がいっぱいになります」——女性に自転車の乗り方を教えることはあなたに何を意味しますかと訊ねられ、ナディマはそう答えた。【註11】そうすれば、彼女たちも「社会が引いた境界線の数々から自由になれる」と。過去数年で国内の姿勢にポジティヴな変化が起きており、サイクリングはその変化に重要な役割を果たした、彼女はそう信じている。

6／女たちよ、決起せよ！

エメリン・パンクハーストの出席するWSPU（女性社会政治同盟）
会合を宣伝する自転車と女性参政権論者たち、1914年
Getty Images/Hulton Deutsch

ペダルが力づけた革命

一九〇七年二月十三日、英議会が正式にこの年の国会会期を開始しようとしていた日の午後三時に四百名以上の女性が「女性議会」に参加するためロンドンのキャクストン・ホールに結集した。全員が女性社会政治同盟（WSPU）の会員――サフラジェット（女性参政権活動家）だった。彼女たちは前日おこなわれた国王演説からまたもや女性の参政権への言及が欠けていたことへの抗議としてこの場に集っていた。

WSPUのリーダーであるエメリン・パンクハーストが「女たちよ、決起せよ！」と号令をかけると、場内に「それは今！」の叫びが沸き起こった。それに伴い代表団はいくつかのグループに分かれ、この問題を討論することを要求する署名を首相に届けるべくヴィクトリア・ストリートから国会議事堂に至る半マイルをカバーした。合理服の提唱者でサイクリストだったレディ・ハーバートンも、他の著名なWSPU活動家たちと共にこれらのグループのひとつを率いた。

ウェストミンスター寺院に到着したところで彼女たちは一列に並んだ警官隊に阻まれた。諦めて背を向ける代わりに行進者は議事堂に向けて強硬突破を試みた。路上および馬上の警官たちは乱暴に応戦し、警棒で殴りかかり群集を散らそうとした。この残忍な争いの中で多くの女性が負傷した。とある新聞は後に、女たちが何時間にもわたり警察の非常線を押し返したこの場面を「サッカーの乱闘」を思わせると表現した。【註1】

彼女たちの何人かは反抗的に「私たちは引っ込まない、首相に会見してみせる!」と叫んだ。十五名がどうにか非常線を突破し議事堂入口まで達したもののその場で即逮捕となった。五十一人の女性がスコットランド・ヤード(ロンドン警視庁本部)に連行された——WSPUのリーダーたち、エメリン・パンクハーストと彼女の娘たちシルヴィアとクリスタベルも混じっていた。午後十時、女たちは遂に国会入場を求める奮闘を諦めた。

逮捕者の大半は明くる日に二週間のホロウェイ女性刑務所収監を宣告された。判決を言い渡す際、判事は彼女たちの「治安びん乱と吐き気を催すような行動」に歯止めをかけてみせると宣言した。

逮捕者のひとりにアリス・ホーキンスという名のレスター出身の女工がいた。イクイティ・ブーツ&シューズ製造会社の機械工だった彼女は、この協同組合型工場を通じて社会正義に対する深い関心を育むことになった。彼女は長い間、男性と同じ仕事をやっている女性は同一賃金を支払われるべきであり、また彼女たちは民主主義の最も基本的な権利——投票権を得るべきだと信じていた。

アリスと彼女の夫フレッドはそろって活発な運動家で、社会の全階級の女性も政治システムに関わる必要があるとの信念の持ち主だった。イクイティは自社労働者の政治的な関与を奨励し行進に参加する彼女のロンドン行きを支援した――抗議参加のために仕事を休んだだけではなくしかも投獄された労働者を大半の工場がクビにしたであろうことを考えるとこれはかなり対照的だ。積極行動に幕を下ろすどころか、刑務所収監判決は彼女の社会大義への献身ぶりを強化することになった。ホロウェイ刑務所で過ごした日々に関して、情け深い性格で社会正義に傾倒した人らしく、彼女は女性参政権活動家ではない女囚たち、とりわけ重労働刑を受けた者の待遇の悲惨さを述べている。この先七年の間、彼女は更に四回逮捕・投獄されることになる。

一回目のホロウェイ収監を終え政治システムの不正さの数々に更に燃え立たされた状態でレスターに戻ったアリスは、WSPUレスター支部を設立し同市の数多くの工場で働く女性労働者の同盟参加を募る活動にいそしんだ。彼女たちの第一回会合はブーツ&シューズ社のホールで開催された。シルヴィア・パンクハーストが参政権の大義について講演し、アリスはホロウェイ刑務所での体験談を語った。程なくして彼女のWSPUレスター支部は「女性に参政権を(Votes for Women)」のショップをオープンし、ここで活動資金を集めるべく支部発行の新聞やその他WSPU関連印刷物を販売すると共にメンバーに集会所を提供した。ウィンドーは運動に反対する地元男性たちの手で頻繁に壊されたもののこのショップはレスターの女性参政権運動の心臓部として残り続けた――アリスの功労だった。

こうした話のどこが女性とサイクリングについての本と関係があるのだろう? アリスのキャンペーン活動はペダルを漕ぐ力の上に成り立っていた。自転車のおかげで工場の門前集会、次回のWSPU会合の宣伝など、彼女には徒歩では不可能だったであろう行動範囲を動き回ることが可能になった。市内中心部だけではなく彼女はレスターから三十マイル(約四十八キロ)圏内の村や町にまで情報を広めることができた。こうした地域ではロンドンでの抗議活動や逮捕のニュースははるか彼方の出来事、彼らとは無関係もしくは親しみが感じられず距離を置きたくなるものだったかもしれないが(主に中流~上流階級から成るWPSUの面々による演説にもその効果はあったかもしれない)、この闘争を実体験したアリスの言葉は彼女は自分たちの同類だと気づいた労働者階級女性の心に訴えかけた。

毎週日曜にアリスは――WSPUレスター支部の同胞オーガナイザーだったドロシー・ペシックと連れ立って――女性に参政権を求めるメッセージを携えて近隣の村の共有草地や市が立つ広場に向かい、講演や集会をおこない新聞『女性に参政権を』紙といったキャンペーン関連文献を配布した。よく当局側や地元男性陣からの反発を食らったが、それでも食い下がり運動を続けた。彼女たちが自転車で展開したキャンペーン活動は直で効果を発揮し、レスターから十四マイル（約二十二キロ）の距離にある町ラフバラにもたちまちＷＳＰＵ支部が発足することになった。

クラリオネッツとサイクリング・スカウトたち

サイクリングする女性参政権活動家はもちろんアリスだけに留まらなかった――自転車に乗ることはＷＳＰＵの遺伝子に組み込まれており、会員の多くは熱心なサイクリストだった。それにふさわしく率先して自転車に乗ったのはサフラジェット運動の始祖、パンクハースト家の女たちだった。

エメリン・パンクハーストの娘でシルヴィアの姉クリスタベルは中でも最も熱心だった。十三歳の頃から彼女は法廷弁護士の父親に自転車を買って欲しいと訴えていた。彼も当初は地元マンチェスターの往来の激しい通りを危惧していたものの、一八九六年、十六歳になった娘のしつこい要求に遂に音を上げた。一家の財政は苦しかったにも関わらず彼女は最上級のラッジ＝ホイットワース自転車を買い与えられた。対してシルヴィアはおそらく姉に較べて嘆願ぶりがそこまで熱くなく、かつ二歳年下ということもあったのだろうか、地元の独立労働党に属する「同志」がガスパイプをくっつけ合わせてこしらえたはるかに劣る自転車を与えられた。この点が、シルヴィアが姉ほど深く自転車にハマらなかった理由かもしれない。どうやら彼女の奇妙なパイプ製機械装置は、歳上で体力も上の姉に追いつくには「かなりのハンデ」だったようだ。【註2】にも関わらず時間がある日は常にサイクリングに費やされていたのは、シルヴィアの稀に見る同胞意識の強さとシスターフッドへの献身ぶりの証しだ。

クリスタベルは妹の抱えたハンデをてんで理解していなかったらしく、後ろを振り返ることなくたびたびダッシュをかけていった。シルヴィアによれば「彼女の姿は丘か何かを上がっていくうちに見えなくなり、私より一時間も前に帰宅していることもたまにあった。ハンドル越しにつんのめってしまい、起き上がった時はあまりのショック状態で、再びサドルにまたがれるようになるまでしばらくの間歩かざるを得なかったことがあったのを覚えている」【註3】。シルヴィアは姉とのサイクリングを「まったくもって拷問だ」と形容している。顔を真っ赤にし、息を切らせながら――「心臓がパンクするんじゃないかと思うほど」になるまで――彼女は悪戦苦闘している。その一方で、クリスタベルはイライラしながら「早く!」と彼女を急き立てる。

ふたりが地元マンチェスターのサイクリング・クラブ、クラリオンCCに参加したところで、丘のふもとに彼女を置き去りにしないサイクリング仲間を得ることができシルヴィアもホッとした――「仲間うちにはペースの遅い女性ライダーが大抵何人かいるもので、勾配のきつい丘を登る際には男性陣が親切に後ろから押して助けてくれる」[註4]。これにふさわしく同クラブのモットーは「仲間意識は一生もの」だった。程なくして彼女たちも仲間の「クラリオネッツ（クラリオン女）」に混じり、煤で汚れた工業都市マンチェスターを逃れカントリーサイドへ向かう日曜の自転車ライドに毎週参加するようになった。クラブの最年少メンバーだったシルヴィアは、この毎週の遠出が育む友情としょっちゅうパンクするタイヤを直そうとする彼女を喜んで助けようと差し伸べられるたくさんの手にすっかり引き込まれた。

常に政治的に活発だったパンクハースト家は、WSPU結成以前のこの時期には独立労働党に関与していた。彼女たちの所属したクラブであるクラリオンCCは、ロバート・ブラッチフォードが発刊した同じ名前の社会主義週刊新聞『クラリオン』のサイクリング部門に当たる。ブラッチフォードは、マンチェスターの工場労働者が耐えていた悲惨な生活状況に関する妥協なしの記事を書き続けたため以前働いていた新聞社から解雇された。彼は政治的な不公平と貧窮する労働者の生活実態を報じるべく一八九一年に『クラリオン』

紙を発行し始めた。

自転車ブーム最高潮の時期に当たっていたこともあり、『クラリオン』は一八九四年に同紙が主宰する自転車クラブ第一弾をバーミンガムに設立した。一八九七年までには英国全土に七十のクラブが存在していた。多くのクラブとは異なりクラリオンはほぼ最初期から女性会員を受け入れ、合理服着用も支援した。日曜ごとの社交サイクリングに加え、クラリオンCCはピクニック、自転車ツアー、キャンプ旅行といった活動も企画した。

サマー・キャンプは、何百人ものクラリオネッツが参加するほど大人気だった。馬の引くキャラヴァンが食事場所と娯楽ホールを兼ねた大型テントを含む様々な設備をキャンプ場に運び込む。労働党党首キア・ハーディは一八九六年開催のキャンプに一泊し皿洗いを手伝った（クラリオン・クラブ内の男女平等はまだ全域にまで浸透していなかったので、これは歓迎すべきジェスチャーだった——キャンプのケータリング面は当時ほとんど女性に一任されていた）。シルヴィアのキャンプ参加時の述懐によればそこで提供されたのは新鮮な空気、エクササイズ、社会主義だけではなかった。若いメンバーにとってキャンプは休暇中のロマンスや恋の戯れに浸るチャンスだった。

一八九七年、シルヴィアとクリスタベルがクラブに入会して一年後に、近隣エリアに暮らす会員向けのクラブハウスとしてチェシャーのバックロウ・ヒルに「実験的な、共同運営のコテージ」が賃貸された。このコテージの運営に資金面で協力したひとりがエメリン・パンクハーストだった。コテージの寄宿舎には六十人が寝泊まりでき、他の者たちも敷地内でキャンプ滞在が可能だった。

マンチェスター・サイクリング・クラブも、その多くが織物工場の働き手だった会員向けにキャンピング休暇を企画した。こうしたキャンプ遠足は、さもなくばホリデーに手の届きようがなかった低賃金労働者が待ちこがれていた工場労働による消耗としみつく汚れからの一時的な休息をもたらした。ボルトン木綿紡績工場の織工助手だったアリス・フォーリー（後に影響力の大きい労働組合員になる）はマンチェスターCCの会員でクラブの面々と一緒に走るために自分用の自転車を購入すべく週給の一部をこつこつ貯金していた。市内中心部のスラムに暮らす子供たちも自転車クラブのキャンプに歓迎された。シルヴィア・パンクハーストはそんな子供たちのひとりだった、彼女がクラブで最も美しく人気者と形容したとある女の子の死を悼んだ。シルヴィアはこの少女の死を「あの当時賃金が少なく日常が厳しかった、労働者階級家庭の身を締めつけられるほどの食糧難から生じた典型的な悲劇」のせいだったとしている。【註5】

シルヴィアの父親リチャード・パンクハーストが一八九八年に急死した際、マンチェスターCC会員は自転車で葬列に参加した。パンクハースト家の娘たちにとって日曜の自転車走やサマー・キャンプはすぐに過去のものとなった。そのエネルギーは今やすべて女性解放と一九〇三年に彼女たちが設立したWSPUに注がれることになった。ロンドンに転居した後、クリスタベルとシルヴィアは『クラリオン』向けに女性参政権の大義に関する記事を定期的に執筆し、この問題を論じる新聞として同紙が最も広く読まれるもののひとつになるのに貢献した。クラリオネッツとして自転車に乗り同紙を流通させることで社会主義のメッセージを流布し、通りかかった村々や町で講演をぶつという彼女たちの経験は二輪を活かしたWSPUの広報活動の基盤になった。先に述べたように、クラリオンCCのレスター支部会員だったアリス・ホーキンスは一九〇九年にイースト・ミッドランズで展開したキャンペーンにおいてこの戦術を大いに活用した。

WSPU会員の多くは既に熱心なサイクリストであり、彼女たちは最も好きな余暇の過ごし方のひとつに自転車に乗ることをあげていた。そこから、女性参政権運動家のスローガンを掲げた自転車で行列に参加しこの大義へのアウェアネスを高めようとするのは自然な成り行きだったようだ。しかし自転車を同組織の全国キャンペーンを勢いづけるカギを握る存在にしたのはスコットランド人サフラジェット、フローラ・ドラモンドだった。

WSPUのおこなう行進や行列の編成責任者として、フローラはヴィジュアル面でのインパクトの重要さを理解していた。軍服式のユニフォーム着用で馬にまたがり行進に参加する習慣から「将軍」の名で親しまれた彼女は、田舎で暮らす女性に女性参政権者のメッセージを届けるのには馬より自転車の方がもっと有効だろうという点に着目した。一九〇七年に、彼女は後にWSPUサイクリング・スカウトとして知られるようになる自転車旅団を編成した。フローラを「部隊長」に、彼女たちは毎土曜日にロンドンのスローン・スクエアにあるコート劇場(現ロイヤル・コート)前に集合し、行列を組み広報活動に出発した。全員おそろいでサフラジェット運動のシンボル・カラーである紫・白・緑で装い、WSPU旗で飾り立てた自転車に乗った彼女らの姿は訪問先の町や村で相当に強い印象を残したに違いない。一九〇九年以降は、エルスウィック・サイクル製造会社がウィメンズ・プレスとのコラボでWSPU向けに特別製作した自転車に乗った者も何人かいたはずだ。サフラジェットのシンボル・カラーで塗られたこの自転車は、シルヴィアのデザインした同盟のモチーフ——翼を持つ女性がトランペットを吹く姿を描いた自由の天使像——をあしらった記章を掲げていた。一九〇九年開催の婦人エキシビションで発売されたこのサフラジェットたちの馬は長いスカートでも乗れるドロップ・フレーム型で、クッションとスプリング付きのシート、スカートが絡まるのを防ぐ車輪ガード、優雅な曲線を描くハンドルを備えていた。

クラリオネッツと同様に、サイクリング・スカウト部隊も行く先々でにわか会合を開いた。通りを走りながらベルを鳴らし観衆を集めたところで彼女たちは自転車から下り、うちひとりが箱の上に立って演説をおこなう。そして『女性に参政権を』紙を始めとする各種パンフレットを配布し、再び次の目的地を目指しペダルを漕いでいく――サフラジェットの歌を合唱しながら。

国中のWSPU支部が各々の自転車旅団を始めることを奨励された。孤立した村が多く点在する山岳地帯である湖水地方にいたとあるメンバーは、自転車ツアーを兼ねたキャンペーン活動への参加に積極的なこのエリアの女性参政権活動家に対し経費全額組織負担のサイクリング休暇を提案した。これは活動家たちにとって、大義を前進させると共に国内有数の風光明媚なエリアを女友だちと一緒に探索するもってこいの機会になった。

女たちの要求を頑として拒み続ける政府を前にサフラジェットのキャンペーンが戦闘性を増していったのに伴い、自転車は役立ち続けた――中でも注目に値するのが逃走用乗り物しての利用だった。一九一三年の俗に「郵便ポスト荒らし」と呼ばれた行動では、女性参政権運動家はロイヤル・メールの郵便ポストにインクや可燃性液体を――時にタイヤチューブを使い――注ぎ込み、中の郵便物が損傷もしくは炎上するのに任せ自転車で逃げ去った。

一九一三年三月十九日午前一時、サリー州エガムで警官は自転車に乗ったふたりの女性が暗い小径を大急ぎで突っ切る姿を目撃した。そこから数マイル先に達し両者がスティンズ鉄道橋を通過しようとしていた時、また別の警官が止まれと呼びかけ、ひとりに対しランプを点けずに移動していたとして戒告を発した。違反者はフィリス・ブレイディと名乗った。ランプが灯されると、ふたりは旅路を続けることを許された。

　フィリスの正体はオリーヴ・ビーミッシュで、彼女は後に自転車のランプ無点灯どころではないはるかに重い罪状で逮捕・投獄されることになる。オリーヴと彼女の友人エルシー・デュヴァルとが夜闇に紛れてサリーを自転車で疾走していたのは、叙勲英国軍人未亡人のレディ・ホワイトが所有するトゥレヴェサン屋敷に放火してきたからだった。同邸は三年間空き家のままで、確実に怪我人は出ないことになっていた——サフラジェットが起こしたすべての放火事件においてこれは前提条件だった。彼女たちは前面のバスケットにトゥレヴェサン邸の豪勢な階段に火を点けるためのガソリンを積んでいた。最大の被害を与えるべく、ふたりはまず屋敷内の窓をすべて開け放っておいたため火はたちまち建物全体に燃え広がった。庭に「女性に参政権を」、「刑務所にいる我々の同志を拷問するのを止めよ」の手書きの張り紙を残し彼女たちは去った。

　一ヶ月も経たないうちにエルシーとオリーヴはクロイドンで逮捕された。またもや午前一時のことで、両者は可燃物の詰まった革製ケースを所持していた。投獄されたサフラジェットの多くと同様に彼女たちもホロウェイ刑務所でハンガー・ストライキをおこない、(*)強制摂食も効果がなかったため通称「猫とネズミ」法(※一九一三年四月に可決)の下、一時釈放された最初の女囚二名になった。この法によりハンストによる死の危険性があった囚人を一時釈放し、警察が情報収集のために彼女たちを尾行し、体力が回復したところで刑期終了まで再収監することが可能になった。彼女たちはいずれも一時釈放中に逃亡を図った。エルシーは国外脱出し大戦勃発後まで帰国しなかったし、オリーヴは戦闘的活動を続行し翌年まで逮捕の網を逃れ続けた。

＊ これにより、エルシーも積極行動の結果投獄された他の多くの女性たちのようにWSPUから「ハンガー・ストライキ勲章」を受けた。このメダルにはヴィクトリア十字勲章と同じフレーズ「勇気を称えて」が刻まれている。(※ヴィクトリア十字勲章は英国および英連邦の軍人に授与される最高の戦功章)

そんな風に「猫とネズミ」法を使って脱獄した別の女性がイーディス・リグビーで、彼女はリヴァプール木綿取引所の地下に爆弾を仕掛け、その後一九一三年七月にリーヴァーヒューム卿のカントリーハウスに放火した罪状でウォルトン監獄での九ヶ月間重労働を宣告されていた。彼女は一八九〇年代に生まれ故郷プレストンで初めて、しかもブルマー姿で自転車に乗った功績の持ち主でもある――そのせいで卵や腐った野菜を衆人からぶつけられたとはいえ、そんな彼女が自転車で逃亡したのはさもありなんだ。発見されるのを避けるべく男性労働者の労働着で変装し、彼女は自転車でリヴァプール埠頭に向かいアイルランド行きのフェリーに乗船しゴールウェイまで達した。彼女の夫ですら、妻がどこに向かったかまったく知らなかった。彼女は何ヶ月もの間警察の手を逃れ動き続けていたとされ、一九一四年七月に第一次世界大戦が勃発し収監されていたすべてのサフラジェットたちに政府が恩赦を下すまで潜伏していた可能性が最も高そうだ。これ以後、なるほどはるかに実用的だと彼女も分かったからだろう、イーディスはほぼ常に男性服で通すようになった。

一九一四年四月、大戦開始の数ヶ月前に自転車に乗ったふたり連れの若い女性がサフォーク州めぐりの旅のスタート地点として海辺の宿泊施設に到着した。彼女たちの二週間の滞在期間は近隣エリアで一連の放火事件が起きた時期でもあり、残骸跡に残された「女たちが参政権を手に入れるまで平和は訪れない」と宣言するメモも含め、いずれの犯行もWSPUの手口だった。

四月十七日土曜の早朝四時、グレート・ヤーマスのブリタニア桟橋にあったパヴィリオンのひとつが爆発で揺れた。桟橋はたちまち火に包まれ鉄製の梁を除き全焼した。この時点までにくだんの女性サイクリストたちはローストフトにある旅館に滞在していたが、ふたりは宿主に対し今夜は友だちに会いに行くので部屋には泊まらない、と語っていた。彼女たちの部屋はヒルダ・バイロン名義で予約されていたが、このふたりの女性は実はWSPU会員のヒルダ・バーキットとフローレンス・タークスだった。

彼女たちはサイクリングを続け、標的に近い圏内にある宿を選びながら道中で農民の乾草の山に放火していった。ふたりの旅は四月二十八日、当時改装のため閉鎖されていたフェリックストウのバース・ホテルの全焼で劇的なフィナーレを迎えた。明くる日、自転車に乗った放火魔たちは逮捕された。ヒルダは二年収監の宣告を受け、歳下だったフローレンスは九ヶ月を言い渡された。両名ともこの年七月終わりの大戦勃発に伴う服役中の女性参政権運動家に対する恩赦により釈放された。

第一次大戦開戦と共に、WSPUは女性の戦争活動への協力参加に重点を置くため一切の戦闘的アクティヴィズムを一時中断した。男の労働を引き受けたことで彼女たちは平等のための一撃を食らわせ、女性の参政権を拒むことは更に正当化しにくくなっていく。戦争終結時、一九一八年国民代表法は一定の財産要件を満たす三十歳以上の女性（イギリス国内の女性の約四十パーセント）に投票権を与えた。普通選挙制はその十年後に施行された。

レジスタンス万歳

抑圧に対する女性の活発な抵抗に自転車が果たした役割は参政権だけに留まらなかった。第二次世界大戦においても自転車は自由を求め闘う者たちの有用なツールであり続けた。

ナチス占領下のオランダでレジスタンス活動が自転車を利用したのは驚くに値しないだろう。それが皮肉であると同時にふさわしい話でもあるのは、ヒトラーは自転車好きではなかったからだ――第一次大戦時に自転車での通信伝達役を担った経験で、彼はサイクリングを嫌悪するようになった。彼は既にドイツのほとんどの道路で自転車利用を禁止しており、ナチス支配下に置かれたオランダにも数々の反サイクリング法が導入された。いかなるドイツ軍の乗り物にも道を譲るべしとの要求も含むこの新たな規則を、人民の多くはちょっとした日常的な抵抗の一部として故意に無視した。自転車嫌いにも関わらず、燃料が底を尽きてくるやヒトラーはオランダ人（およびデンマーク人）から自転車を押収する公式令を通過させ、ドイツ軍使用に充てた。これは一九四二年に発された当局への自転車譲渡をユダヤ人に求める法令に続くものだった。オランダ人は自分たちの自転車を渡すまいと最大限の手を尽くし、隠せる場所があればどこにでも――庭に穴を掘り埋めることすらした——隠したし中にはこの些細な抵抗ゆえに撃たれた者もいた。

推定では占領軍は使用されていた自転車四百万台の半分を没収したとされる。配給制で食料不足な状況下にいた人々は、田舎を探し回って漁れるあらゆる食べ物に頼っていた。公共交通であれ個人の自動車であれ燃料がなかったために、彼らにとって飢餓を回避するための唯一の希望が自転車だった。ドイツ軍は一九四四—四五年の冬にオランダ各地の都市への食料補給網を封鎖し、その結果一万八千人が命を落とす壊滅的な大飢饉が起こった。

連合軍が一九四五年にオランダを解放した際、捕虜になるのではなくドイツ兵の多くは自転車を盗みドイツ本国へ脱走した。この没収と盗難は非常に物議を醸し、その後何十年にもわたってオランダ人はサッカー試合でドイツ・チームと対戦するたび「我々の自転車を返せ」と連呼したほどだった。二〇〇九年にはとある元ドイツ軍兵士が、彼の盗んだ自転車の弁償金を支払おうとオランダ人の持ち主を突き止めようとしたこともあった。

不利な状況にも関わらずどうにか自転車をキープしおおせたオランダ人姉妹のふたりはナチス支配と闘うために自転車を大いに活用した——しかもそれは反サイクリング新法をおおっぴらに無視するだけではなかった。

フレディとトリュスのオフェルシュテーゲン姉妹は、母国にドイツが侵攻した一九四〇年にそれぞれ十四歳と十六歳だった。アムステルダムから西に二十キロ離れたハールレムで育った彼女たちは共産主義者だった母親の手で「抑圧された者をかばい、不平等と闘いなさい」としつけられ育てられた。【註6】ふたりは自転車のバスケットに禁制印刷物を隠して地元の共産党支部による反ナチス・リーフレット配布を手伝い、ナチスのプロパガンダ・ポスターを汚して台無しにした上でそそくさペダルを漕いで逃げることもあった。一家の狭いアパートメントはオランダ系およびドイツ系ユダヤ人家族に避難所を提供したものの、彼女たちの左翼シンパぶりからしてこの家は隠れ場所としてあまりに見え透いていたため難民は長居できなかった。一九四一年にハールレムの地下レジスタンス組織司令官は彼女たちの母親に対し、あなたの娘たちを我々の隠密の非常に危険な仕事に従事させることは可能だろうかと訊ねた。オフェルシュテーゲン姉妹の訓練が軌道に乗ったところで初めて、彼女たちは司令官が託そうとしていた任務の衝撃的な内容を知ることになった。

この時点でレジスタンス運動に関与していた女性たちは他にもおり、その多くは配達係もしくは反ナチスのプロパガンダ流布役だった。若き日のオードリー・ヘプバーンもこうしたひとりで、地元アーネムでレジスタンス小冊子を配達するために自らの自転車を使っていたとされる。彼女たちの多くが殺され、そのひとり、アニック・ファン・ハルデフェルトは一九四五年五月にアムステルダムで射殺された。四名のレジスタンス闘士にメッセージを届ける途中だった。彼女が命を落とした場所には現在記念碑が設置されている。(*)

＊ジーロ・ディターリアとツール・ド・フランスで優勝したジーノ・バルタリがトレーニング走を装い多くのユダヤ人のイタリア脱出を援助するメッセージを運んだ有名な話と同様、数々の記録を打ち立てたイギリス人競技サイクリストのイヴリン・ハミルトンも占領下のパリのレジスタンスにメッセージを届けたと主張している。ペダルを漕いで禁制書類を輸送した女たち――そして男たち――はレジスタンス内に数多く存在しその罪状でアウシュヴィッツに送られる悲劇を迎えた者もいた。

ハールレムのレジスタンス司令官にとって姉妹の若さとジェンダーは彼女たちの最大の強みだった。ハールレムの通りを自転車で走り回るふたりの女学生ほど人畜無害に思える光景が他にあるだろうか？　誰も彼女たちがレジスタンス闘士のための小火器群を前面バスケットに入れて運んでいるなどと疑わなかっただろう。ふたりは兵器の輸出作業を卒業しダイナマイトを用いて鉄道線路や橋の破壊工作をおこなうようになった――ここでも爆破装置はバスケットに積まれ現場から大急ぎで逃げるのに自転車が活躍した。無垢な外見によって彼女たちはなんとか守られ続け、レジスタンスがナチスとオランダ人協力者の暗殺遂行任務を課した時ですらそれは同様だった。射撃訓練を受けた後、自転車に乗った彼女たちはすれちがいざまに標的に発砲した――トリュスがペダルを漕ぎ、狙いを定め撃つのはフレディだった。トリュスも負担をこなし、バーでナチス将校を誘惑した彼女は近くの森でのロマンチックな散歩へと誘い出す――相手はその場で撃ち殺された。

姉妹はユダヤ人の子供たちを指定の隠れ家に搬送する仕事にも協力し自転車の後ろに彼らを乗せて連れて行った。ふたりはよく赤十字のユニフォームに身を包み、看護婦に許可されていたより大きい行動の自由を巧みに利用した(占領下のフランスでもこれと同じように看護婦フリーデル・ボニー＝レイターが病気のユダヤ人の赤ん坊を捕虜収容所から病院に搬送し治療を受けさせるために自転車を使っていた)。またある時はオランダ人収容所からユダヤ人の子供を連れ出すためにオフェルシュテーゲン姉妹はドイツ軍服を着たこともあった。任務は毎回成功したわけではない。一九四四年、トリュスがたまたまドイツ兵の一団を自転車で通り過ぎた瞬間上空から英国空軍機がこのグループめがけて発砲し、後ろに座っていたユダヤ人の子供に流れ弾が当たり息絶えた。とある農家に到着し安全に葬ることができるまで、彼女は死んだ男の子を乗せたまま走り続けなければならなかった。

ふたりはどうにか自転車を機能させ続けていた。ほとんどの間タイヤチューブ——あるいは他の自転車部品——が手に入らなかった戦時中に、これは本当にすごいことだ。オランダ人サイクリストたちは仕方なくタイヤ代わりに園芸用ホースを使う羽目になる、あるいは単純に金属製リムのまま乗り回すほかなかった。

驚くべきことに姉妹は大戦を生き残り、ナチスから最重要指名手配者リストに載せられ多額の懸賞金がかけられていたにも関わらず逮捕を免れた。彼女たちのレジスタンスの同志だったハニー・シャフトはそこまで運が良くなかった。「赤い髪の少女」として知られるほど有名な赤毛を隠すため彼女は髪を黒く染めていたが、根元が伸び地毛が見えたことで正体を見破られ逮捕に至った。彼女は解放の数週間前に処刑された。

フレディとトリュスは二〇一四年に、人命救助と敵の打倒への協力に果たした功績により戦争動員十字勲章を授章した。

「自分だけの自転車」

一方、フランスでもひとりの十代のレジスタンス闘士がナチス占領に対し武器を取っていた。十八歳のシモーヌ・セグアンはパリから九十キロ南西の街シャルトル近郊の村出身だった。一九四四年に共産主義者レジスタンス組織の義勇兵パルチザンに加入した彼女は、偽名としてニコール・ミネ、そして何より重要な偽造身分証明書を与えられた。彼女の初任務はドイツ軍軍政官の使用していた自転車——もしかしたらオランダで盗まれた一台だったかもしれない——を盗むことだった。新たに色を塗り替え偽装することでこの自転車は彼女の偵察用の乗り物になり、グループのメッセンジャー仕事をこなし張り込みもおこなえるようになった。八月、シモーヌは二十五名の兵士を捕えみごと成功に終わったシャルトル解放作戦に参加した。それに続いた祝賀イヴェントの間にシモーヌに目を留めた戦争写真家ロバート・キャパはMP40短機関銃を手にした彼女の姿を捉えた一連のアイコニックな写真を撮影し、それらは翌月『ライフ』誌に掲載された。

シャルトルでの成功から数日後にシモーヌはパリ解放支援に参加することになったが、この都市でも彼女と同じ名のフランス人女性、作家／哲学者シモーヌ・ド・ボーヴォワールがナチス占領に対する個人的な抵抗活動のひとつとして色を塗り替えた盗難自転車を戦時中ずっと乗り回していた。戦闘には一切関与しなかったとはいえ、解放は不可能と思われていた時期に自転車は彼女にとってパーソナルな「自由のマシン」だった。

彼女のような社会階級にいる者がやるには下品な行為と母親が看做していたため、一九四〇年六月にナチスがパリを支配下に置くまでシモーヌ・ド・ボーヴォワールは自転車に乗ったことがなかった。大戦が終わる頃に自転車は彼女の生命線になっていた。シモーヌも当初は間近に迫る侵攻を逃れ六月十日から始まったパリ市民大移動の列に加わったが、同月末までには占領下のパリに舞い戻り、教育、執筆、同じく首都に居残った他の芸術家や知識人との交流から成る可能な限り戦前の状態に近い生活を送る努力をすることを選んだ。彼女の親友――一時恋人だったともされる――ナタリー・ソロキーヌがパリに戻って間もない彼女に自転車を贈った。ナタリーは戦時中の物資不足を生き抜くため自転車泥棒をやるようになっており、盗みを働き手に入れた金を使い闇市場――物資が入荷すればの話だが――で食料を買っていた。

占領下のパリで自転車は貴重だった。全車両はナチスに徴発され公共交通網も激減した結果、パリ市民にはそれ以外に交通手段がなかったからだ。自転車に乗れない者には「自転車タクシー」があった。にわか仕立ての人力車で車輪付きの覆われた箱に客を乗せ自転車で引く仕組みだった。ナタリーは失敬してきた自転車を芸術家アルベルト・ジャコメッティ宅の中庭を借りて塗り替えさせてもらい、売りに出していた。そうした一台を使ってシモーヌに自転車の乗り方を教えたのも彼女だった。

ナタリーが優秀な教師だったのか、はたまた生徒の方の飲み込みが早かったのか――シモーヌは第一回レッスンの終わりまでにはバランスを取り、自力でサドルにまたがり、角を曲がれるようになっていたと日記に書いている。三回目のレッスンまでにパリ中の公園で「お遊びではない本物のライド」をやれるようになっていたと彼女は自慢する。とはいえ事故と無縁ではなかった――「一度、犬を轢きそうになったことがあり、また別の時には善良な淑女ふたりにぶつかりかけた――彼女らはカンカンに怒っていた――が、まあおおむね素晴らしいパフォーマンスだった」【註7】

占領下生活の暗澹とした現実に適応するためのこの困難な時期——そして徴兵され戦争捕虜となっていた恋人にして「魂の伴侶」ジャン＝ポール・サルトルへの思慕——を経ていたシモーヌが当時の日記や書簡に綴った自転車冒険談は、高らかに興奮を歌っている。ジャン＝ポールに宛てた手紙の中で、彼女は自転車に乗ってパリを探索するのはこの緊迫した状況下に図書館でヘーゲルを読むと心が安まるのと同じく「まったくの喜びにほかならない」と書いている。八月までに彼女はナタリーと一緒に走行距離をますます伸ばすようになっており、パリを越え森林地帯やシャトーを満喫しノルマンディーにすら達したほどだった——「私はひたすらペダルを漕ぎ、その純粋に肉体的な努力に集中し続けた」【註8】

ふたりの女の関係そのものは自転車行ほど申し分ないものではなかった。どこでも「スキャンダルを招きたがる」ナタリーの性分——教会の聖水盤で手を洗うといった人騒がせの数々——は普段は大衆の意見に無関心なシモーヌすら疲労させた。しかし自転車で走りたいという欲求は留まるところを知らないようだった——「ただひたすら、自転車でキロメートルを貪っていきたかった。それは私が新たに発見した人生の喜びであり、これからは自動車願望ではなく自分ひとりの自転車を所有したいという欲望がそれに取って代わるだろう」【註9】。ナタリーの自転車泥棒の腕前のおかげで「自分だけの自転車」はすぐに実現し、シモーヌは良心の呵責一切なしでそれを受け取った。

後に男女同権論の古典『第二の性』を執筆し女らしさとは社会的な構成概念であると述べた女性らしく、「良い」女の子は自転車なんぞに乗るものではないとしたブルジョア階級と家父長制に支配された子供時代にシモーヌが激しく反抗したのは当然だ。自転車に乗っている時の自身を彼女は「ヤリたくて仕方ない娘っ子」と形容した——おそらく、自転車は性的な放埒さにつながる最初の一歩と信じ眉をひそめていた彼女の母親世代をからかう記述だろうが、もしかしたら彼女は単に健康で強壮な気分だと言いたかったのかもしれない。女性はいかに自由に解放されていないかについて書くことになる人だけに、パリのあちこちの通りで車輪を回転させながら彼女が身軽さ、身体的な自由、独立の感覚に歓喜したのは納得がいく。サイクリングはまた、あらゆる場面で可能な限り自由を制限しようとした抑圧的な占領体制に対する個人としてのレジスタンス、そしてその抑圧からの一時的な逃避でもあった。

とはいえそれ以外の彼女の戦時中体験の何もかもが耐えがたいものだったわけではない。トリュスやフレディらレジスタンス勢に較べシモーヌ・ド・ボーヴォワールははるかに楽な時間を過ごしていた。大抵は日々カフェ・ド・フロールのお気に入りのテーブルで執筆したものだった。この時期に書いた小説群は彼女を国際的な文壇のスターの座に押し上げた。かつ、彼女はリセで教鞭をとることも図書館での哲学研究も自由にやれた。夜になるとパーティに向かい、ピカソ、ドラ・マール、ジョルジュ・バタイユ、ジャン・コクトーらきら星のごとき他の左派勢とダンスし酒を酌み交わした。シネマで映画を鑑賞し芝居を観劇し、スキー休暇に出かけたことまであった——当時のパリジャンの大半に手の届かなかった楽しい活動の数々は、戦時体制からの一時的な脱出をもたらすと共にその体制の中で正気を保つための手段でもあった。

そんな彼女とて戦時中のパリの恐怖に影響されていた。日記と書簡には彼女と仲間のパリ市民が耐えなくてはならなかった悲惨な生活状況が数多く描写されており、状態は戦争が進むにつれ悪化していった。飢餓に瀕した日々、停電、ネズミだらけの住居、身も凍る寒さ、それに加え暴力の脅威は常に隣り合わせで、戦争で若くして世を去った友人たちの死もあった。彼女にとってサイクリングはこうした恐怖からの逃避であり、占領地帯の外でペダルを漕いでいる時はとりわけそうだった。

その体験はどれくらい彼女の思考と執筆活動とを形作ったのだろうか。歩行／散歩行為に創造力を結びつける作家と芸術家の伝統は長い——たとえばヘンリー・デイヴィッド・ソローのように「自分の脚が動き出す瞬間、私の思考も川のように流れ出す」と述べた者もいる。【註10】歩行のもたらす恩恵に関する科学調査結果もこの点を裏付けている。スタンフォード大学でおこなわれた研究によると、デスク相手にじっと動かずにいた学生に較べ、散歩に出かけた学生の方がはるかに独創的なアイディアを思いついたことが判明している。(*)サイクリングはそれと同じ効果を生まない、なぜならスピードが速過ぎるし身体を激しく動かす行為なのでクリエイティヴな思考の生じる余地がないからだとの意見もある。私はそう思わない。私がややこしい問題に取り組んでいる途中段階でひと休みしてサイクリングに出かけると、率先して考えるまでもなく、新しくもっと良い解決が自ずと現れてくる。意識して仕事について考えながら走っているわけではないものの、物事を違った角度から見せてくれるアイディアや結びつきが頻繁に頭に浮かんでくるのだ。これらの思いつきを忘れないうちにメモしておくために自転車を路肩に停めることもたまにある。まるでデスクから距離を置くことにより、もっと広々した拡張型思考が可能になるかのようだ。そして脚でペダルを漕ぐ単調な反復運動にはどこかしら、戸外にいることも相まって、自分の中の雑多な考えを濾過し自ずと順序立ててくれるところがある——もっとも、自転車に乗っているとソーシャル・メディア投稿を呆けたようにスマホで次々スクロールすることができない点も役立っているが。ヴァージニア・ウルフがサウス・ダウンズでの散歩について記したように「私は自分の精神を表に出して広げるための空間が欲しい」のだ。【註11】スムーズなリズムに乗り静かな道を走っている時の私の気分がまさにこれだ。

　戦時中の歳月はシモーヌにとって知的な面で実り豊かな、かつ偶然にも彼女が最もよくサイクリングしていた時期でもあった。後者が前者に貢献したと私は思いたい。一九四〇年、サイクリングを始めたのとほぼ同じ頃に彼女は難解さで知られるヘーゲルの『精神現象学』研究に着手したが、もしかしたらあの著作を理解できたのはそのせいだったかもしれない。当初彼女は「ほぼチンプンカンプン」だと書いているが、何日も図書館で過ごし自転車で何マイルも走った後には「かなりよく」理解できたとしている。【註12】

＊二〇一四年にスタンフォード大でマリリー・オペッゾ博士とダニエル・シュウォーツ教授がおこなった四つの実験は歩いている最中あるいはその直後に、創造性に富んだアイディアを人間が生み出す能力は最大六十パーセント上昇することを示している。より良い成績を出すために実験参加者が外を歩く必要はない。トレッドミルの上を歩いても同じ結果だった【註13】。

一九四〇年九月、シモーヌは友人のビアンカと連れ立ってサイクリング休暇のためブリタニーへ抜け出した。松の森や砂丘をめぐり、ロブスターとパンケーキにむしゃぶりついた。この二週間の旅行中ドイツ兵を一度も見かけなかったことで彼女の意気も上がり、ふたりは自分たちが戦時中を生きている事実をつかの間忘れた。この占領生活からのペダル式エスケープ、「美味しい形の自由」をシモーヌは終戦まで定期的に続けることになる。

翌年八月、彼女は再び自転車休暇に乗り出し、この時はジャン＝ポール同伴だった。この休暇の意図はもっと政治的なものだった。両者は比較的短命で無為に終わることとなったレジスタンス集団「社会主義と自由」をパリの知識人仲間の何人かと共に結成したばかりだった。彼らは活発な抵抗活動そっちのけで哲学を討論し議論し合うのに夢中で、メンバーにとってもグループの目的と戦略は曖昧なままだった。かといって彼らはそうあるべき秘密組織だったわけでもなく、ナタリーはパリの街中を自転車で走り回りバスケットから誰彼構わずリーフレットをばらまいたし、とあるメンバーはグループのメンバーの身元が割れる極秘書類入りのスーツケースを地下鉄に置き忘れたこともあった。

支離滅裂なアプローチにも関わらずジャン＝ポールはこの大義のためにより多くの友人のグループ参加を募る意向だった。彼が念頭に置いていた友人たちはいわゆる「自由地域」、ナチス協力派のヴィシー政権が統治するフランス南部に暮らしていたためこのリクルート活動は一筋縄ではいかなかった。人目を避けるべく両者は自転車とテントを前もって目的地に送り、その上でパリから南東に向け被占領地域と自由地域の境界にあるブルゴーニュのモンソー＝レ＝ミーヌ行き列車に乗り込んだ。到着すると、向こう側に渡るのを援助してもらうべくふたりは「パサール（密入出国請負人）」として働いていた女性に金を払った。シモーヌ、ジャン＝ポール、パサールの三者の境界線突破は月に照らされた草原や林を這いながら闇に紛れておこなう以外なかった。無事境界線を越え最初に出くわした宿屋に入ったところ、彼らと同じような秘密の越境者であふれ返っていた。この旅は以降数年にわたりふたりが繰り返すことになるヴィシー政権下フランス国への闇入国の第一弾になった。その旅のひとつひとつがドイツ当局側に対する挑戦であり、そのたびシモーヌは自分の自由を少しだけ回復した気分を味わった。

ロワール川上流の街ロアンヌで自転車と再会したふたりは荷物をフレームに括り付けて出発し、輝く地中海を南に見据えつつブドウ園やオリーヴ畑を通過していった。旅を始めて間もないうちに既に継ぎ当てだらけだったジャン＝ポールの自転車のタイヤがパンクしたが、どちらも修理の仕方を知らなかった。通りすがりの機械工が救いの手を差し伸べ、シモーヌにパンクの直し方を見せてくれた。彼女もすぐにタイヤ修繕を上手にやれるようになった。

ジャン＝ポールは丘ではよく全力疾走したものの彼の気まぐれなサイクリングぶりにシモーヌは批判的で、平地を走る際に「あまりに怠惰でやる気なし」で心ここにあらずにペダルを漕いでいるから道路脇のどぶに頻繁に突っ込んでしまうのだと彼を責めた。【註14】考え事で頭がいっぱいだから仕方ないと彼は反論した。スピードにのって下り坂を突っ切るのがふたりの大のお気に入りだった。彼らはこの第一回旅行で何百マイルもの距離――と数多くの山——を走破し、ローヌ川づたいにこんもりした森林を抱くセヴェンヌ山脈とアルデシュ県を抜け太陽燦々なプロヴァンスへとペダルを漕ぎつつ、徒歩旅行に較べ「素早くたちまち変化していく景観」に酔いしれた。【註15】サドルにまたがっての長い一日が終わると両者は夜ごとテントを張って休み、シモーヌは開戦以来初めて気ままで幸せな気分を味わった。

それに較べレジスタンス活動の方はあまり成果がなかった。会いに行った友人の誰もがグループへの参加を渋った。既に地元グルノーブルのレジスタンス組織のメンバーだった作家コレット・オドゥリは賢明にも「スパイ活動はやり方を心得ている者に任せておく」に限ると両者に示唆した。【註16】北フランスへの帰路の途中、コレット家に滞在すべくマリティム・アルプスの高く険しい山並みを通過した際にシモーヌはサイクリングにここまで打ち込んでいない者であれば再び自転車に乗る気が失せかねない大事故に遭遇した。

グルノーブルを目指しふたりの取ったアルプス越えのルートは標高二千二百五十メートルのコル・ダロ峠、ツール・ド・フランスの定番ルートのひとつを含んでおり、このコースは今日の超軽量バイクの利点をもってしてもほとんどのサイクリストにとって難関だ。シモーヌとジャン＝ポールの自転車ははるかに重かったし運んでいた荷物の多さはいわずもがな、しかもギアの数も今よりずっと少なかった。シモーヌにとって峠を上がるのはむずかしくなかった——問題は下りだった。ランチ休憩をとりワインを何杯か引っかけたところで、ふたりはグルノーブル行きの車輪任せで爽快なライドに繰り出した。しかしシモーヌの頭にはアルコールが回っていて、反対方向から来たサイクリスト二名に遭遇した際うっかり間違った方向にカーブを切ってしまった。欠陥のあるブレーキのせいで彼女は絶壁に向かい砂利道をスリップしていった。しばらくして意識を取り戻したところで崖から墜落するのはどうにか免れたとホッとしたものの、相当な打撲傷を負い動揺していた。脳しんとうが落ち着くと彼女は残りの下りは列車で移動しようと主張した。この事故によるダメージを鏡の前でやっと確認できた際に、両者が到着した時コレットはなぜ彼女だと見分けがつかなかったかシモーヌにも納得がいった――「歯が一本抜け、片方の目は塞がり、顔はいつもの倍に腫れ、皮膚はすりむけ放題の状態だった。ブドウをひと粒口に入れるのさえままならなかった」[註17]。列車に乗り合わせた他の乗客たちがかなりぎょっとした様子だったのにもこれで合点がいった。不可解なのはジャン＝ポールはどうしてこの惨状について彼女に一言も言わなかったのかだ。数週間後にパリで彼女があごにできていた腫れものを押しつぶした時、抜けた歯は「奇跡的」に再び姿を現した。

このようにぞっとするほどの死の危険に瀕し彼女自身「おぞましい」と認める見た目になってさえ、境界線を再び越えるまでの残り数百マイルを完走すべく明くる日彼女がサドルにまたがる妨げにはならなかった。この旅行の最後の数日を綴る筆致は事故に遭う前と同じくらい熱烈で、秋色に染まったブルゴーニュのブドウ園の景色描写はとりわけ歓喜にあふれている。秋の霧を掻き分け太陽が顔を出す様に彼女の心は「子供のようにあどけない健やかな感覚」で満たされた。[註18] 所持金が尽き食べるものがなくなっても熱意は損なわれなかった。事故のトラウマをもってしても彼女の自転車ツーリング欲は衰えなかった――毎年恒例のフランス南部への旅はこの作家がいつも楽しみにしていた、つらい戦中生活からのかけがえのない一時休暇だった。

別のパサールに率いられ他のサイクリスト二十名と共に越境し、ふたりはパリに戻った。留守にしていた間にパリ市内の緊張感と抑圧の度合いは更に増していた。ドイツ側は共産主義者による一連の蜂起を暴力で鎮圧し暴動首謀者は強制収容所送りになった。シモーヌはまるで「完全に無力な状態にまでしぼまされた」ように感じた。[註19] ヒトラー帝国打倒は可能かもしれないとの夢を抱くことは彼女にはもう無理だった。太陽に照らされつつペダルを漕ぐ高揚感に満ち、比較的気ままに過ごせた旅の日々とは雲泥の差だったことだろう。当然のごとく両者は次の年の夏が訪れるまでに、戦時たけなわな状況で可能な限りドイツ兵から遠く離れサドルに乗って過ごせる長い夏の日々に戻りたくてうずうずするようになっていた。また、シモーヌが取り組んでいた小説を出版したいとのフランスの出版社ガリマールからの申し出をお祝いすることにもふたりは大いに乗り気だった。

この時の旅の出発点はピレネー山脈のふもとのバスク地方で、両者はもっと越えやすいことで知られていた地点から境界線を抜け自由地域入りした。入った宿屋はまたもごった返していたが今回その多くはユダヤ人、選択ではなく必要に迫られスペインへ脱出しようとしていた人々だった。アルプスと同じくピレネーにもサイクリスト泣かせな難関がいくつかある。さすがのシモーヌも東ピレネー山脈からマルセイユまで向かい（直線距離ですら約六百五十キロ、しかもふたりはそのルートをとらなかった）帰路の一部もサイクリングというこの旅には「かなり疲れさせられる」と認めた。ひもじければなおのことだ。昼食はほとんどの場合果物とトマト程度、夕食は大抵澄まし汁にまずそうな野菜だったと彼女は日記に書き残している。山々といくつもの鞍部を力を込めて漕ぎ進めていくには到底理想的とは言えない。エナジー・ジェルやプロテイン・バーをサドルバッグに山ほど詰め込み一日の終わりには毎回たっぷり食事が摂れる確証がない限り、今日のサイクリストのほとんどはこの旅路の一部すら試みようと思わないだろう。

マルセイユに向かう途中、ふたりは私も住んだことのあるアリエージュ県とお隣のオード県を通過した。シモーヌとジャン＝ポールは戦争前夜にこの地を訪れその虜になっていた。城塞都市カルカソンヌ——既にフランス軍であふれていた——でふたりは中世の通りをさまよい歩きあずまやでワインを飲んだ。ふたりがパリ帰還を遅らせたのは帰ると待っている状況を先送りにしたかったばかりではなく、カタリ派の城やピレネー山麓にひっそり眠る美しい村々をめぐりつつこの牧歌的なエリアは戦火を免れるはずだとお互いに言い聞かせたかったのもあった。戦争が終わったらまたここに来ようとふたりは心に誓い、ここから先に待ち受けていた暗黒の日々の中にあっても占領終結のあかつきにはあの約束の地が我々を待っているはずだ、との希望にすがって生きていた。

私も同じこれらの静かな町並みと村々、おそらくふたりが訪れた頃からあまり変化していなさそうなエリアを自転車で走ったことがある。両者の色んな姿が目に浮かんでくる。道ばたに自転車を止め、シモーヌいわく「文字通り私たちを飢餓から救ってくれた」[註20]ひとつかみのブドウをブドウ園でもいでいるふたり。干し草納屋の藁の山の上で夜を過ごすふたり。かなり年季の入ったタイヤチューブがまたもパンクし道の脇にかがみ込んで修繕しているシモーヌ。「執着」になりつつあったと彼女が形容したのもうなずけるほどの飢えに苛まれながらも、ライドを短く切り上げるのはあり得なかった。旅を続ける彼女の覚悟はあまりに固くジャン＝ポールも一切異論を唱えなかったほどで、シモーヌはそれを「彼は私から喜びを奪いたくなかったからだ」としている。

事態が本格的に深刻になったのは越境の数日前に所時金が尽き、この時点まで食いつないできた貧弱な食べ物さえ買えなくなった時だった。やっとのことで友人宅にたどり着いたところ衰弱し疲労し切ったジャン＝ポールはスープを三匙飲んだところで意識を失い、三日間寝込んだ。シモーヌの体重はこの旅の間に十六ポンド（約七．三キロ）落ちた。こうしてふたりは体力回復のためもう一ヶ月滞在することになった。

一九四二―四三年の冬はとりわけ厳しかった。田舎でのリハビリ生活からパリに戻ったところ当時ふたりが暮らしていたホテルは両者の所持品すべてを廃棄処分した後だった。暖房用燃料が乏しい上に記録的な寒さが訪れたことで、シモーヌは想像を絶するほどさもしいホテルに身を寄せるほかなかった。食糧難な上に手に入ったとしてもウジやゾウムシがたかっているのはしょっちゅうだった。こんな状態にも関わらず、旅行を取り上げられることを除けば自分はいかなる生活苦にも耐えてみせると彼女は書いている。翌年の夏、教え子ナタリー・ソロキーヌと不適切な関係を持ったとしてリセから教員停職処分を受けたシモーヌは、テントと自転車と共に今回はひとりで旅立った。

『第二の性』の中でボーヴォワールはT．E．ローレンス（＊映画『アラビアのロレンス』のこと）が十代の時におこなった自転車でのフランス旅行に言及し、また若い娘はいかにそのような冒険に出ることが許されなかったかについて書いた。彼女はローレンスの旅を「自由と発見の興奮」で定義されたものと述べ、それを通じ彼は「全世界を彼の領土として眺めることを学んだ」としている。(*) 一九四三年、三十五歳にして、彼女はその感覚を自分も体験しようと意を決していた。ボーヴォワールは彼女とジャン＝ポールが第一回目の夏のサイクル・アドヴェンチャーをスタートさせた町ロアンヌに戻った。日々、彼女は午前六時までにはロードに出て山地を走り、頻繁にパンクするタイヤチューブに相変わらず悩まされた。この旅では食料ははるかに手に入れやすく、書簡と日記は彼女が食べた美味しい配給制限されていない食べ物の記述であふれている。

＊ 一九〇八年に、十九歳の学生トーマス・エドワード・ローレンスはフランス全土で可能な限り多くの中世遺跡や城を見て回るという目標を立ておよそ二千マイル（約三千二百二十キロ）を自転車で旅した。

この単独旅行を大いに満喫していたとはいえ、彼女は途中から旅に加わると約束していたジャン＝ポールを恋しがっていた。彼に宛てた手紙の中で彼女は「道路の前を行く彼の背中」を再び目にすることができるかと思うと心が「喜びで爆発する」と書いている。【註21】三週間後、出発以来数百マイルを走ったところで彼女はユゼルシュで彼と再会した。雷雨に見舞われ、濡れる眼鏡を拭きながらのジャン＝ポールと一緒におそろいの黄色い雨合羽姿で雨宿り場所を探す場面の記述は特に楽しい。ある時ふたりは集中豪雨にぶつかり、『自由への道：第二部　猶予』の原稿が彼の自転車バッグからこぼれ落ちて泥の水たまりを流れていき、回収した時にはインクが水で落ちていた。道中の大半は好天で良い食べ物と美しい景色にも恵まれ、前年の冬とは大違いだった。

パリへの帰還は前年に較べて楽だった。一九四三年秋にはボーヴォワールの処女小説『招かれた女』が出版され批評家受けも良くヒット作となったものの、戦時下ではたとえ有名な人気作家になっても糊口をしのぐのがやっとだった。一九四四年初頭に連合軍が占領下のパリに対し継続型爆撃をおこなっていた頃、市内の食糧難はそれまでで最悪になった。シモーヌはやむなく食べ物を漁り物々交換で手に入れるためにカントリーサイドを自転車で頻繁に回らざるを得なくなった。この頃までにパリ周辺圏の多くはナチス支配から逃れていたとはいえこの行為は危険と無縁ではなかった。田舎道を自転車で走っていて爆発音をよく耳にし、またある時は爆撃で廃墟となったパリ北部クレイユを通過した際に空襲警報が聞こえ、あまりの恐ろしさに彼女は「猛スピードでペダルを漕ぎ鉄道橋を渡った――あの場所の静けさと孤独さにはぞっとした」【註22】。一九四四年六月のノルマンディー上陸はドイツによる占領が遂に終わりを迎えつつあることのしるしであり、八月二十五日までにパリを明け渡したとはいえ、ドイツ軍も降伏前に血みどろの戦闘を展開し買い物中の主婦たちも含む一般市民が街路で無差別射撃に遭い命を落とした。とうとうシモーヌと彼女の仲間のパリ市民は愛する街を取り戻した。

明くる年の夏、ヨーロッパ戦勝記念日の数ヶ月後にシモーヌはジャン＝ポールから贈られた新しい自転車で「ひとりきりの小旅行」に旅立った。【註23】この時の目的地はセヴェンヌ山地で、彼女はかつてのローレンスと同じ「自由と発見の興奮」に満ちていて戦争の恐怖も後退しつつあった。【註24】またこの年、イギリスとアメリカ合衆国に較べ二十五年余の遅れを経てフランス女性にも参政権が与えられた。

これ以後、シモーヌがサイクリングにいそしんだかどうかは分からない。それに関する記述は見当たらないし文壇の寵児として彼女がアメリカ各地で長い講演ツアーをおこなったのもこの時期だった。それでも私にとってたしかなのは、しばしば自由が遠い過去の記憶のように思える極めて暗澹とした時期に、フランス各地を回る長距離走であれパリで図書館やリセやお気に入りのカフェを行き来する短距離移動であれ、サイクリングは彼女が解放と自由の感覚を味わうためのひとつの手段だったということだ。脚がペダルを漕いでいるうちにフェミニズムおよび実存主義に関する著作に貢献する様々なアイディアがひらめいたかもしれないし、それらの書物により彼女は最も偉大な二〇世紀思想家のひとりになった。

第三部

開けた道へ

THE OPEN ROAD

7／大脱走

イギリスでの自転車旅行の模様、1890年頃
Getty/Mansell

「庭もしくは遊歩道しか歩けないとしたら、我々は一体どうなってしまうのだろう?」と、アウトドア愛好家で作家のヘンリー・デイヴィッド・ソローは一八六二年の随筆『歩く』の中で問いかけている。【註1】数十年後、これと同じ思い——と一九世紀の豊かな西洋諸国を一世風靡した旅行と観光ブーム——に駆られ、サイクリストたちは遠方の地を探険するために自転車を利用し始めた。

海外サイクリング休暇は大いに人気を博しトーマス・クック旅行会社も自転車周遊ツアーを売り出し始めたほどだったが、もっと度胸のあるサイクリストはやはり単独行を好んだ。一八九〇年代の『サイクリスツ・ツーリング・クラブ・ガゼット』紙にはクラブ会員の国内外旅行記がイラスト付きで数多く掲載されている。同クラブの会員数が英国内で四倍に膨れ上がるにつれ他の多くの者たちもそれにしたがおうと鼓舞された。『ガゼット』の女性向けページの編集者だったリリアス・キャンベル・デイヴィッドソンは、自転車の乗り方を習った女性が「長距離の逃走をどんどん進み続け、振り返らずひたすら前進する快感を渇望する」ものであることを自身の体験を通じて知っていた。【註2】彼女は読者に「初めて訪れた国に思い切って足を踏み入れ、ひとつの世界を自ら発見していく探検家」の喜びを味わってみようではないかと奨励した。時間とお金の余裕がある者はその助言にしたがい、それまで書物や絵画を通じて触れるのを除けば知りようのなかった様々な景観や国々を何週間も、時に何ヶ月もかけて自転車で回った。とある地方を走った初の女性として先駆者になった者も何人かいたし、ある者は一八九四年に世界一周単独自転車旅行に乗り出した。とはいえ大半の女性は冒険気分を味わうのにそこまで遠出する必要はないと感じていた。

大衆用／個人用双方の交通手段が比較的安価で利用しやすくなったことで今日の世界は縮まったとはいえ、長期の自転車旅行はやはり冒険であり続けている。自転車でなら各種輸送機関には真似できないやり方で新たな地を探索することができる。その人間が暮らす街の中でサイクリングする時は得てしてA地点からB地点へ最も能率的かつ安全なルートで移動するのがポイントになるが、長期のトリップの大事な点は旅路そのものに尽きる。

大陸横断あるいは世界一周の長期サイクリング旅行は、私たちの生きるテクノロジーに駆り立てられるモダン・ライフの心的重圧に対する解毒剤として人気を博すようになった。物事を基本にまでそぎ落とす――ひたすらペダルを回転させ、目の前の道がどこまで遠く伸び、どんな場所に連れて行ってくれるかだけに専念する――ことは、生をもっと実感し今のこの瞬間を味わうのには素晴らしい方法だ。これをやる人々の中には単に日常からの逃避を求める者もいれば自分探しとしてやる者もいるが、新記録樹立や自己の限界を試すといった挑戦欲に衝き動かされる者もいる。

ジュリアナ・バーリングは、自転車での世界周回最速世界記録を打ち立てた最初の女性だった。脇目もふらず高速で走っていた彼女に周囲や環境を吸収する時間の余裕はなかっただろうと思うかもしれないが、新記録を樹立した走りを綴った本の中で彼女はその体験を「映画の中に入り込んだ、というのが主に感じたことだった。自分のいる環境に完全に身を任せ、身の周りを包む何もかもを観察しあらゆる感覚を吸収していくのだ」と形容している。【註3】

私が自転車で移動する時は、さすがにすっかり何もかも自分の中に取り込むことはないとはいえ公共交通を利用する際には気にせず済む様々に対して警戒し素早く反応する必要が生じるし、そのぶん周囲の環境への意識も鋭くなる。私はたまにサマセットに暮らす家族にロンドンから自転車で会いに行くことがある。通過地点のバークシャーとウィルトシャーの閑静な小径は知り尽くしているし青銅器時代に丘に彫られた白馬の地上絵といった観光名所がどこで視界に入ってくるかも承知だが、そんなおなじみのルートですら常に何かしら新たな発見に出くわす。時には、ひたすら季節の移り変わりを吸い込むこともある。四月の森林地帯で地面を突き破り咲くブルーベルの群生、五月の生け垣に咲き乱れるサンザシの花やサクラソウ等々。自転車ではなくM4高速道路を使っていたら——自分に車が運転できたとしたらの話だが——これらを見逃していただろう。ということは、最悪な天候状況や機械の故障に辛抱強く付き合う必要もたまにあるとはいえ、私はもっと親密で敏感なやり方でランドスケープの中を移動していることになる。たとえひどい悪天に見舞われても、逆にそのぶん目的地に達して浴びる熱いひと風呂やたっぷりの食事と元気回復させてくれる飲み物は万事快調なサイクリングの後よりももっと美味しく、がんばった甲斐があったと感じられるものだ。

仮に私が一八九〇年代のフランスで生きていて仏版サイクリスツ・ツーリング・クラブに当たる組織に加入しようと思ったら、私は夫からの許可を得る必要があった。イギリスでは必須要項ではなかったもののこの時代の女性は付き添いなしではほとんど何もやれなかった。ひとりでやってみようと思い立った者がいたとしても、その誰もが至るところに危険が潜んでいると警告された。ヴィクトリア朝時代のサイクリストで作家だったハーコート・ウィリアムソン夫人はひとりで自転車に乗る女性は「相当に危うい状態にいる」、とりわけ「飢餓で自暴自棄な状態、もしくは生まれつき残忍」かもしれない「浮浪者」——当時の人々を震え上がらせた社会の怪物的存在——の危険に晒されていると感じていた。【註4】

数に物を言わせようとしてサイクリスト付添人を雇う者もいた。こうした女性向けのサイクリング案内書は経路のプランニングから滞在場所まで幅広いトピックを網羅し、しかも基本的な機械学も解説していたので乗り手は安心して風光明媚な景観や歴史遺跡を心ゆくまで味わえることになった。もっと大胆な面々はレディ・サイクリスツ・アソシエーションに加入し、他の自転車愛好家とコンタクトをとり彼女たちと一緒にサイクリングの冒険に乗り出した。ＬＣＡの手引書は自転車でやって来た女性客を歓待する各地の宿泊施設のリストも掲載した。

一八九二年に女友だち四人とツーリング休暇のためドイツを訪れたマーサという名のアメリカ人サイクリストにも、手元にガイドブックがあったらさぞや役に立ったことだろう。ハンブルグに上陸した彼女たちはまず懐疑的な税関職員を相手に、船倉から運び出されてきた自転車の所有者は本当に私たちですと納得させるのにひと苦労させられた。数日滞在したホテルで鉄の馬を組み立て直した後、彼女たちは荷物をキャンヴァス布で巻いてハンドルに括り付け、一路ライプツィヒを目指し出発した。荷造りは軽量だった——替えの下着、櫛、化粧品、独英辞書、地図。五人はきっとマリア・ウォードの『レディのための自転車術』を読んでいたはずで、パンクにも壊れたチェーンにもまったく動じなかった。

マーサは彼女たちがいかに「全衆目を集める観察対象」になったか、その様子を「ビジネスマン、使い走りの少年、パン職人、肉屋、果物売りの女性、あらゆる年格好の子供が目を剝いて私たちを熟視し、かつ多くの場合、彼らは驚いてポカンと口を開けたままこちらを凝視していた」と形容している。【註5】グループのひとりは「もしかしたらこの人たちは私が自転車に乗ったまま空に飛んで行くとでも思っているんだろうか」といぶかったが、見物人は別に魔女狩りを企んでいたわけではなく、群衆はやがて道を空けて通してくれ彼女たちは旅を続けた。

この旅の間、彼女たちは自転車に乗る女性をひとりも見かけなかった。とある宿主に自分たちはアメリカ人なのだと話したところ「それで彼らにもすべて説明がついたらしかった――アメリカ人はどんな無茶でもやるものだ、と」。出会ったドイツ人は親切で、雨宿りさせてくれ、夜の寝場所を提供しようとし、彼女たちを食事や飲み物攻めにした。グループはビアホールと旅館をフル活用しワインとドイツ・ソーセージで補給を済ませると再びライプツィヒへとコマを進めた。

旅には道連れが必要だと感じる女性ばかりではなかった。一八九六年に出した自著『レディ・サイクリストのための手引き』の中で、リリアス・キャンベル・デイヴィッドソンはイギリスおよびヨーロッパのほとんどにおいて「破廉恥行為や迷惑をこうむる不安は一切なしでレディはかなり安全にひとりで自転車に乗れる」と自信たっぷりに書いている。長い間それと正反対のことを言い聞かされてきただけに、多くの者には信じがたい声明だっただろう。一八八九年に『旅行するレディのためのヒント集（Hints to Lady Travellers）』を出版して以来リリアスは女性にひとりで旅をし、列車に乗り、登山することまで奨励してきた。同書はこの時代まで「不健康なほど窮屈で矮小に閉じ込められた屋内」暮らしを送ってきた女性層をターゲットにしていた。九〇年代初頭には、女性サイクリストの草分け的存在だった彼女のような女性が田舎を自転車で走っていると「迷惑行為、不愉快な発言、無礼な振る舞い」に遭遇したものだったと彼女自身認めているものの、事態は改善していた。一八九〇年代半ばまでには女性の単身旅行者も「おそらく旅の始まりから終わりまで、親切な対応と優遇しか受けないであろう……たとえ合理服姿であっても」という状況になっていた。とは言いつつ彼女もやはり、都市に向かう主要道路では浮浪者が厄介のタネになるかもしれないと警告している。

リリアスからすれば、人里離れた地を行く女性サイクリストにとっての主な危険は人間よりも動物だった。雌鶏の群れでさえ「レディのサイクリストには大きな悩み」だった。自転車を追いかける犬問題への対応策として彼女は威嚇用の長い鞭を一本携帯することを読者に勧めている。カントリーサイドを走っていてしょっちゅう犬に後を追われ、一度怒り狂ったガチョウの群れに追いかけられたこともある身として、どうして彼女がこれを差し迫った問題だと思ったのか私にも理解できる。けれども大抵は犬であれガチョウであれスピードで引き離すことができるので、今までのところ鞭は持たずに済んでいる。

もっと恐ろしい動物、たとえば熊や狼に出くわす可能性がある場合、二輪ツーリストの中には死をもたらす武器で武装した者もいた。一八九七年に、マーガレット・ヴァレンタイン・ル・ロングはシカゴからサン・フランシスコへの自転車ひとり旅のために借りたピストルを荷物に忍ばせた。小火器使用に消極的だった彼女は、すぐに取り出せないようにピストルをツール・バッグに詰めた。

マーガレットの友人と家族はこのような旅を試みることをなんとか諦めさせようとし、聞けばきっと縮み上がるだろうと考え「骨折、飢餓、のどの渇きからくる死、カウボーイによる誘拐、インディアンの頭皮剥ぎといった予言の数々」で彼女を脅した。【註6】『アウティング』誌に掲載された体験記にはそれにもめげず彼女が西を目指し五月にシカゴから出発した様が描かれている。中西部のイリノイとアイオワで強風相手に悪戦苦闘した後、彼女はコロラドとワイオミングの山脈地帯、ネヴァダとユタの砂漠地帯を通過していった。その行く先々で、メディシン・ボウ合流地点（※ワイオミングの川の渡河ポイント。名称の起源はアメリカ先住民がこの地で採れるマホガニーで素晴らしい弓を作ったからとされる）、ガラガラヘビ山道、悪魔の門、小汚い女の牧場（※コロラド州の現ダーティ・ウーマン支流公園）といった過去の歴史を彷彿させる名を持つ地、そして移民入植者が見捨てた不気味なゴースト・タウンをいくつも訪れた。僻地の農場で食べ物と一夜の宿をどうかお願いしますと頼み込み、時に自転車を引きずって岩山や河を越えなくてはならないこともあった。砂漠地帯では鉄道作業員が砂中に埋めた樽水を飲んで脱水状態を防いだ。釣り人と一緒に鱒を、狩猟者たちとアンテロープのステーキを食べたこともあった。彼女はまた道にも迷った――これはかなり頻繁に起きた。

くだんのピストルも、通り道の前に一群の蓄牛が地面を引っ掻きいなきながら集まってきて頭を下げ突進し始めた時にいくらか役立った。目をつぶったまま、彼女は五発撃った。目を開けると、ありがたいことに牛たちはきびすを返しちりぢりに逃げた後だった。

彼女の旅は他に類を見ないほど波乱万丈だったかもしれないが、こと服装に関してはやや奥手で、マーガレットはブルマーではなく少し短くしたスカートを選んだ。道中で出会った人々からもてなしや親切さを引き出せたのはこの服装のおかげだったと彼女は信じていた。そうは言いつつサン・フランシスコに到着した頃までには彼女もいささかよれよれの状態で、あれほど怖がっていた浮浪者とあまり変わりのない有り様だったと彼女自身も認めている。

これにはリリアスも同情したはずで、女性の外見に置かれた重要性と期待とを彼女は痛いほどよく承知していた。ハンドルに装着するバッグには洗面用具と若干の生活必需品以外にあれこれ詰める余裕がないことを踏まえ、彼女は前もって旅先に予備の衣類を送ることを薦めている。知り合いのとある女性旅行家を例にとり、リリアスは彼女がいかに「用意した予備のドレス二着を代わる代わる目的地に送ることで新たな宿泊先で毎晩旅行服を脱ぎ捨てることができたか」を説明している。【註7】旅の必需品には針と糸――それに手袋用の絹――と様々な繕いに対応するボタン、留め金ホックといった用品が含まれていた。

幸いなことに、私たちはもう人の目に「礼儀正しく」映るために長いドレスを国中あちこち郵送する必要はない。大半の女性は軽量で手入れも楽な現代的なサイクル・ウェアを選んでいる。自分に必要なものを何もかも携帯し、必需品だけしか自転車バッグに詰めないというのには一定の満足感があると思う。それはミニマル主義の恩恵を受けられる有益な訓練だ――不相応なほど大きいワードローブを持ち、通常の荷造りの仕方は毎回あふれんばかりにありったけスーツケースに詰め込む人間には大いに役に立つ。とはいえ私もやはりたまに、もう一足だけ靴を入れられる余裕があったらどんなにいいだろう、と感じてしまうのだが。

自転車大旅行

アメリカ人伝記作家で芸術評論家のエリザベス・ロビンス・ペネルは、一八八〇年代および九〇年代におこなった長期自転車ツアー中に予備のドレスを先送する手間はかけなかった。代わりに彼女が選んだのは丈の調節可能なスカートで、自転車に乗っている間はホックで留めて短くし、下車した時は裾を下ろし普通を装うことで「見世物小屋から逃げ出してきた『フリーク』かのようにじろじろ凝視される」のを避けた。【註8】実際、行く先々で注目を浴びたのは彼女の夫のストッキングと膝丈ズボンのサイクリング着の方だった。

エリザベスは自転車ツアーを解放感のある旅行体験、女性にとってはとりわけそうだと考えていた――「身体を動かす喜びのすべては彼女のもの、この点は過小評価するべきではないし、また屋外でゆったり過ごす日々も、冒険と変化の愉快さもすべて彼女のものだ。彼女は自立とパワーの悦ばしい感覚を得るし、街から街へものすごいスピードで運ばれるのではなく、唯一ふさわしい眺め方でその土地を目にすることのできる良さも彼女のものになる」。【註9】息が詰まるような屋内生活から解放され、自転車で旅する女たちは「身体の面で完璧に健やかな状態」を経験する。

若い頃に修道院付属校に通ったものの、まさに「新しい女」だった彼女は専業主婦役を演じるつもりは毛頭なかった。卵ひとつ茹でられないと言い切っていたにも関わらず著名な料理研究家になった。彼女の旅行記本は夫だったアーティストのジョセフ・ペネルが描いたチャーミングなインク画の挿絵で飾られている。ふたりは結婚してすぐアメリカ合衆国に別れを告げ、ヨーロッパで生きることを選んだ。続く三十年間、ふたりはフランスとロンドンで暮らし、いつでも、どこでも、チャンスがあれば旅に出かけた。

ペネル夫妻の初の自転車旅行の模様を綴った『カンタベリー巡礼(A Canterbury Pilgrimage)』は一八八五年に出版された。チョーサーの物語に登場する巡礼団はロンドンからカンタベリー大聖堂まで太古の道のりを徒歩で進んだが、ペネル夫妻はふたり乗りの三輪車で旅した(※ちなみにこれは現代的な三輪車ではなく、巨大なふたつの前輪の間に乗り手が座り小さな後輪が支えるスタイル)。一八七〇年代にフィラデルフィアで一台目の三輪車を購入していたものの、この旅はそれまでふたりがやってきた中で最も長くきついものだった。エリザベスは旅行熱に浮かされていて自転車はその欲求を満たすのにもってこいの移動手段だった——「この世界とは美しさとロマンスでいっぱいな、私たちにとっての偉大な一冊の本であり、自転車で旅をすればその中身を一章一章、一巻一巻、少しずつ修めていくことができる」。【註10】後に彼女は自らの旅行記をアルパイン・クラブに一冊献呈し、世界を見て回るにはサイクリングの方がはるかに勝ることを登山家会員たちに納得させようとした。

ペネル夫妻の二度目のタンデム三輪車旅行も文学にインスパイアされたものだった。この時に両者がたどったのは作家ローレンス・スターンが一七七〇年代に旅したルート（こちらは馬と馬車旅行）で、その模様は彼の遺作となった小説『センチメンタル・ジャーニー（A Sentimental Journey through France and Italy）』でフィクション化されている。スターンの本と同様、ペネル夫妻の旅行記もイタリアに到着する前で終わっている。

一七世紀と一八世紀の「欧州大陸大旅行」の伝統にしたがい、ふたりは各所で重要な建築や芸術品を体験すべく道程を計画した。大旅行の本来の姿は質素なふたり乗り三輪車旅とは大違いだった。貴族の子息、そして時に令嬢は、ヨーロッパの誇る文化的象徴の数々をその地で見物し古典芸術の教育を修了するために数ヶ月、あるいは数年すらかけて旅した。この時代の旅行手段は私有馬車もしくは相乗りの駅馬車で道路状態も劣悪だった。今日なら自動車で十分も飛ばせば走行できる程度の距離も、馬力頼みでは};はるかに困難かつ時間がかかったことだろう。当時、一般人は自宅から十五マイル（約二十四キロ）圏内を出て旅することはまずなかった——それも一生のうちに、だ。

一九世紀に大量輸送機関が登場し鉄道網に旅客蒸気船、舗装されもっとスムーズになった道路と相まって、海外旅行は富裕な中流階級の手に届くようになった（労働者階級にとって外国旅行は夢のままだった。副収入も有給休暇もない彼らには日曜や公休日にたまに遠出するのがやっとだった）。エリザベスと同じように、新種の裕福な旅行者たちもそれまで書物の中で読むか想像を働かせるほかなかった様々な名所をぜひこの目で見たいと強く要求した。様々な出版社がお薦めルートと道中の観光名所を載せたガイドブックを製作し始めた。

自由業であくせく働かず暮らせるだけの余裕もあったペネル夫妻には数ヶ月かけてヨーロッパを自転車で回ることが可能だった。ふたりのそんな特権的な立場は、エリザベスの旅行記の中で目的地が期待はずれに終わった時や両者の権利意識が地元民への批判に及ぶ場面の描写に顔を出している。選んだ交通手段のせいで自分たちは下層市民扱いされていると両者が感じていたのもなおさら良くなかった。とあるホテルで夫妻は洗面用に鉢一杯の水を与えられ自室で顔を洗ったが、同じホテルに泊まっていた馬車旅客団は個室の更衣室を割り当てられた。ふたりの夕食はキッチンで出されたオムレツで、他の客は晩餐をダイニング・ルームで摂っていた。

記述にはお国柄に対する固定観念も若干含まれていて、ふたりはフランス人にふっかけられているのではないかと常に疑っていた。行く先々で観衆を集めることになった三輪車に人々が向ける好奇心にしても、夫妻は賛辞というより苛立ちから来るものと感じていた。ローレンス・スターンの旅の記録に較べ、ペネル夫妻版『センチメンタル・ジャーニー』は地元で出会った人々に対する関心がはるかに薄い点は注目に値する。

私も数年前に、彼らがイタリア行きに使ったルートの一部――パリからセーヌ川づたいにセナールとフォンテーヌブローの森林地帯を過ぎ、ロワール渓谷を越えリヨンに南下する区間――を一週間かけてサイクリングしたことがある。エリザベスとジョセフがスターンの馬車路をたどったのと同じように、私も百三十年前に彼らの三輪車が残したわだちをたどってみたのだ。ふたりとは違い自動車と道路を共有しなくてはならなかったものの、幸い舗装面ははるかに向上していた。実際、私の旅路の多くはペネル夫妻が通過したのと同じ川や運河沿いをたどる自転車道だった。

だが、私たちの旅のペースには差があった。二一世紀の自転車デザインの強み、そしてヴィクトリア朝時代のドレスの重さに引きずられずに済むおかげで、私は夫妻が数日かけて旅した距離を一日で走れた。

とはいえ荷物に関しては私たちも夫妻も問題にぶつかった。ペネル夫妻が三輪車に括り付けていたバッグが壊れた際に、修理には鍛冶屋の塊鉄炉を使うほかなかった。パートナーのバッグ用ラックのボルトが折れた時、私も修理のために最寄りの村まで自転車を飛ばし現代の鍛冶屋に当たる存在を探さなくてはならなかった。それが何だったかと言えば昔ながらのプジョーのガレージで、言葉の壁ですったもんだした――しかもこれは自動車向けの修理場だった――とはいえ最終的に交換部品を調達でき、無事に旅路を再開した。

　更に進んだところでエリザベスはヌムールの美しさに感嘆したものの、例によって傲慢な調子で住民に対する評価はぐっと低かった――「思うに、人々についてはあまり書かずにおく方が無難だろう……彼らは不快だった、そこまでに留めておく」。どういうわけか夫妻をもてなすことを拒否した各地の料理店も彼女は酷評した。フランスのレストラン営業時間の悪名高い厳しさを思うに、これはおそらくふたりの到着時間が遅過ぎたに過ぎないだろう。対照的に私たちがこの街を通った時は、その日私たちがどれだけの距離を走ってきたかを知り、こちらが飲み物の代金を払おうとしても頑として受け取らなかった屋台主に出会った。私たちの旅は、ふたりのように「猛烈な走りぶり」をして停止命令を拒否したことでローマ警察に逮捕される形で終わらなかった。罰金に充てるためにペネル夫妻は三輪車を売却しなくてはならなかった。

　一八九〇年代初頭までにペネル夫妻はふたり乗り三輪車から安全型自転車に乗り換えていた――しっかりペダルを漕いでいないとエリザベスを責めたことのあるジョセフにとってこれは救いだった。新たな自転車で初めて両者が向かった先はハンガリーで、その模様は後に『ジプシーの国へ（To Gyspyland）』にまとまった。この時の目的は西洋文化のハイライトの吸収ではなく、「本物のロマニ系ジプシー」を探す旅だった。自転車のおかげでふたりは「線路の達していない、辺鄙で人知れず、発音の仕方すら分からない名の村々」をすべて回り、「黒い顔の羊の群れを率いる羊飼い以外は誰とも出くわさない未開の山道を越え」トランシルヴァニアの山地高くまで登った。徹底的な捜索にも関わらず旅は無駄骨に終わり、彼らの大いなるフェティッシュの対象だったジプシー移動民は見つからずじまいだった。出会ったジプシーたちは皆、移動生活を棄て町や村に移り農場労働者として働く者ばかりだった。これゆえペネル夫妻はかなりロマンチック過ぎる軽卒なノリで、もしかしたらペダルを漕ぎ自由に動き回る我々こそ今や唯一の「森に暮らす鹿のように／川の流れを行く魚のように／空を飛ぶ鳥のように自由！」な存在なのかもしれない、と思いをめぐらせることになった。

両者の次なる旅は更にエネルギー大量消費型だった。スイスのアルプス山脈九峰を回る五週間旅行だ。エリザベスはこのような旅を達成したのは女性では自分が初ではないかと考えていた――「あなたは記録を作りましたと言われた。自分でもそうだと思うし誇りに思う。九つの峠を越えたのだ――うち六つは一週間以内に制覇した。私は時に港湾労働者並みの力を出して奮闘した……自転車に乗る女性――乗り方を心得ていて力を振り絞ることを厭わない女性なら誰でも、このような快挙を成し遂げることにどれだけ喜びが詰まっているかを知るはずだ」【註11】。果たして本当に彼女が記録を樹立したかどうか私には証明できないが、少なくとも彼女の記述によれば各地の山道をえっちらおっちら登る間に他の女性サイクリストはひとりも見かけなかったという。

エリザベスが女性サイクリストに遭遇したのは唯一、イタリアのコモ湖を渡るボート上でのことで、彼女らは自分ほどの運動家ではないと彼女は即断している。そのうちのひとりをエリザベスは「ニッカーボッカーを穿き腕輪をやたらとつけた身体の大きなドイツ婦人」と形容し、この女性はそもそも自転車に乗れるのだろうかと怪しんだ。【註12】スカート姿で自転車に乗っていたエリザベスは、どうやら純粋にその見かけと「威張った態度」だけでこのドイツ人女性はサイクリストとして本物ではないと判断したらしい。他の旅行客はアメリカ人二名で、自転車は登山列車で運送しているとの彼女たちの話にエリザベスもおそらく胸を撫で下ろしたことだろう。彼女の記録樹立に邪魔は入らなさそうだった。その代わりふたりは前作を読んだのであなたが誰か分かりましたとエリザベスに語り、彼女のうぬぼれを満足させた。旅路の中でアメリカ人も含む多くの男性サイクリストに遭遇したもののイギリス人はひとりもいなかったと彼女は記しており、イギリス人は日頃自分たちの運動家としての能力をさんざん自慢している割にこれは実に皮肉で可笑しい、としている。

彼女も自らの運動能力に関しては自信たっぷりで、ある日昼食の前までに峠をふたつ登ったことがあると自慢し、諦めるくらいなら挑戦して死ぬ方を選ぶと豪語してみせた

――「スピードを出し過ぎだと反対する人々もいるかもしれない。しかし私は愛好家のふりをし、自分の思いのたけを絵葉書に綴るためにここまではるばる来たわけではない。自転車に乗ってアルプスを渡りに来たのだ」【註13】。そのキャラと偏った物の見方はさておき、アルプスを自転車で登った最初の女性――すなわちエリザベスのこと――として「その名と冒険の数々を後世に残したい」との欲望は誉め讃えるべきだ。【註14】冒険に出ること、そして外国旅行記の出版は当時もっぱら男性の職業だった。

エリザベスのやり遂げたことは、彼女がどんなタイプの自転車に乗っていたかを思うとなおさらうならされる。彼女の婦人用ドロップ・フレーム式自転車は夫ジョセフの自転車以上に重く、いずれも登坂を補助するギアが付いていなかった。彼女は勾配の険しい山道をバイクを押して進まなければならず、雲に霞んだ高みを目指し、えんえん続くジグザグ道を何時間も走る日々が続いた。他のサイクリストの中には自転車を山上に運ぶために馬車を雇う者がいたのも不思議はない。

下山も同じくらい大変だったのは、当時の停止システムは革ひもを引いてブレーキをタイヤにかける不十分なものだったからだ(今日の自転車の多くのように車輪のリムにブレーキをかけるのではない)。ふたりはペダルを逆回転させての停止に頻繁に頼らざるを得なかった。エリザベスはこうしたことをすべて長いスカート姿でやってのけた。肉体疲労のせいで機嫌が悪くなりがちだったと彼女自身認めているものの、どんな難関も目標達成の妨げにならなかった。雪に風、凍った崖、ヘアピンカーブの数々――人々が命を落とした地点を記す木製の十字架をいくつも見かけた――もペダル・ストロークに歯止めをかけなかったが、下り坂を下りる際には彼女もさすがにハラハラしたかもしれない。標高二千百メートルのザンクト・ゴットハルト峠に、しかも最悪の天候状況下で挑んだ際にはジョセフも自分はギブアップ寸前だったと認めているが、彼女は通りすがりの荷車に乗せてもらうことを拒否した――「私はこれを自分自身のためにやっていた。他人におんぶにだっこで達成するつもりはなかった」【註15】。女性は「か弱く劣る性である」の古い格言などどこ吹く風だ。

自転車レースには反対だったものの、彼女は他のサイクリストに追い抜かれるのは好きではなかった。下り坂で彼女を追い越したとあるスイス人サイクリストが落車した時、彼女はほくそ笑みを隠し切れなかった。助けてくれと叫ぶ彼を尻目に彼女はさっさと駆け抜けた。同様に、フランス人を代表し自由の女神をアメリカ合衆国に寄贈する事業を担当したとあるパリジャンに夫妻は出会い彼と一時間以上話し込んだにも関わらず、その男性が落車し泥まみれで四苦八苦していてもふたりは後ろを振り返ることなく彼を見捨てて走り去った。

蒸気機関車とトーマス・クック社の周遊企画のおかげでこの時期のスイスはヨーロッパの中でも最も観光客が訪れる地のひとつになっており、ジャン＝ジャック・ルソーやウィリアム・ワーズワースが著作の中で誉め讃えたアルプス高峰をこの目で一目見ようと裕福な中流階級が押し寄せていた。エリザベスは旅行客集団がいかにこの地を「ヨーロッパの遊園地」に変えてしまったことかと立腹し、崇高な山々に彼らが「うじゃうじゃ」群がり、乗馬、馬車、徒歩、自転車で「ひっきりなしに行進」していると書いた。

こうした他の団体旅行客たちがふたりの進路に絶えずぶらぶらと割り込んできたことに彼女は大いに閉口した。ペネル夫妻は大衆勢と親睦を深めることを可能な限り避けようと努力していた。エリザベスは「夏の晩のサン・ベルナールのどこででも出くわすブタのように飲み食いしている五、六十人のツアー客集団とテーブルを共にするくらいなら」、彼女はシンプロン峠で修道僧たちと質素な食事を摂る方を選ぶと述べている。【註16】彼女の意見によればドイツ人観光客は「公衆にとってのはた迷惑」だった。かといって彼女はスイス人に甘かったわけではなく、税関係員の「ケチくさいいじめ」に不満たらたらで同国観光産業の貪欲さに搾取されていると感じていた。

ややスノッブな人だったかもしれないが彼女はしばしば機知に富んだ辛辣な観察をする書き手だった。かつて「自然景観の崇高さに打たれて泣き、涙で曇って何も見えないくらいだった」団体ツアー客たちは今やろくに景色を眺めることすらなく「買った絵葉書に自分の思いをぶちまける」ようになっているとの記述を読むと、彼女は今の時代の我々のセルフィー文化をどう思うだろう？　と怖くなる。【註17】

この本がエリザベスの最後の旅行記になった。おそらく彼女は自らに課した目標を達成した、あるいは自転車旅行ブームの衰退を受けて出版社側もこうした書籍の出版は二〇世紀初頭に商業的に成り立たないと判断したかのどちらかだろう。だが、もはや旅について書くことはなくてもペネル夫妻が以後もサイクリングを楽しみ続けたのは間違いない。

人跡まれな遠方へ

一九世紀の旅行客は大抵ヨーロッパに群がったものだったが、中には更に遠方まで足を伸ばす勇敢な旅人もいた。こうした中に混じっていたのが主にイギリスとアメリカの上流婦人で、アフリカ、アジア、中東を数ヶ月、時に数年かけて旅して回れるだけの余裕が彼女たちにはあった。冒険への情熱、あるいは女性に何がやれるかを証明したいとの思いに駆られた者もいた。世界に対する自らの理解を深めるべく訪れた各地の考古学や社会習慣、動植物を研究した者もいたが、そうした中には他の面々よりもっと植民地主義者的アプローチの強い者もいた。

イギリス人ナチュラリスト、写真家、著述家だったイザベラ・ルーシー・バードはそのような勇敢な探検家のひとりだった。病弱だったにも関わらず彼女は付き添いなしでアメリカ合衆国、ハワイ、オーストラリアを旅し、続いてアジア、中東、アフリカ北部をめぐった。宣教活動の一環として医療をおこない、サイド・サドルの自転車を拒み、一八九二年に女性で初の英国地理学会特別会員になった。また、一八七三年におこなった八百マイル(千三百キロ弱)にわたるロッキー山脈旅行の間に彼女はズボンを穿いていた、との『タイムス』紙の報道に大いに気分を害した。

イギリス人探検家で民俗誌学者だったメアリー・キングズリーは男性同伴者なしでアフリカを旅し、地元民と生活を共にすることを通じて向かおうとしていた人里離れた未開の土地で生き残るための知恵を得ていった。野生動物の標本を採集し、出版した数々の著作の中で現地部族の様々な風習について述べた。自らを「新しい女」と思っておらず、女性参政権は重要な問題ではないとの意見だった。彼女はロング・ドレス、帽子、日傘という一九世紀英国の伝統的な装いでジャングルを旅していった。

対してスイス人旅行家イザベル・エーベルハルトは、一八九〇年代のイスラム系アルジェリア内をもっと自由に移動し要らぬ注目を浴びずに済むようベルベル人男性の衣装を身に着けた。

ファニー・ブロック・ワークマンも冒険家として偉業達成を目指し、重要な発見の数々で認められ、この時期増えつつあったあまり外国人が足を踏み入れていなかった地域に関する文献に貢献しようとしたひとりだった。

一八五九年にマサチューセッツ州でも有数の裕福な家庭に生まれた彼女は、アメリカのエリート校で学んだ後にヨーロッパの私立教養学校で学問を修了した。彼女が十代の頃に書いた登山家や探検家になるために出奔する少女たちのお話は、後に彼女が送る人生の前触れだったと言える。ヴィクトリア朝時代的な家庭の女神役を演じることは彼女にとって充実した人生の理想像ではなかった。二十代に入った頃までに彼女は合衆国北東部の最高峰を登頂しており、ヨーロッパのそれとは異なり女性メンバー入会を受け入れていたアメリカの登山家クラブの先進的な姿勢の恩恵を受けていた。

同様の野心を抱いた女性の多くはそれを達成するだけの資金を欠いていたが、ファニーと彼女の夫で医師のウィリアム・ハンター・ワークマンは共にかなりの額の遺産の相続人だった。両者には子供たちの世話を家庭教師に任せ地球各地の旅に人生を捧げるだけの余裕があった。その過程を通じ、登山家およびサイクリストとして果たした功績でふたりは世界的に有名になった。イザベラ・バードに続き、後にファニーも神聖視され圧倒的に男性が占めていた王立地理学会に迎え入れられた。

夫妻の書いた自転車紀行のひとつに寄せたファニーへの献辞の中でウィリアムは彼女の「しばしば困難と、時に危険を伴う状況下」においても「決してくじけなかった勇気、忍耐、熱意」を讃えた。【註18】旅を主導したのは彼女だったことからして、冒険家としての彼女の能力が夫と同等だったのは間違いない。にも関わらず訪れた未開地や困難な旅路にもっとふさわしい服装に彼女は決して着替えず、ロング・スカート姿で押し通した。

ワークマン夫妻の自転車旅行熱はローバー安全自転車を二台購入したところから始まった。当時ドイツで暮らしていたふたりは自転車でフランス、イタリア、スイスといった近隣各国を回り、続いてより人里離れたエリアに足を伸ばしていった。四歳の息子を肺炎で亡くした後、両者は娘を乳母と家庭教師に託し一八九五年に最初の長期自転車旅行に出発した——ほぼ一年間を旅に費やし、スペイン横断に二千八百マイル(約四千五百キロ)、アルジェリア周遊に千五百マイル(約二千四百キロ)の距離を走行した。後に夫妻はこれらの旅行体験を出版することとなり執筆は主にファニーが担当した。

エリザベス・ロビンス・ペネルと同様にファニーも記録樹立を主張した——彼女の場合はスペイン、そしておそらくアルジェリアを自転車で回った初の女性という称号だった。

両国において、ここまで広域に及ぶ自転車ツアーをおこなったのはふたりが初めてだったとされる(ファニーはこの時点までに既にモンブランに登頂した初の女性になっていた——彼女は競争に積極的だった)。

「高速道路を行くドン・キホーテの日々」と形容したスペインを回る旅で夫妻は一日平均四十五マイル(約七十二キロ)、時に一夜の宿を探して最高八十マイル(約百二十八キロ)もの距離を走った。【註19】山がちな地勢であり、もともと重い上に荷物の重量も加わった安全自転車での旅だったことを考えれば大した距離だ。多くの努力を要する——しかもほぼ毎日のようにパンクに悩まされた——にも関わらずふたりは自転車を理想的な交通手段と感じており、「我々は旅行者がよく出くわす障害の数々から完全に解放され、気ままなペースで国中を回りながら好きな時にどこででもストップするのが可能になった」としている。【註20】両者はただA地点からB地点へ移動しようとしていたのではなく、その土地の景色と歴史、住民と文化とを間近で体験しようとしていた。もっとも、おそらく当人たちも気づかぬうちに一方的な判断を下しがちで、地元民にあまりオープンに接しない傾向が両者にはあったのだが。

夫妻が「文明面ではかなり遅れている」と看做したスペインは両者の抱いていた冒険家としての自己イメージを実現させてくれる場所だった——これは夫妻の白人プロテスタン

ト系上流エリートめいたアメリカ人的な特権意識とこの当時主流を占めていた態度を多く物語るコメントだ。【註21】ワークマン夫妻の旅行記の筆致はペネル夫妻とはかなり異なる――おふざけの描写や文学の引用は少なめで、考古学遺跡から地元民の風習まで旅の間に遭遇した様々なものがもっとこと細かに記述されている。ファニーが本格的な旅行家や地理学者の列に加わりたかったことの証しだ。

このスペイン旅行は実に大きな関心を集め国内新聞数紙がその進行状況を頻繁に報じるほどだったが、スペイン語を流暢に話せると言っていた夫妻はどういうわけかマスコミの取材に対し手の内を明かさなかった。結果、記者陣は憶測をめぐらせざるを得なかった。スペイン人は自転車に乗ったこのアメリカ人カップルに興味津々で、ワークマン夫妻は「私たちはあたかも、天の星々のひとつに暮らす住民が地球にやって来たらよもやというほどの畏怖の念」と共に観察されていたと感じていた――とはいえ、夫妻が実はこの反応を密かに喜んでいた可能性はある。【註22】

自転車に乗るスペイン人に出会ったことはあったものの、ふたりは同国でのサイクリングは「より良き階級」の間でだけ人気の余暇活動であるとした――言い換えれば夫妻と同じ富裕な人々ということで、それはおそらく当時自転車を購入できたのは彼らのような面々だけだったからだろう。目的地に向かう途中で各地のサイクリング・クラブ会員が自転車に乗って夫妻の出迎えに現れ、自分たちの暮らす街へエスコートした。彼らは夫妻を自宅に招いてもてなし、食費滞在費等は一切受け取らず、明くる日は夫妻に同伴してしばしサイクリングを楽しんだ。道理で、両者はマスコミよりもこうしたクラブに対して旅程を明かすのに積極的だったわけだ。

ふたりはどこででも歓迎されたわけではなかった。石を投げつけてくる子供たちに村々から追い出された、と不平もこぼしている。また更に南下するにしたがいこうした地では路上の自転車が珍しい存在であることもはっきりしてきた。地元民の反応は敵意というよりむしろ好奇心だったものの、動物は怖がった。荷車を引くラバは自転車を見かけると大暴れしたもので、うち一頭は怖さのあまり猛ダッシュで逃げ出し乗り手を道に放り出した。激怒した乗り手は立ち上がり、長い刃の付いた農具を手にワークマン夫妻に向かって突進してきた。ふたりは素早く回転式拳銃を抜き出して対抗し農夫に待ったをかけそのまま逃げ去った。

ヴァレンシアを通過中にまたもラバ絡みの騒動が起き、夫妻は飼い主から刃渡り十二インチ（約三十センチ）のナイフをつきつけられ脅された——「逃げるのは無理そうだった。ギラギラ輝く刃のひと刺しを肌に感じるほどだった」【註23】。幸いなことに男性の連れが彼を引き止め、ふたりは逃げ出すことができた。この一件に非常に動揺させられ旅を終わりにしようかと考えたほどだったが、危機一髪の場面はこれが最後となった。両者の記述はヴァレンシアの人々を「スペイン中で最も性根が悪く、恨み深い」と結んでいる。だが、このように手厳しい批判を受けたスペイン人はまだいた。両者は他の地でも地元民を「遅れている」と非難し、アラゴンでは「女たちが蓄牛のようにぼんやりこちらを凝視」する一方で「男や少年たちは私たちの自転車に手を伸ばさずにいられず、ベルを鳴らし、タイヤの感触をたしかめ、サドルを押し、まるでこれらの乗り物は彼らの娯楽と教育のための特別展示物と言わんばかりだった」としている。【註24】

同志のはずの外国人旅行者にも批判の矛先が向けられた。グラナダのアルハンブラ宮殿でふたりは「野蛮人たち」に出会ったと書き残した。おそらくワークマン夫妻は、このムーア王朝時代のスペインの驚異的な建築を理解するには彼らは文化教養に欠けていると看做したのだろう。

バルセロナでは、慎ましいロング・ドレス姿だったにも関わらずファニーは願い下げな注目の対象になった。通りで男たちに絡まれ難儀した彼女は読者に対し「ここは女性が自転車で快適に訪れることのできる場所ではない」と警告を発した。【註25】アルジェリアではまたもや動物に厄介な反応が起きた。ファニーはこの地の馬とラバは自転車に乗る女性の存在にとりわけむかっ腹を立て、また一群の犬――「やせ衰えた狼のような見た目の獣たち」

──はウィリアムより彼女を追い回しがちだと信じていた──「特別警察を自認していたかのごときあれらの犬たちは、車輪に乗る女性は場違いな存在で矯正しこらしめる必要がある、とでも考えていたのかもしれない【註26】」

一九一二年には女性社会政治連盟の新聞『女性に参政権を』を手にした姿をヒマラヤで撮影することになる女性にふさわしく、自転車で回った各国の女性の生活状況はファニーの関心を引いた。フランス人植民地主義者たちからアルジェリア北部の民族カビール人の女性は比較的自由だと教えられた際、ファニーは彼らの認識を疑問視した──「これ以上深い部分まで探り、男は女をどう見ているのか、そしてカビールの地において女は自身をどう捉えているかまで知らなければならないだろう【註27】」。彼女の導いた結論はフランス人とは大きく異なり、そこには彼女がカビール族の法は「必要」とあれば男が妻を殺害するのを許していると知ったことも部分的に作用している。また彼女はカビール人女性はしばしば教育を受けさせてもらえず、ごく当たり前のように金で買われ結婚させられ十二歳から「苦役続きの人生」を送るとも記している。これは高度な教育を受け家政仕事や肉体労働を拒否できるだけの資産を持ち、冒険と学びに人生を費やすことのできたファニーのような人間には理解不可能な状況だったことだろう。彼女はアルジェリアの女性は「羨望と絶望」の混じった眼差しでヨーロッパ人女性を見つめていると結んだ。

彼女にこうした女性たちの境遇を批判する資格はなかったかもしれないが、ファニーが女性の権利と教育に尽力したのは間違いない。女性参政論者の発行した新聞を手にポーズをとった例の写真は、彼女が登山で残した功績についての本の表紙を飾った。また彼女はパリのソルボンヌ大学で講義をおこなった初の女性になり、アメリカの女子大四校に遺産を贈った。

一八九七年に夫妻はそれまでで最大のスケールの旅行に乗り出した。続く二年半の間、ふたりは一万四千マイル（約二万二千五百三十キロ）にわたりミャンマー、スリランカ、ジャワ島、インドと東南アジアを自転車で旅していき、別の国に向かう際は蒸気船で移動し通行不能な土地だけやむなく列車を利用した。道中、ふたりは各地の名だたる、しかし当時まだあまり探険されていなかった遺跡群や寺院を訪れた。

この旅を両者が綴った紀行本はインドでの体験に的を絞っている。ファニーはまたも女性の暮らしぶり、たとえば彼女がハイデラバードで一緒にひとときを過ごしたパルダ（※女性を社会から隔離する制度）を日々実践し男子禁制居住区域に暮らす地元の統治者の妻たちに思索をめぐらせる。彼女らの身体的、経済的、社会的な自由の欠如は行動と自立に定義されたファニーの西欧型フェミニズムのイデオロギーからすれば受け入れがたいものだった。彼女はこれらの妻たちの境遇は男性と女性の間に概して横たわる不平等の産物であると考え「いつか男たちの魂に光明が訪れ、彼らも彼らより弱い性に対して甚大な不正義がおこなわれていることを悟り、また女たちが自らの本質を曲げることなく思うまま育っていける、そんな目覚めの日が訪れますように」と願った。【註28】

ワークマン夫妻は大抵我慢強く、一夜を明かす宿がなく駅の木製ベンチで寝るしかないといった苦労にも動じない人々のようだった。列車で移動し数日置きにふたりと合流していた男性召使いの手助けのおかげで両者は必需品のみ携帯するに留まり、文字通り「重荷」を軽くできた。割り当ての食料はティフィン（弁当箱）に詰めて運び、興味深そうに見下ろす猿に囲まれながら、野生のインコの群れが飛び交う空の下、夫妻は食事を摂った。待ち合わせた日には召使いはまるで従者のごとくふたりのために料理の支度をし、宿泊先を見つけなければならなかった。この仕事を召使いがやり損ね、到着した時点で食事やベッドがないことが分かった時の彼に対する夫妻の反応は実に高飛車だった。

暑く湿度の高い環境で長時間自転車に乗ってペダルを漕ぎ食料も飲み水もわずかだった上に、ふたりはパンクの災難にも見舞われた――多い時で一日四十回。鉄道網の達していない辺鄙な地域では召使いもなかなか彼らと合流できず、夫妻は必要品の何もかも――四十五キロもの物資備品を手分けして自転車に括り付け――を自分たちで運搬しなくてはならなかった。飢えた民衆に襲われる危険があるので飢饉に見舞われた地域は避けるようにと公務官たちから度重なる警告も受けた。だがふたりはまったく気にしなかった。過去に自転車と動物のいざこざを体験したにも関わらず、この先の道には象が出るとの噂も同じように意に介さなかった。各々がサドルバッグに積んでいたライフル銃は未使用に終わった。

インド北部まで達して終わったこの旅はファニーの探検家としてのキャリアの新たな局面の始まりを告げた。夏の猛暑から逃れるため自転車を後に残しヒマラヤ山脈の高い山道を目指した夫妻はすっかり魅了され、続く十四年の間にこの地に八回も戻ってくることになる。ファニーは冒険に注ぐ愛のきっかけだった登山熱を再燃させ、いや増す困難と危険とに次々挑み女性の高度記録をいくつか更新した。登山家としてのファニーは、長期自転車旅行の際に彼女にパワーをもたらしていたのと同じ気概と意思の固さとを誇った。彼女はこれらの山の多くに初めて登った女性だったばかりか、ワークマン夫妻はそれらのいくつかへ登頂そのものを試みた初の西洋人だった。ふたりは制覇した峰のひとつ、カラコルムにある標高五千九百メートルを越える山をブロック・ワークマン山と名付けた。別の峰は亡くした息子にちなみジークフリートホーンと命名したが以来いずれも名称が変わってから久しい。唯一苦い後味が残るのは、素晴らしい記録の数々と熟練した登山家との評判にも関わらず、現地で雇ったポーターたちに対する夫妻の接し方と扱いぶりはこちらががっかりさせられるくらい同情心ゼロだったらしいことだ。

ファニーは二ヶ月間にわたり標高四千五百メートルをトレッキングする長期遠征隊を率いて、当時世界で最も到達しがたくほぼ未踏の地だったカラコルム山脈のローズ氷河とシアチェン氷河を目指した。この旅のために夫妻は娘の結婚式に出席できず、またガイドのひとりがクレバスに落ち死亡した――ファニーもかろうじて墜落を免れた事故だった。『女性に参政権を』新聞を手に標高六千四百メートルの高原に立つファニーをウィリアムが撮影したのはこの探険の時で、彼女は底に鋲釘を打った登山ブーツにロング・スカートというお気に入りの出で立ちでフレームに収まっている。しかし女性の権利を熱烈に応援した彼女も、他の女性登山家の功績を讃えるには至らなかった。一九〇九年に同じくアメリカ人のアニー・スミス・ペックがペルーで七千メートルの山の登頂に成功したと主張した際に、ファニーは一万三千ドルもかけてフランス人測量士チームを雇いくだんのペルーの山はそこまで高くないことを証明してみせた。四ヶ月を要したこの計測作業の結果、ファニーの六千九百三十メートルの最高点到達記録は一九三四年まで破られなかった。

負けず嫌いな面はともかく、彼女があの当時最も勇敢で不屈な探検家のひとりであったことに疑問の余地はない。女性の在り方、そして女性には達成できないと思われていたことにまつわる通念的な偏見の一切を踏みにじり自転車のタイヤでつぶしてみせた人だった。

8

どこまで遠くに行けるか

スペイン旅行中のデヴラ・マーフィー、1956年
From Full Tilt by Dervla Murphy, published by Eland

メリールー・ジャクソン、ヴェルマ・ジャクソン、エシル・ミラー、リオーリャ・ネルソン、コンスタンス・ホワイトの五人は、一九二八年のイースター・サンデーにブルマーに帽子を被った姿でワシントンDCに自転車で乗り込んだ際に報道陣に迎えられた。ニューヨークからやって来たこのアフリカン・アメリカンのサイクリスト五名は地元から首都を目指し三日間ペダルを漕ぎ、フィラデルフィア、ウィルミントン、デラウェアを抜け二百五十マイル（約四百二キロ）を走破した。毎晩YWAC（キリスト教女子青年会）のホステルに泊まり、DCに到着すると百マイル（約百六十キロ）走ってきたにも関わらず軽い観光も済ませた。

うち二名はスポーツ界で働いており――ひとりはYWCAハーレム支部の体育教育監督だった――彼女たちが同地区のサイクリング・クラブ会員だった可能性は高い。五人は記者たちに対し「大自然への愛情」が彼女たちを旅に駆り立てたとし、この距離記録を伸ばすべく他の女性たちも挑戦してくれることを祈ると語った。【註1】翌日のイースター・マンデーに彼女たちはいつもの生活と仕事に戻るべくニューヨーク・シティ行きの列車に乗った。旅行熱に夢中になったコンスタンス・ホワイトはやがてハーレムからロシアへと旅立ち続いてヨーロッパを回り、そこで出会った女性と恋に落ちしばし現地に滞在した後、ふたりで合衆国に向かいそこで身を落ち着けた。

果たしてどれくらいの数の女性がこの五人の後に続いたかは分からないが、八十年以上経ってもなお、彼女たちのおこなったライドは人々が自転車に乗るのを鼓舞し続けている。二〇一三年には、アメリカ合衆国におけるサイクリスト像の多様化という野心を掲げ他の者たちの参加を目指すとある黒人サイクリスト集団がその活動の一環としてかつて五人のたどった往路を逆戻りする復路ライドを成し遂げた。

二〇世紀初頭までに自転車ツアーは裕福な中流／上流階級の間では流行遅れとなっており、彼らは自動車に乗り換えていた。(*) このトレンドはかつて世界各地の素晴らしい二輪紀行記事であふれていた『アウティング』誌のサイクリング・ページにも反映されていた――新世紀の訪れと共にこのページは消えた。自動車向けのページがそれに取って代わった。

* この時期までに自動車はますます購入しやすくなりつつあった。フォードTモデルの標準価格は一九〇九年には八百五十ドルだったが一九二〇年代初めには二百六十ドルだった。

コンスタンスと彼女の仲間たちはそれでもなお自力で距離を進み続ける人々――数多く

の女性を含む――がいたことの証しだった。彼女たちは世界を探索する熱意を備えた新世代に属していた。かつ、この時点までに観光旅行とレジャーはもはや富裕層だけのものではなくなっており、新種の旅行客の一団の出番だった。ヨーロッパではこの余暇活動の人気が急騰し、一九二〇年代から一九五〇年代後半にかけては現在では自転車ツーリングの黄金時代と看做されるようになっている。

一八九〇年代にヨーロッパにおける一週間の就労時間は平均六十時間強だったが、一九一〇年までにイギリスでは週約五十三時間、一九三〇年代までには四十三時間程度に短縮されていた。これら労働者の多くは女性だった。イギリスにおいて彼女たちは一九三〇年代半ばまでに就労人口の三分の一を占めるようになっていた。男女の著しい賃金格差やそれ以外の不平等はまだ数多く残っていたものの、参政権を得た、前世代より行動の自由のある女たちだった。ズボン着用が浸透するには世界大戦をもうひとつ待ったとはいえ、女性の服装に対する一般の態度は前世紀よりはるかに緩まった。

一九二九年のウォール街大恐慌に続いた世界不景気によりほとんどの人間にとって自動車は高嶺の花になった。一九三一年のイギリスで自動車を所有していたのは十世帯にひとつだった。だが彼らの多くも自転車にはなんとか手が届いたし、人によっては安上がりな通勤手段以上の何かだった。一九三〇年代に英北部ヨークの工場で働いていたカッタネオ夫人は所属していたサイクリング・クラブの面々と週末に出かけるライドを彼女の人生のハイライトだ、と形容した――「この自転車を手に入れてあちこちに繰り出すまで、私は休暇ともどこかに出かけることとも無縁でした……自転車があったおかげで、あの頃お金はあまりかからなかった。日曜になると支度をして出かけ、行く先々で入ったカフェでは四ペンス銀貨一枚でお茶が飲み放題……あのサイクリングが大好きで日曜が来るのが毎週楽しみでした【註2】」

余暇は増えたものの予算には限りのあった、しかしコンスタンスが大自然に傾けたのと同じ愛情を抱く者は他にいくらでもいた。えいっとサドルにまたがれば心身を消耗させられる日常生活から逃避できたし、都会生活者にとってはとりわけそうだった。その中には自転車で驚異的な――記録破りだったケースすらある――距離を走破する者もいたし、滅多に人が訪れない地域にまで車輪は及んだ。ヨーロッパ、そしてやや勢いは劣るもののアメリカ合衆国においても復興した自転車での田舎旅行への興味はふたつの大戦間のアウトドア運動全般の一部を担っていった。ヨーロッパおよび北米各地にユース・ホステルがオープンし始め、景色の良いエリアで徒歩旅行者やサイクリストに安い宿を提供するようになった。しばらくの間カントリーサイドは再び流行の地になった――ロマン派詩人たちが自然を題材に取り上げた一八世紀末、そして名所でセルフィーを撮るインスタグラム世代が多い現在と同じように。事実、週末のツーリングはイギリスであまりに人気で、一九三七年に『サイクリング』誌にとある読者が寄せた投書はサイクリストの「大集団」のおかげで美しい景観がことごとく台無しになっている、自転車人気が高過ぎると不平を述べているほどだ。

自転車の値段が下がり購入しやすくなり、かつこの新世代の長距離サイクリスト勢はツーリング向けに設計された軽量バイクの恩恵を受けられた点も人気に貢献した。これらのバイクには丘、そして山岳地帯にすらタックルできる一連のギアも備わっており、ペネル夫妻やワークマン夫妻が大冒険旅行中に果敢に漕ぎ進めた重い安全自転車の時代に較べればありがたい進化だった。逆にアメリカではもっとオートバイに近い見た目のバルーンタイヤを備えた新たなクルーザー型バイクの人気上昇に伴い、自転車は重量を増しスピードを落としていった。多くのモデルが欧州産自転車の重量の二倍以上に当たる二十キログラムを越え、かの地ではなぜヨーロッパほど自転車ツーリング熱が再燃しなかったかの説明もこれでつくかもしれない。

イギリスのサイクリスツ・ツーリング・クラブ（ＣＴＣ）会員数はまたも上昇し始め、ヨーロッパ各国のそれに該当する組織も同様に活況を呈した。ＣＴＣはサイクリスト向けの列車遠征を企画し、会員は愛車と共に旅し目的地のカントリーサイドで一日たっぷりサイクリングを楽しんだ。フランク・パターソンを始めとする画家たちの手による、理想化されたイギリスの景観を描いたイラストの数々でサイクリング雑誌のページは埋まった。これらの風景画は現代性や戦争からかけ離れていて、もっと無垢だった時代を示唆するものだ——たとえ実在しない景色だとしても人々が郷愁を抱いたのも無理はない。

社会規範が緩まるにつれ未婚のカップルもお目付役なしで外出できるようになった。この趨勢を反映し自転車広告にもツーリング用バイクに乗り楽しむ若いヘテロの白人カップルの姿が用いられた。ハーキュールズ社製自転車の一九三四年の広告のひとつには自転車のイラストの上に十代のカップルが熱く抱擁する姿があしらわれている。宣伝文句は、好きな娘を連れてハーキュールズ自転車で遠出をし「月明かりに照らされての楽しい帰り道」を満喫すれば確実にこの結果になりますと示唆している——この自転車を買えばあの子は君のもの、と。とはいえ笑えるのは、この広告に登場する女の子「ジョーン」はランチ休憩時にはやはりお茶汲み担当である点だ。それ以外の広告シリーズではカップルは手をつないで自転車で小径を走ったり、愛車を傍らに置いて浜辺に腰を下ろし地図とにらめっこする姿で描かれている。

一九四九年のイギリスの恋愛コメディ映画『A Boy, a Girl and a Bike』にはヨークシャーのサイクリング・クラブが登場し、会員たちの社交生活は毎週開催されるヨークシャー盆地での自転車走とムーアズ原野地帯でのサマー・キャンプを中心に展開する。この映画には魅力たっぷりなオナー・ブラックマンと、後に英国版マリリン・モンローと謳われた若き日のダイアナ・ドースも出演している。(*)

＊映画の中でオナー・ブラックマン演じるキャラクターと恋に落ちた若く裕福な男性キャラは彼女に近づくために自転車クラブに入会するが、そのような労働者階級の営みに参加するとは何ごとか、と彼の家族は恐れおののく――この時期までに上流階級はどれだけサイクリングに嫌気がさしていたかを物語る反応だ。

ふたり乗り用自転車の需要も上昇し、とある雑誌はバーミンガムから出発し英国一の駆け落ち婚の名所グレトナ・グリーン（※スコットランド南部の町）を目指すタンデム競走に出場し一番乗りで結婚するカップルになろう、と宣伝した。サイクリング関連のメディアも自転車をテーマにした結婚式の写真を頻繁に掲載し、サイクリング・クラブを通じて知り合ったとおぼしき新郎新婦が式を終え教会から出て来たところを愛車を高く掲げて出迎えるクラブ仲間の列席者たちの姿が見て取れる。

こうした新婚のサイクリストはいずれ子宝に恵まれただろうが、必ずしもそれでカップルの自由気ままな自転車生活が終わりを告げたわけではない――彼らはそのまま子供連れでライドに参加していった。自転車狂の親たちは創意を発揮し、タンデム自転車に乗った夫妻は小さ過ぎて自転車に乗れない幼児や赤ちゃんをトレーラーで引いたりサイドカーに乗せられるよう工夫した。これは現在アムステルダムやコペンハーゲンといった都市、そしてロンドンでも使用の増えている学校の送り迎えに活用されるカーゴバイクにとても似ている。私が見つけた資料写真の中には自転車に載せた乳母車なんてものまであった――廃れても不思議のない一過性の流行だろう。もっと歳上の子供のいる家庭には一台のマシンで全員が一緒に走れる三人乗り自転車という手もあった。大家族向けの自転車も存在し、英パテ社制作の一九六一年の記録映画はそんなリンカンシャー在の十人家族であるフォスター家の姿を捉えている。四人乗り自転車で最年少の子供たちふたりとキャンプ用具を載せたトレーラーを引っ張っていき、残る子供たちはふたり乗り自転車や通常の自転車でその後についていく仕組みだった。

女性の皆さん、身体を鍛えましょう

一九三八年、秘書兼タイピストで自転車愛好家でもあった二十四歳の女性ビリー・フレミング（当時の姓はドーヴィー）は、他の女性にもこのスポーツにもっと参加して欲しいとの思いを抱いて長距離走記録を樹立し名を馳せることになった。ビリーは十八歳の時にボーイフレンドから自転車の手ほどきを受け、たちまち「夢中」になった。あまりに自転車が気に入りストップしたくないと考えた彼女は、イギリス中を一年間毎日走ろうと決意した。彼女はラッジ＝ウィットワース社に手紙を書き協賛スポンサーになることを打診し、即座に承諾した同社は彼女を「身体を鍛える健康ガール」のイメージ・キャラに起用し自転車を一台贈り、三百六十五日間走り続けるのに必要な資金援助をおこなった。この年彼女はギアが三つきりの自転車で二万九千六百三．四マイル（約四万七千六百四十一キロ／地球の外周以上の距離）――女性長距離自転車走の世界最長記録だった――を走破し、この業績をビリーは「若く健康で『何でもこい』な態度だった」おかげだとしている。【註3】驚くべきことに彼女は一度しかパンクを経験しなかった。

天候に左右されず一年間毎日走るのが彼女の日課だった。夜にはサイクリングがもたらす健康へのメリットを宣伝する講演をおこなった。携帯していたのは小さなサドルバッグに詰めた着替えの一着と諸工具だけだった。キャドバリー社から毎月チョコレートを受け取りお返しに同社の広告に何度か登場した。走行距離は目撃者が点検カードに署名して確認する仕組みで、その上でこれらは『サイクリング』誌によって認証された。この点検カードの数々を眺めると、彼女は一日平均八十一マイル（約百三十キロ）を走り、自宅のベッドで寝るために頑張った時には一日の最長距離である百八十六マイル（約三百キロ）を走破したことが分かる。『サイクリング』誌は定期的に彼女の走行距離計をチェックし間違いが起こらないようにした。

ビリーは百歳まで長生きしたので健康面でのメリットに関して彼女が正しかったのは間違いない。彼女はインスピレーション源であり続け、多くの人間がその記録を破ろうとしてきた。一九四二年にオーストラリアのパット・ホーキンスは五万四千マイル（約八万六千九百五キロ）以上走ったと主張したが、サイクリング界の権威側が調べたところずれが見つかり、この申し立ては退けられた。注目すべきはビリーの記録が二〇一六年まで破られなかったことで、スウェーデン生まれのカイザ・タイレンはこの年の元旦から走り始め大晦日までに三万二千三百二十六マイル（約五万二千三十二キロ）を達成した。

第二次大戦さえ起きていなければビリーは次なる挑戦としてアメリカ合衆国を自転車で横断していたはずだった。これが実現していたら、彼女は十年前よりももっと多くの女性がアメリカで自転車に乗る光景を目にしたかもしれない――彼女ほど長距離を走る者はさすがにいなかったかもしれないが。大恐慌後の非常に厳しい緊縮財政下に通勤あるいは職探しに自転車を使うことにした者は多く、その影響で自転車売上は上昇した。程なくして業界側も女性層にターゲットを絞り健康維持のためにサイクリングを始めましょうと彼女たちを奨励するようになった。

ハリウッドもこの波に加担し、一九三四年には女優ジョーン・クロフォードがズボンにセーター姿で回転台——一九三〇年代版の屋内トレーニング用ローラー台——の上で男性用自転車に乗る姿の写真が雑誌表紙を飾った。彼女は同誌に対し、当時の夫ダグラス・フェアバンクス・ジュニアと共にシェイプアップのためにサイクリングを始めたと語った。十二年後にも彼女は米シュウィン社製自転車と共にポーズをとり「健康と体型維持、そして楽しみのための良いエクササイズを探しているどなたにも、私はシュウィン自転車でサイクリングすることをお勧めします」と健康面でのメリットを誉め讃えている。

一九三〇年代から四〇年代にかけて他の女優も自転車に乗った姿で写真を撮影されており、そのひとりにキャサリン・ヘップバーンがいる。彼女は三歳半から自転車に乗ってきた人で、ワーナー・ブラザーズ撮影所内を回る、あるいはロケ地での休憩に自転車で出かけるのに広告スポンサーがつく必要はなく、彼女はその後何十年もこの習慣を続けることになった。こうしてハリウッドからお墨つきをもらったことで女性たちは自転車での外出に積極的になり、結果一九三〇年代に自転車市場は十パーセントから三十三パーセントに成長した。アメリカ各地のデパートも最先端のサイクリング・ファッションを入荷し始めた。海辺のリゾート地では彼女たちも自転車を賃貸し、ロサンジェルスのヴェニス・ビーチでジョーン・クロフォードがやったようにボードウォークを行き来できた。これはトレンドとしては短命だった。程なくしてアメリカ国内で製造される自転車のほとんどは子供向けになっていった。

戦時中もサイクリングの人気は高く、多くの場合は燃料不足からくる必要に迫られてのことだった。戦後復旧の緊縮財政により経済的なホリデーを求めていた人々のおかげでヨーロッパでは自転車ツーリング人気が再燃した。しかし、大衆向けアクティヴィティとしてのその寿命は尽きつつあった。一九五〇年代半ばまでにヨーロッパの路上を走る自動車の数はそれまでの三倍以上に達していた。一九六〇年代のアメリカでは三人につき一台の自動車が存在し、一九七〇年代までにその数はふたりにつき一台になっていた。

自転車ツーリングおよびサイクリング全般――レースは除く――の人気は落ちていき、その点は一九三九年から一九六九年の間で半減した英CTC会員数にも反映されている。じきにサイクリングは「自動車を買えない貧乏人のやること」のイメージを持つようになり、整備されたインフラのおかげで自転車に乗るのが徒歩と同じくらい楽で今日に至るまでサイクリングが日常生活の重要な一部を成しているオランダやデンマークのような国々を除き、この烙印はその後何十年も消えずに残ることになる。他の地では、それでも自転車に乗り続けた者たちは十年前に較べぐっと増えた交通量と闘わなくてはならず、誰もがその困難に進んで立ち向かおうとはしなかった。

西側諸国のほとんどで自転車熱が冷めつつあった一方で、一九六〇年代までには世界の他の地域、特にアジアで自転車ブームが起こっていた。中国の街路には実に多くの自転車がひしめき「自転車王国」として有名になった。一九四八年から一九五八年の十年間でその数は二倍になり百万台に達した。ピーク時の一九九〇年代までに中国内の自転車総数は約六億七千万台になったが、人民にもっと自動車が購入しやすくなったことでその数は下落の一途をたどった——西側が既に経験したのと同じにわか景気だった。

ダンケルクからデリーへ

自転車ツーリングが流行遅れになりつつあった一九六三年に、アイルランドの片田舎出身の三十一歳のとある女性がダンケルクからデリーへの六ヶ月間の単独自転車旅行、ヨーロッパを抜けイラン、アフガニスタン、パキスタン、そしてインドに達する三千マイル(約四千八百二十八キロ)近い旅に乗り出した。その女性、デヴラ・マーフィーは十歳の誕生プレゼントに地図帳と中古自転車をもらってから少しして、この目的地といずれほぼたどることになるルートとを心に決めた。パンジャブ圏に暮らすペンフレンドからこの「驚異的な素晴らしい地」への興味を掻き立てられて以来、彼女はインドに狙いを定めてきた。

他人に頼らない旅行という発想はデヴラにとって魅力的だった。既に何度かの登山、ブラックウォーター川での水泳、地元ウォーターフォード県での長距離サイクリングをすべて単独でやってきたところだった。やがて彼女は多くの場合ひとりで世界中を徒歩と自転車で探険する旅に人生を費やすことになる。もらったばかりの自転車のペダルをせっせと漕いでいる自らの足元に目を落としているうちに彼女にアイディアがひらめいた――「これをひたすら続けていけば、きっと自分もインドに行ける」【註4】。その計画は二十年据え置きにせざるを得なかったが、彼女は決して目標を見失わなかった。様々な出来事、たとえば大学進学や結婚、子供の誕生を人生の節目と捉える人々がいるのと同じようにデヴラにとってインドへの自転車旅は彼女の人生計画の一部だった。

インド行きを決意した四年後、デヴラは関節リウマチで動けなくなった母親の世話のために退学しなくてはならなくなった。子供時代は冒険家だった彼女は十八年にわたり主要介護役を務め、「家庭という檻」に閉じ込められることになった。母親から片時も目を離せなかったためこの歳月の大半の期間は家から出ることができなかった。野外に存分に浸り気が向いたらどこででもさまようのが好きだった彼女にとって、この急激なルーティンの変化と新たにのしかかった責任の重さとが「完全に身動きがとれないみじめな気分」に感じられ、「とにかく自由になりたかった」と思ったのも無理はない。【註5】

母親の病状は悪化し続け、解放感を味わえる貴重な瞬間もやがて「少しずつ減って」いき、同世代の連中が当たり前のように享受している自由に彼女はただただあこがれた。父親が急死したために唯一の介護人になった時点で、状況は更に困難になった。友人たちからの支え——そしてチャンスがあれば自転車に飛び乗り一時エスケープすることで彼女はこの時期を乗り越えた。

結婚する以前はひとりで旅した経験のあったデヴラの母親は、娘にも同じような自由の感覚を味わう必要があるのを察していた。母親は彼女に対し、たまに訪れる介護からの休みの期間を最大限活用して世界を見て回るよう促した。個人としての自由が減っていったこの歳月の間、自転車旅はデヴラの命綱になった。最初の旅は一九五一年夏に三週間かけてウェールズとイングランド南部を自転車で回る行程で、宿泊はユース・ホステル——人生の大半を地元リズモアから三十マイル(約四十八キロ)圏内で過ごしてきた彼女にとってこれは「影響の大きい」旅だった。

実家の近所の住人の中にはそのような旅を彼女がひとりでやっていたことに「仰天」した者もいた。一九五〇年代のアイルランドの田舎のエリアでは、それは若い娘がやるようなことではなかった。保守的なカトリック教徒が大半を占めるこの国では娘たちは自己を犠牲にするものと思われていたし、一部の人間の目には母親の世話をするために若い女性が学業を断念することよりも彼女がひとりで自転車旅行に出かけることの方がショッキングに映った。色々あったとはいえ、この旅の結果あまり無理しなくても彼女は優に一日百マイル（約百六十キロ）はペダルを漕げることがはっきりしたし、これは念願の三千マイルの自転車旅も不可能ではないことの証しだった。

翌年、彼女は五週間の休みを取って介護仕事から抜け出しフランドル地方、ドイツ、フランスを回った——またも元気回復の旅になったが、パリで一度だけ、おそらく彼女を無理矢理理風俗業に巻き込もうとしていたとおぼしきカップルに誘拐されそうになり間一髪で逃げたことはあった。それにもめげず彼女は二年後にスペインに向かい、それまで以上に遠方まで足を伸ばし人里離れた地を訪れる旅に出た。大きなパニアを積んだ重たい自転車で山岳地帯を進んだにも関わらずどうにか一日百二十マイル（約百九十三キロ）を走ってみせた。スペインがすっかり気に入り、次の年も訪れた。帰路ではお土産のブランディの大壜十二本を寝袋にくるんで載せた状態でピレネー山脈を横断した。荷物のあまりの重さに車輪も遂に修理不能なほどひしゃげてしまったが、無駄のない荷造りのための良い教訓になった。

こうした数々の旅はデヴラがインド到達に向けて燃やす情熱の火を更に煽った。そのために必須な要素——旅する自由——の欠如は母親の介護人として暮らした残る歳月の間中、彼女を苦悩させることになった。日常のルーティンの「息詰まる単調さ」——時に家から表に出て日を浴びることすらかなわないこともあった——に縛られ、彼女は何度かうつの時期に陥った。容態は悪化していき、遂にはつきっきりで介護するためデヴラも母親の寝室で寝起きしなければならないほどになった。

一九六二年に母親が亡くなった時、当時三十歳のデヴラがその死を悼み悲しむと共に「自由になった、との自覚に高揚した」のは無理もないだろう。【註6】全身を走る解放感の波を彼女は「弱い電気ショック」になぞらえた。あのまま束縛が続いていたらいずれ自分は崩壊していたことだろう、と彼女は感じていた。

記録的に寒い冬のひとつだった一九六三年一月、デヴラは遂に東に向け、ダンケルクの凍った道から自転車で旅立った——十歳の時にリズモアの丘の上で立てた計画がやっと実現した。彼女が乗っていたのはこの数年前に購入したアームストロング社製男性用カデットト自転車で、ドン・キホーテが乗ったくたびれた馬ロシナンテ（Rocinante）にちなみロズ

（Roz）と命名された。スペイン語の「Rocín」は使役用の馬／駄馬の意味で、これは主人を乗せ何マイルもの旅と冒険を勤勉に走り抜くことになった自転車にふさわしい名だ。ロズは悪路や道なき道でさんざん痛い目に遭いバラバラにならないよう時に針金とひもで結わえておかなければならなかった。本体重量は馬鹿にならない十六キロで、そこに更に十二キロの荷物が加わった。走行が困難で荷物を自ら運ぶ以外になかったエリア──時に何マイルにも及ぶことがあった──ではデヴラはそのあらゆる重量を身にしみて感じた。

出発前に彼女は一ヶ月かけて道路地図をじっくり研究しデリー行きの最適ルートを計画し、通過する各地の都市の領事館にスペアのタイヤを送付した──三千マイルの旅ではかなりの量のゴムが消耗する。ロズに備えつけのギア群はアジアを走る際に状態の悪い道でお釈迦になるだろうと判断し、彼女はそのほとんどを取り外させ一枚ギアのシングル・スピード車に作り替えた──山道を多く走ることになったのを考えれば、これはかなり思い切った決断だ。また、用心のため携帯することにした25口径ピストルの射撃訓練もおこなった。出発から程なくして、彼女はこの銃を荷物に入れておいて本当に良かったと感謝することになる。

遂に旅立つ日を迎えるまで二十一年待った彼女は、過去八十年で最大の寒波にヨーロッパが見舞われたため出発をもう一週間見送らされる羽目になった。待ったものの気温は上がらず見切り発車で計画を押し進めることにした。続く数週にわたりフランス、イタリア、当時のユーゴスラビアに当たる地域を走った際に北極並みの寒さに襲われ、彼女はこの決断は間違いだったと後悔する寸前までいった。かじかんだ手と脚で自転車を漕ぎながら猛吹雪と洪水の中を越え、強風に倒されロズから落車しながら雪の吹きだまりとアイスバーンで見えなくなった路面を探り進んだ。遂にインドへの道に進むことができたという歓喜の念は、頭に思い描いていた脚の許す限り東を目指しペダルを漕ぎ続ける気ままな日々に反し、生き残りを賭けるほど苛酷な気象条件に大きく阻まれることになった。だが悪戦苦闘している最中はどれだけ「もう無理だ」と感じたとしても、それを乗り越えさえすれば良い語りぐさになるものだ。

とはいえこの時は、スキー帽、目出し帽、毛皮裏地の手袋と防寒具で固めていたにも関わらずさしものデヴラも自分は無敵ではないと認めざるを得なかった。自転車で進むのは完全に不可能だったため、彼女は渋々アルプスを列車で越えてイタリア入りすることにした。東ヨーロッパ一帯の雪に覆われた山道では路面凍結があまりにひどく、車輪が横滑りし崖から落ちる危険性が高かったため「屈辱の思い」で自動車に乗せてもらったこともあった。通常の状況であれば他者の手を借りずにひとりで充分進んでいくことのできる人だけに、過去とは別の事情から、独力で何かやる自由をまたも奪われたのは実に欲求不満のたまる状態だった。

かといって、この状況では自動車に乗っていれば安全とも限らなかった。セルビアを移動中に乗せてもらった一台のトラックは道路からスリップし樹に激突した。事故で頭部に軽度の傷を負ったものの、デヴラは運転手をその場に残し救助を求めて最寄りの村に向かった。その途中で飢えた三頭の狼が彼女に襲いかかり一頭がジャケットの肩、一頭がズボンにかぶりつき、残る一頭は飛びかかろうと身構えた。ポケットから速攻で25口径ピストルを取り出し狙いを定める訓練をやっておいたおかげで彼女は身体に群がる二頭をすみやかに撃ち、もう一頭は退散した。この間ずっと、彼女は自分は夢を見ているのだろうか？と不思議に思っていた。頭の怪我のせいで幻覚が引き起こされた可能性はたしかにあった。後に彼女は警察から「狼」は野犬の群れだったかもしれないと説明を受けた。ともあれ、人里離れた雪の森で起きた、まるでグリム童話の一篇を思わせるこの恐ろしい事件は間違いなく人に語り伝えるだけの価値があるし、この驚くべき旅の模様を綴った彼女の紀行本『フル・ティルト（Full Tilt）』に数々のエピソードのひとつとして収録された。この本では常に、ポイントは到着地点ではなくそこに至る過程に置かれている。

すべては旅そのものに尽きる

二〇一八年十二月の暮れ、ロスレア港でフェリーを下り自転車に乗ってアイルランド南東部を抜け、リズモアの自宅に当時八十七歳のデヴラを訪問した際に私はこの狼のことを思い起こした。アイルランドに狼がいるわけではないのだが、犬はとても多く、特にキャンキャン吠える、自分の縄張りにやって来たサイクリストを追い回すのが好きな小型犬はたくさんいる。うざったいとはいえかみ殺される危険はない。それより問題は私自身の準備不足だった。これは比較的楽なサイクリング、往復百八十マイル(約二百九十キロ)程度の数日間の旅になるだろうと自分では見込んでいた。

デヴラとは違い、私はこの旅について周到に考えていなかった。まず、アイルランドの冬の田舎道にはこちらの方が向いているだろうと思い、泥よけと頑丈なタイヤを装備した、しかし一度もツーリングに使ったことのなかった自転車を選んだ。どこに行くのにもどれだけ長く走るのにも、サイクリングの第一ルールは自転車部が良いコンディションであるのを確認しておくことだ。選んだ自転車は最後に点検を受けて以来雨に濡れたロンドンの通りをさんざん走ってきたし、ケアしてやる必要がかなりあった。フェリーから下りてバッグ用のラックを自転車に取り付けようとしたところ快適に乗れない位置にサドルをずらさない限りフィットしないことが分かった――これがインド旅行ではなかったのはラッキーだった。

出発してから二十五マイル（約四十キロ）、二度目のパンクが起きた時点でタイヤが原因で大変なことになると悟った。よくよくチェックしてみたところかなりすり減っているのが分かったし、小さなひびには小石やガラスの破片が入り込みやすくインナーチューブを新たに取り替えるたびにそこに刺さり空気を抜いてしまう。旅の初日からパンクに何度も悩まされたために私は日の短い冬の貴重な日中の明るさをほとんど無駄にしてしまい、幸い自動車の通らないウォーターフォード・グリーンウェイだったとはいえ、真っ暗闇の中残る二十五マイルを走ることになった。すいすい進めてストレスと無縁のはずだったこの区間も、暗い田舎道向けの強力なライトを用意していなかったので前方の視界がごく限られたためにうんざりするほどのろのろしたペースになった。自転車ツーリングのやり方としてこれが大間違いなのは言うまでもない。とはいえ少なくとも雨は降らなかったし、これは十二月のアイルランドにしては珍しかった。帰路の途中で私は迂回して自転車店に立ち寄りタイヤを交換し、残りの道中をパンクなしで幸福に走ることができた。

この経験に、リリアス・キャンベル・デイヴィッドソンの一八九六年の助言、女性は自転車旅に出る前にまずパンクを確実に自力で直せるようにしておくべきである、が思い浮かんだ。この知識は爪が割れることになってでも会得しておく価値があるものだと彼女は思っていたが、と同時に彼女はパンク修理を概して「忌まわしい作業」【註7】と看做しており、手を貸すのに積極的な男性がそばにいたらわざわざ自分でやろうとする人間はまずいないだろうとしている——意外にもこれは、何千マイルとひとりで走ってきたにも関わらず、というかおそらくそれゆえにデヴラも擁護する意見だ。彼女は私に対し「男はそのために存在するんだから」とジョークを飛ばした。

第一回の長期旅行で訪れた最果ての地、そしてその後の旅で向かった様々な遠隔地でも大抵は誰かが通りかかり、彼女はインナーチューブをその手に託せた。私もリズモアに行く途中で一度、犬の散歩中だった通りすがりの地元民男性がぜひ手伝おうと熱心だったので彼にパンクを修理してもらった。この時点までに、私はもう自分でパンクを直すのにすっかりうんざりしていたのだ。とはいえたとえばアフガニスタンの砂漠のただ中といった極限状態では、デヴラはもちろん自力で路上に復活することができた。彼女は単に、絶対必要ではない限り無駄な労力を避けることにしたまでだった。独立と自給自足に定義された人生を送ってきた人としては、これは意外な見識だ。

旅先で誰かにパンクの修理を手伝ってもらうのはもちろん、現地の人々と接するのにも良い手段だ。私の場合、くだんの犬連れの男性はおしゃべり好きで地元の名所や彼のサイクリング体験について話してくれた。デヴラの書斎――かつてリズモア旧市場の一角を成していた太古の石造りの建物群のひとつ――に座り、薪ストーヴで暖をとり足元には飼い犬たちがいびきをかきながら寝ている、そんな心地好い状況で交わした会話の中で、一般旅行客の取るルートからあまりに遠く離れていたので、自分の旅のやり方は完全に先々の地元民頼みだったと彼女は語ってくれた。彼らはよく彼女を自宅に招いてくれ、一夜の寝床と食べ物を提供し、見どころの名所を推薦するだけではなく避けた方が無難な場所も教えてくれた――滅多に人の訪れないエリアだけにこれはとりわけありがたい情報だった。

デヴラが夢見ていたのはこうした、そこに暮らす人々を通じてその国を知る経験だった。自転車で旅していれば可能だろうが自動車、列車、長距離バス等を使い高速で移動していたらなかなか味わえない体験だ。著述家で活動家のレベッカ・ソルニットは現代生活が「内面性の連続」から成り立つようになっていて、結果私たち人間は自らの周囲の世界と他の人々から断絶される一方であると書いた。【註8】彼女は熱心なウォーキング愛好家で、これもサイクリングと同様に公共の場でおこなう行為であり、そのような場では「とりとめのない、前もって選別されてもいない様々な要素のおかげで、探していたとは自分でも気づいていなかった何かを発見したり行き着いてみてあっと驚かされる場所に行くことができる」。彼女の考えによればテクノロジー依存のせいで私たちは様々なものを見逃しており、単にA地点からB地点に移動する手段ではなく、歩くことがいかにその場に存在し物事を感じる手段にもなり得るかを述べている。デヴラにとっても旅行――自転車であれ徒歩であれ――で重要なのはその旅路であり、彼女の場合、それは計画していなかった、思いも寄らぬ驚きに満ちたスケジュールや時間の制約に縛られないものだった。

ロズのおかげでかなりの距離をカバーできた――インドの旅では一日ほぼ八十マイル（約百二十八キロ）走っていた――とはいえ、それと同時に彼女は周囲の環境を吸収し出会った人々と交流しながら行く先々の国を形成している基盤の中に入り込んだ。それと同じくらいデヴラにとって重要だったのはこの旅を彼女の思うままにやることだった。単独旅行者として彼女にはいつでも好きなところでストップしたり迂回できたし、独立心、そして新たな経験と文化に対するオープンさとはデヴラの生来の性格の核を成すものだ。中米に行ったことはありますかと訊ねられた際に彼女はいいえと答えた。実はペルーからの帰り道に通過したことがあったのだが、この時移動に使ったのは自転車でも徒歩でもなかったので彼女はすっかり忘れていた――それでは旅行としてカウントできない、というか、その旅自体が起こらなかったに等しい。

自転車旅行家で著述家のアン・マストーも、一九八三年にバスでインドを旅した際に同じ結論に達している。車窓から外を眺めていてタール大砂漠を自転車で走る男性の姿が目に入った時、彼女は「突然、羨望の念に襲われた……私も表で自転車に乗り、あの道を走りたかった。ガラス越しに見つめるのではなく、ひとりで自由にインドのリアリティを肌で感じたかった」。【註9】二年後も、この五十四歳の校長先生は旅人が考え、観察し、自分のペースで進む余裕を与えてくれる最良の旅の手段は自転車であると確信しており、彼女はこうして西から東を目指し世界を回る自転車旅行に旅立った。デヴラと同様にアンも見知らぬ人々との交流が最も豊かな経験をもたらすと感じていた。自転車の「階級性のなさ」のおかげで、彼女はそうした人々と「一定の相互信頼」を共有して出会うことができた。十五ヶ月で一万二千マイル（一万九千三百十二キロ）を走ったこの第一回目の旅を経てすっかり自転車ツーリング信者になったアンは、残りの人生を二輪で世界を旅して回ることに捧げ、今度は逆に東から西を目指す世界一周旅行もおこなった。二〇〇九年に最後となった自転車旅行中にシリアで病いに倒れ、彼女は七十六歳で世を去った。

デヴラにとって旅とは待っていれば自然に起こるものではない――能動的なものであり、受け身ではない。旅（travel）に対するこの考え方は、この単語の語源である中世の言葉「travailen」にもっと近い。旅に出るのが常に苦しい試練だった時代にふさわしく、これも「travailler」、すなわち労働する、長時間努力し働く、苦しみに耐える、という意味の言葉から派生していた。もっともデヴラの場合は苦しむというよりも努力、そしてその報いとして訪れる心を豊かにしてくれる潤いの方が大きかった。時に身体持久力の限界まで自らをプッシュすることもあったが、そんな状況にあってすら彼女はその経験から高揚感を引き出してみせた。ノミ、トコジラミ、砂蠅、蚊、サソリやスズメバチに刺されること、脱水症状、日射病、赤痢、肋骨骨折等はそれに較べれば些細な厄介ごとに過ぎなかった。ある時、アフガニスタンに向けてイランの砂漠道をロズに乗って走っていた際に彼女はこの思いをアメリカ人技師に伝え理解してもらおうとしたことがあった。彼はジープを止め「一体全体、君はこんな所で何をやってるんだ?」と彼女に訊ね、自転車は車の後ろに吊るして運ぶし国境を越えるまで送るから車に乗りなさいと言い張った。彼女は自分の好みの移動手段はサイクリングであり、ロズ、空、大地さえあれば充分で満足なのだと説明しこの申し出を断った。男性技師は結局、彼女のことを「変人」と呼んで走り去った。

それにしても一九六〇年代前半にイラン、アフガニスタン、パキスタン、インドといった国々を女性がひとりで自転車に乗って旅するのはやはり珍しい出来事だった。これはこうしたエリアがヒッピーの巡礼地の一部になる数年前の話であり、またその時期ですら自転車で旅する者は多くなかった——というかほとんどいなかった——だろう。人をあまり寄せつけないエリア、たとえば同じ世紀の初頭にファニー・ブロック・ワークマンが先駆者的な登山探険を決行したのと同じカシミール山岳地帯の山道は、もしかしたら自転車で走った女性はデヴラが世界初だったかもしれない。更に辺境のエリアに存在するコミュニティでは誰も自転車を見たことがなく、言うまでもなくそれに乗る女性を見るのも初めてで、彼女は何度も地元民から声をかけられ実演してみて欲しい、自分たちにも試させて欲しいと頼まれた。

このような旅を女性が単独でおこなうという発想はあまりに突飛で、ひとり旅は危ないとの理由からイランのアフガニスタン大使館は彼女が必要としていたヴィザの発行を拒否した。他の交通手段を利用するお金がないから自転車で旅しているのだろうと考えた彼らは、代替案として彼女をカーブルまで無料で送ろうと申し出た。実のところ、オートバイに乗っていたとあるスウェーデン人女性が殺害されてからというもの大使館は女性の単独旅行者はすべて禁止していた。デヴラはそれにもめげず、ヨーロッパでだって女性は殺されるではないかと彼らに語った。最終的に彼女はアメリカ大使館の上級職員を説き伏せ、彼女は危険を承知の上で入国するとの理解に立ってヴィザを発行して欲しいと彼からアフガン側に依頼してもらうことになった。

遂に入国したアフガニスタンは、どの国よりも彼女が愛する地になった。悲しいことにこの国は既にロシアとアメリカの間の主導権争いに巻き込まれており、紛争地域、そしてここで外国人が殺害されたと何度も聞かされてきた諸エリアを回避すべく、彼女はルートを変更することになった。地元民は歓待してくれる親切な人々だ、彼女はそう思った。物資や食料は極めて乏しかったが、彼らは無理をしてまでそれを彼女と分け合ってくれた。悪路でロズのタイヤがつぶれてしまい仕方なく公共交通を利用した際に他の乗客の持っていたライフルの台尻がたまたまぶつかり肋骨を折ったことすら、この国に対する彼女の熱い想いを損なわなかった。

今日、ひとりで旅する女性旅行家はしょっちゅう怖くないのかと訊ねられ、あなたのやっているのは危ないことだと諭される。その声には彼女たちはより弱い存在であり、したがって無鉄砲なことをやっているひとりぼっちで孤独な人間だ、の含みがある。対して、同じことをやる男性は冒険心があるとされる。持久力スポーツ選手で冒険家であるジェニー・タフはアクセス困難な遠隔地を単独でたびたびサイクリングし走ってきた人だが、これまで何度も身の安全が怖くないのかと質問されてきた。ボリヴィアのアンデス山脈を越える七百キロ走では、途中の村々の住人からあなたがやっていることは危険だ、殺されると言われた。危険を覚悟しろと警告する声が増えるにしたがい彼女も不安が募るのを感じたが、朝が来るたび彼女は立ち上がりひたすら走り続け、恐怖心はこうした場合の反応として役に立たないことを証明していった。【註10】

モロッコのアトラス山脈を走った時、彼女はほぼ毎日警察に追われ、ここは安全ではありませんと諭された。彼女個人に身の危険が降りかかるだろうとしてアフガニスタン大使館がデヴラの入国を阻止しようとしたのと同じように、警察はジェニーがルートを進むのを諦めさせようとし車で送ると申し出て、「身を守るために」あなたは毎晩村に泊まらなくてはならないと主張した。「自由の民」を自称するベルベル民族の暮らすエリアでは、あれほど窮屈に感じたことはなかったと彼女は述べている。人々から絶え間なくしげしげと見つめられたのは彼女にとって心身共にストレスだった。

私が「女性　単独　旅行（women solo travel）」のキーワードでグーグルを検索してみると、「他の人はこちらも質問」セクションに最初に出てくるフレーズのひとつが「女性のひとり旅は安全ですか？」だ。にも関わらず、単独で未開の地に乗り出す男性という概念は常に男らしい通過儀礼として受け入れられ、もてはやされてきた。たくましい顔つきの、寒さでヒゲが凍りついた、南極横断の間に橇を引く犬を泣く泣く殺して食べざるを得なかった典型的な探検家イメージ、あるいはアマゾンで道に迷い、そこでまだ発見されていなかった民族に出会い彼らと暮らすようになった剛胆な冒険家たち等のことだ。彼らの物語は私たちの歴史の中に埋め込まれているものの、それに近い旅をおこなった女の記録は忘れられる、あるいは見過ごされがちだ。シルクロードを自転車で走り抜いたことのある著述家ケイト・ハリスいわく、女性探検家は実に頻繁に彼女たちは感情面で何らかの危機を迎え、その反応として「自分自身を見つける」ためにこうした旅に出るものだ、と類型化されるという。これは女性の冒険行為を映画『食べて、祈って、恋をして』(二〇一〇)型の自己発見ストーリーに限定する見方であり、かつその経験をフェミニンなものに和らげる方法でもある。女性探検家たちは純粋に冒険を求めて探険するのではなく、何かから逃れるために旅に出る、という風に見られているのだ。

男性はいくらでも無骨で恐れ知らずの自力本願な探検家になれるのに対し、同じことをやろうとする女性は自分たちは相も変わらず旅行計画を詮索され、遭遇するかもしれない危険の数々をあげつらわれ、子供を産むつもりはあるのかと道徳観までジャッジされると不満を述べているのもまた事実だ。デヴラはそんなたわごとには構っておらず、彼女の一回目のインド旅行を人々が偉大な功績と看做すのを「バカバカしい」ことだとし、「自転車に乗り、インドに向かうのは本当に、別に大したことではない」と私に語ってくれた。そうは言っても彼女が困難な、あるいは危険な場面に陥らなかったわけではない。皮肉なことにひとり旅をする女性に特有の脅威に唯一彼女が晒されたのは、潜在的な危険ゆえに彼女の入国を阻止しようとした国であるアフガニスタンに行く以前の話だった。最初にそれが起きたのはイラン国境に近いトルコ内のことで、宿屋のノミだらけのベッドで寝ていた彼女が夜中にふと目を覚ますと掛け布団がまくられ、身長六フィート（約一メートル八十センチ）のクルド人男性がそばに立っていた。ここでも彼女の稲妻のような反射神経が駆使され、枕の下に隠してあったピストルを引っ掴み、天井めがけて撃ったところ男は慌てて逃げていった。真夜中に銃声がしたのはどうしてか、と調べに来る者はひとりもいなかった。

イランに接するアゼルバイジャンではそれ以上の間一髪を経験し、彼女は後に自分ひとりで戻るつもりがないのは唯一この地だろう、とした。まずシャベルで武装した山賊がロズを盗もうとしたが、空に向けて何発か銃を撃つと賊はちりぢりに逃げ去った。続いて警察官が彼女を講内に監禁しセックスを強要しようとした。自著の中で、彼を苦痛で一時的に動けなくさせ、その隙に彼が脱ぎ捨ててあったズボンから鍵束を奪い脱出するためにとった戦術は「とてもじゃないが詳述できない」と彼女は綴っている。こうした事例にも関わらず、ひとりで旅すると決めたのは勇敢だと評されることにデヴラは難色を示し、どんな難関も突破できたのは勇気ではなくむしろ自己保存本能のおかげだった、と話す。彼女が悲観主義者ではなく、実際にそうなるまでは最悪の事態を信じない人なのも役に立っただろう。

女性旅行家として自分に行けない場所はひとつもないと彼女は思ってきたし、ヴィクトリア朝時代の女性探検家の草分けたちからインスピレーションをもらっていた。中でも最も親近感を覚えるのはイザベラ・ルーシー・バードで、なぜなら彼女は「旅を楽しむ、ただそれだけのために」旅していたと思うからだと彼女は私に語ってくれた。だが、百年近く前にイザベラがやったようにデヴラが中東とインドを旅した時ですら現地の人々の多くにとって女性の単独旅行というコンセプトは異質なものだった――今日も、そう感じる人間はまだ一部にいる。イランでは人々はデヴラを男だと思い込み、彼女に男性寄宿舎の寝床を与えた。彼女の短髪と米軍寄付品の実用的なブーツとシャツ姿もこの誤解に寄与したかもしれない。デヴラからすればこの曖昧さは解放的だった。ロズに乗って通り過ぎた道行く人々から「ただの人間」と見られることは、性別、国籍、階級を識別されることから生じる各種の判断から彼女を自由にした。同様に、ベルギー系フランス人探検家のアレクサンドラ・デイヴィッド＝ニールも一九二四年の冬に達成した驚異的な旅の間に乞食および仏教僧に変装して自由を感じた、としている。この旅で彼女はヒマラヤ山脈を越えチベットの禁断の都市ラサにまで達したが、これは彼女の性が判明していたら不可能なことだった。

デヴラにとって中性的なルックスはイランのような地域、当時の国王が進めようとした国家現代化計画が宗教指導者によって退けられた結果、女性解放反対の暴動が起き女性たちが殺害されていた国では重宝だった。女性があまり自由ではない国家においては男と勘違いされるのは強みだった。

女性と認識された時ですら外国人である彼女はほとんどの規制、特に彼女が旅したもっと保守的な地域のいくつかで女性に課せられていた行動の制約を免除された。男性に話しかけることができ、女性とも話せる彼女の部外者としての立場はユニークなもので、厳重なパルダの慣習を守り屋外に出ることのない女性とも会話ができた。アメリカ人著述家で活動家のシャノン・ガルピンがこの四十年以上後にアフガニスタンを自転車で回った際に、彼女はこの地で外国人女性であることは「混成ジェンダー」もしくは「名誉男性」に当たると形容した。ナンパしようとするアフガン男性も何人かいたし、西洋女性だから誰とでも寝るだろうと思い込んで彼女の身体に触ろうとする者にも一度出くわした。とはいえほとんどの場合、このステイタスのおかげで彼女はおおむね男性と対等に語り合えたし、かつ女性とも話ができ、この国に対する理解を深めることになった。

一九六〇年代初頭に話を戻すと、デヴラが旅先で出会った人々と故郷アイルランドの人々の多くは三十代前半の女性がなぜ家に落ち着いていないのか、なぜ結婚して子供を育てていないのか、オールドミスになる不安の影が迫っているではないかと戸惑ったかもしれない。彼女は十代の頃からそのような人生は欲しくないと自覚していたし、それを「自分が理想とする計画なしの存在、その対極」と呼ぶ。

三十代後半に妊娠した時は彼女は妊娠第二期の終わり（六ヶ月）までトルコを旅し、娘をひとりで育てたが、自らを生まれつき「ひとりでいるのが好き」と形容する人だけにこれは驚くには当たらないだろう。彼女は周囲の人間がどう思うか気にしなかったし、母親になっても自分は変わらなかった、やはり旅行と執筆活動に人生を捧げたかったと私に語ってくれた。娘のレイチェルが大きくなった頃、ふたりは一緒に旅するようになった。レイチェルが五歳の頃にはインド南部をめぐり、九歳の時には高地ペルーのアンデスで一万六千マイル（約二万五千七百五十キロ）の徒歩旅行、十四歳の時にマダガスカルを旅した。この事実は彼女の地元の町にちょっとした波紋を起こした。

レイチェルが成年に達するとデヴラは再びパニアに荷物を詰め、もっと長期の単独旅行に乗り出すようになり、その中にはケニヤからジンバブエを行く三千マイル（約四千八百二十八キロ）のマウンテンバイク単独旅行もあった。その時点で六十代の婦人だったにも関わらず、彼女の旅行計画はやはり周囲の憂慮を招いた。不安そうな表情のナイロビの空港係官は自転車について質問し、「お年寄り」は自動車で移動すべきだと彼女を諭した。これに関しては、彼の見当違いな心配は社会の老人を尊重するアフリカの慣習に由来するものだっただろう、との結論でデヴラは満足している。

変形性膝関節症を患い、今やデヴラがサドルにまたがることはなくなったとはいえ、いまだに女性——そして男性——から『フル・ティルト』を読んで自分も長期自転車旅に出ることにしました、との手紙を受け取ると彼女は私に話してくれた。このような旅のやり方もテクノロジーで変化した。かつてのデヴラは旅行中に故郷の人々と連絡の取りようがなくても気にしなかったが、現代の旅行者はたとえ友人や家族と接触が取れない状態になってもせいぜい二、三時間程度だろう。というか、コンタクトを絶やさないのが当然とされている。またデヴラが進路を計画した何枚もの紙の地図に代わり、私たちの大半はGPSなしでは道に迷うことだろう。赤の他人が自宅に歓待してくれることに大きく依存する彼女の旅行スタイルは、今ではやりにくくなっただろうとデヴラは考えている。それでも同じように旅する者はおり、彼らは世界各地に散らばる無料で一泊させてくれるホストと旅人をつなげるカウチサーフィンのような旅行アプリを活用している。自然な成り行きという側面はぐっと薄れたかもしれないが、テクノロジーはそれまで比較的縁のなかった人々をスムーズに相互交流しやすくする役目を果たしている。

それでも旅行——とりわけ自転車あるいは徒歩の旅——は今なお予期しなかった、意義深い出会いに満ちている。リズモアへの短い旅も、いくつか印象に残る出会いを私にもたらしてくれた。ウェールズ行きのフェリーをつかまえるために帰路につく前に、デヴラは私をレイチェルと孫娘とのランチに招待してくれた。自分がスープを準備している間にあなたは町外れの丘を自転車で登って景色を見てきたらいい、と彼女は勧めてくれた。なるほど、たしかにとても見晴らしが良く、緩やかに起伏するウォーターフォードの丘陵地帯とブラックウォーター川を一望できた。何十年も前にあなたがインドへの自転車旅を決意した丘はもしかしたらあそこだったんですか、彼女にそう訊ねることを、残念ながら私はうっかり忘れてしまった。

9／世界を回れ

自転車世界一周旅行に旅立つ前の
アニー・“ロンドンデリー”・コプチョフスキー、1894年
Reproduced with kind permission from Peter Zheutlin

時間との闘い

二〇一二年十二月二十二日、群衆がナポリの通り沿いに立って見物する中を、警護車の行列は都市を抜けプレビシト広場へと進んでいった。だが人々が見に来たのはハーレーに乗り隊列を組む男たちではなく、目当てはその後に続き自転車を漕ぐ女性の姿だった――疲労困憊しつつも高揚したこのサイクリストは、女性で初めて自転車世界一周旅行のギネス世界記録を樹立することになるゴールラインに達しつつあった。デヴラ・マーフィーの旅とは異なり、この旅は最終到着地に達すること、しかもそれを苛酷な時間枠内でやり遂げるのが何より重要だった。歴史的瞬間を捉えるべく、世界中のマスコミが待ち構えていた。

このサイクリスト、ジュリアナ・バーリングが百五十二日前に地元の街から記録破りの旅に出発した際に彼女の挑戦を真剣に受け止めた者は少なかった。彼女はトレーナーからこれだけ大胆な目標を達成するつもりなら少なくともあともう一年は走る必要がある、と言われた。男性は何十年にもわたり記録を破ってきたものの彼女の取り組みに協賛しようというスポンサーは現れなかった。彼らは女性にそんなことが可能だろうかと躊躇したのかもしれないが、おそらくそれ以上に、サイクリングを始めてたった八ヶ月のこの三十一歳の女性には無理ではないかと疑問視したのだろう。友人たちからの応援を除くとジュリアナはひとりきりでナポリを出発し、西へ向かいリスボンを目指し続いてアメリカへ、五ヶ月以上の路上生活に乗り出した。

ジュリアナは自転車世界一周公式記録を打ち立てた世界初の女性かもしれないが、同じことに挑戦した女性は過去にもいた。百十八年近く前の一八九四年六月、二十四歳のとある女性が女性参政権主義者、婦人キリスト教禁酒組合会員を含む見送りの群衆から手を振られつつ、旅の第一区間に当たるボストン発ニューヨーク行きの道にペダルを漕ぎ出した。ジュリアナと同じように彼女もダークホースだった。ラトヴィア生まれのユダヤ人移民、アニー・コプチョフスキーは出発の数日前まで自転車に乗ったことすらなかった。

それまでアニーは地元新聞の広告欄営業として働き、夫のマックスと全員五歳以下の三人の子供たちと共にボストンの賃貸共同住宅で暮らしていた。彼女を記録破りのサイクリストと思う者はいなかったかもしれないが、アニーはマスコミに対し、「女性は十五ヶ月間以内に自転車で世界一周できるか」という賭けをすることにしたボストンの裕福な商人ふたりから自分は選ばれたのだと語った。この当時、一万三千五百マイル（約二万千七百二十六キロ）を三十二ヶ月間で走破した記録の保持者はイギリス人男性のトーマス・スティーヴンスで、彼は十年前にペニー・ファージング自転車でこの旅に出た。みごと達成できたあかつきには、彼らは彼女に賞金として一万ドルを与えることになっていた——標準的な年俸が一千ドル程度だった時代に、これはとんでもない金額だ。

ヴィクトリア朝時代は発明、探険、冒険の大時代だった。また競争が盛んな時代でもあり、人々は世界初あるいは世界最速を争い、未踏の山の登攀、最高の高さまで気球で上昇する、といっためまいがするほど多彩な離れ業に挑戦していた。時間と闘いつつ地球を一周するという挑戦に人気が集まったのには、ジュール・ヴェルヌの小説『八十日間世界一周』(一八七二)がヒットしたのも作用していた。最も有名なものでは、『ニューヨーク・ワールド』紙の恐れ知らずな潜入調査記者としてネリー・ブライ名義で執筆していたエリザベス・コクランが一八八九年に蒸気機関車、船、馬、人力車等の様々な交通手段を用いて記録破りの七十二日間世界一周を達成した、というのがある。アメリカ国内の読者は日ごとに掲載される彼女の進展を綴った記事を心待ちにした。これは集団旅行の実現により過去に人々が想像していた以上に世界がもっと狭くなりアクセスしやすくなった、歴史上のある一点を記す象徴的な出来事だった。

近くの公園に女性が自転車で出かけるという発想が一般的に容認されていなかった時代に、このような旅を自転車で試みた最初の女性がアニーだった。とはいえ単独での地球一周自転車レースを企てた人間は他にもいた。ドイツ移民の息子であるアメリカ人探検家フランク・レンツはアニーがボストンからペダルを漕ぎ出した時点で既に二年間ロードを走っていた。彼は旅に関するレポートを定期的に執筆し、その文章は『アウティング』誌に連載された。アニーが出発する前の月に、彼はイランのタブリーズに到着していた。そして以後消息を絶った——トルコで首領のひとりを侮辱したためにクルド人山賊によって殺害されていたことが一年後に判明した。

アニーによれば賞金を獲得するためには十五ヶ月でボストンに戻る必要があった。またこの賭けの決まりで彼女は旅の間に五千ドル稼がなくてはならず、自力で働いて得た報酬以外、寄付等は一セントも受け取ってはならないことになっているとも語った——この課題に関しては、彼女は自転車に乗る以前から既に取り組んでいた。広告のパワーと価値とを熟知していた彼女は、新聞の広告欄を売ったのと同じように自転車と彼女自身の広告スペースを営業し始めた。最初の広告主はロンドンデリー・リチア・スプリングウォーター社だった。アニーは自転車に同社のプラカードを取り付け、アニー・〝ロンドンデリー〟に改名することを承諾した。彼女個人のアイデンティティにすら値段が付いていたようで、この名義変更の広告料は百ドルだった。旅の間に彼女は同様の契約を次々と結び、彼女の自転車は各種商品やサーヴィスを宣伝する吹き流しや看板で重たくなった。アニーは世界的な評判を呼び行く先々の国で注目を浴び、メディアに取り上げられ続けるよう大いに努力した。彼女はパブリシティの仕組みとその獲得の仕方を心得ていたし、それにはちょっとした、そして時に大げさな誇張やねつ造が伴った。

アニーは自己プロモーションに素晴らしい知性、勇気、天賦の才能を発揮したとはいえ、それでもボストンの共同住宅で子供の世話をしながらやりくりに必死だった状態から、家を一年以上空けて世界一周に挑む初の女性サイクリストとして世界的な現象になるというのは――まるでジュール・ヴェルヌの物語のようなシナリオだ。それだけに、一九九〇年代末に著述家ピーター・ジュートリンが曽祖伯母に当たる女性のストーリーをリサーチし伝記を書こうと思い立つまで、彼女の話が完全に忘れ去られていたのはなおさら理解しがたい。ピーター自身、そして彼の肉親も、このかつて有名人だった先祖のことをまったく知らなかった。とある研究家がアニーの旅に関する新聞記事の記録にたまたま行き当たり、更なる情報を求めて親族であるピーターに連絡を取ってきたのがきっかけとなり彼は彼女の足跡をたどりその並外れた物語を掘り起こすチャンスに飛びついた。彼が発見したのは「大胆で前代未聞」な「度胸、自己プロモーション、それからスポーツの技能も加わっての離れ業」の旅物語だった。【註1】

社会が求めることを無視し、成功をつかむための図太さと意思の固さを発揮したワイルドな草分け的女性のひとりだったアニーのことを「『新しい女』の具現者」と評しつつ、その物語には不正確な記述がかなりあると彼は信じている。まず肝心の賭けそのもので、彼の考えではこれはそもそも実在しなかった——ふたりの大金持ちがなぜ彼女に白羽の矢を立てたかの謎も、これで解けるかもしれない。道楽で賭けに興じる商人など存在せず、アニー自身がこしらえた大げさで突拍子もない作りごとだっただろう、と。インタヴューの多くでのこの賭けのルールに関する彼女の発言に食い違いがあるのも、この疑惑を裏付けている感がある。しかし私からすれば、これは彼女のやってのけたことを更に素晴らしいものにしている。ふたりの金持ち男性が彼女をスターにしたのではなく、彼女は世界から注目を浴びるための戦略の一部として彼らを創作したのだから。この戦略は当たった。

実際の賭けがなかったおかげでアニーには十五ヶ月の旅に関する様々な規則を柔軟に曲げることができた。厳守しなくてはならなかったのは唯一、所定の時間内に旅をやり遂げることだけだったらしい——現在のギネス世界記録が定める細かい認定条件とは大違いだ。ジュリアナ・バーリングが二〇一二年に同組織に対し女性初の記録に挑む意向を書面で伝えたところ、遵守しなくてはならない規則のリストが送られてきた。第一条件は二万四千九百マイル(約四万七十二キロ/赤道距離に比例)以上旅することで、うち一万八千マイル(約二万八千九百六十八キロ)を自転車で走る必要があった。ルートは東から西へ、あるいは西から東へ一貫した方向に進まなくてはならず、対蹠点(たいせきてん）をふたつ越え、かつ自転車にＧＰＳトラッカーを装備し現在地を常に把握できるようにする必要があった。その上、一九三八年にビリー・フレミングが一年間での最長自転車走記録を立てた時と同じように、ジュリアナも更なる証拠として通過した各地の人々からサインをもらわなければならなかった。

ジュリアナが出発する数週間前、ギネス側は規則が変更になり、自転車以外の手段で移動している間も時計のカウントは進むことになったと通達してきた。たとえば飛行機のフライト時間も総合時間に加算されることになったため、彼女は可能な限り再短時間で空港を通過し再び自転車に乗らなくてはならなくなった。ギネスはまた、タイム・リミットを男性および女性の双方に百五十日間と定めた。何度も挑戦してきたにも関わらず男性すらまだこの時間内に記録を達成していなかったことを考えれば、おかしなほど容赦ない決定だ。この時間枠にしたがえばジュリアナは一日およそ百二十五マイル（約二百キロ）——トレーニング期間に彼女が走った以上の距離——を走る計算になり、しかも休息日もないことになる。この日数決定の根拠は何かと彼女が問い合わせたところ、ギネス側もきちんと説明ができないようだった。とはいえ出発の五日前に彼らから再び連絡があり、女性の最大日数を百七十五日間に変更したとの旨を伝えてきた。それでも、ジュリアナは男性記録に挑むことにした。

この時点でジュリアナは快適なツーリング用バイクの代わりにカーボン製で重量七キロ以下の速いロードレーサーに切り替えることに決めており、その自転車はギリシャの英雄ベレロポンが怪物キメラ退治の際に乗ったとされる神話上の翼を持つ馬にちなみペガサスと命名された。彼女は荷物を替えのサイクリング着やいくつかの必需品のみの最低限にまで減らした。

アニーはそこまで軽々と自由に旅するわけにはいかなかった。彼女の乗ったコロンビア婦人用自転車、おそらくボストンのポープ社から販促用に贈与されたものだったはずだが、これは二十キロもの重量があった。ドロップ・フレーム型のデザインであり、おかげでロング・スカートにコルセットという普段の装いで乗れたとはいえ、自転車と服装を合わせた総重量のせいでサドルにまたがり漕ぎ続ける長い一日は一層きついものになった。グリップに真珠貝をあしらったリボルバー式拳銃以外は彼女の旅支度は身軽で、着替えの衣類を詰めたトランクを旅先に前もって送っていた。最初の目的地はニューヨーク・シティで、時計の針が進むのも気にしない様子で彼女はこの地にまるまる一ヶ月滞在し、自らの取り組みをもっと広く知ってもらうために数々の取材に応じた。

三ヶ月で千マイル（約千六百キロ）消化し、一八九四年九月末に彼女はシカゴに到着した。ウィンド・シティ（※シカゴのあだ名）に乗り入れた時点で、アニーはこの旅の計画にやる気満々というわけではなかった。先に待つ旅路の巨大さ、そして重い自転車を漕いで過ごす日々から来る消耗により、彼女はこの挑戦を放棄すると発表した。その代わり自転車でニューヨークに戻る最短新記録に挑むことになった。しかしその案も、別の会社、スターリング・バイシクル社が彼女の野心的な計画の復興のため救いの手を差し伸べたことでまた変わった。同社は彼女に対し、ブランド販促活動と引き換えにコロンビアの半分の重量の男性用自転車を進呈すると提案した。ジュリアナがツーリング用からロードレーサーにアップグレードしたのと同様にこの変更のおかげで走りはもう少し速く、楽になった。また彼女はスカートとコルセットを棄て、ブルマーを選ぶことにした。この服装がすっかり気に入った彼女は、マスコミに対して合理服の利点をあげ誉め讃えるほどだった。

しかしアニーはそれ以上に厄介な問題にぶつかった。西に向かう自分の立てた旅程に欠陥があることに彼女は気づいた。冬の雪が到来する前までに山岳地を越えサン・フランシスコに達するのはまず無理そうだった。唯一の選択肢は進路を東に変えニューヨークまでの千マイルを逆戻りしてそこからヨーロッパ行きの船に乗るルートで、まず米西海岸を目指し続いてアジアに向かう計画を断念することになった。スターリング自転車を手に入れたおかげで帰路の旅はそれまでほど辛くないだろう、というのがせめてもの救いだった。

どのサイクリストにとっても天候は手強い敵になり得る。タイトなスケジュールで旅している場合、周到に立てた計画もそのおかげで台無しになりかねない。アニーに関して言えば、敵は予想外の天候ではなくお粗末なプランニングだった。世界一周サイクリング旅行で記録を達成しようとする者の大半が東回りを選択するのは、その方が風向きで有利とされるからだ。夏の最中にヨーロッパから出発したジュリアナは東に向かうとアジアでモンスーン期にぶつかるとの計算に基づき、向かい風と闘う方を選択し西へペダルを漕いでいった。南イタリアからフランスに入り、四十度の熱波と山火事被害に痛めつけられたスペインを抜け、アメリカ行きのフライトに乗るためリスボンに向かった。アメリカ入りし、ホーム・タウンのボストンから出発した彼女はかねがね警告されてきた向かい風の威力を実感すると共に、雨、丘陵地帯、度重なるパンクに遭遇した。

アメリカ横断中に、彼女は人々から方向が間違っていると言われた——今更進路変更は問題外なだけに、これは役に立たない助言だった。絶えず向かい風を相手に走り続けることを、彼女は「士気は下がり、エネルギーは奪われ、悲鳴をあげ、むせび泣き、フラストレーションでハンドルをガンガン叩きたい気分にさせられる」と形容している。【註2】自転車で世界一周したことのない筆者にも、この気持ちはよく分かる。私は一度フランスで最も強風な地域で暮らしたことがあり、日によってはそこでのサイクリングは強度設定を「高」にしたスピンバイクを漕いでいる気分だった。とはいえいったん追い風に乗ると、空を飛ぶ心地になれたのだが。ジュリアナが平坦な米中西部に達した頃までに風の強さは耐えがたいものになり、彼女は仕方なくルート変更を決断し、絶え間なく吹きつける猛風を避けジグザグで進むことで走行距離は増えていった。

ここまでやったにも関わらず、彼女はやはりアジアでの雨を逃れることはできなかった。インド横断ルートのど真ん中で台風に襲われた。強風と大雨の中を漕ぎ続け、泥沼と化した道にはゴミ、そして——更に不快なことに——糞尿も混じり、彼女とペガサスは全身そのドロドロにまみれることになった。深刻に健康を害することを避けるために彼女はここでも急遽進路変更を余儀なくされた。

アニーの進路変更も厳しい天候を避ける足しにならなかった。フランスに到着したのは十二月初めだった。彼女は氷雨の中パリを発ったが、ロワールに着く頃に雨は雪に変わっていた。だが、彼女はひとりぼっちで自然と闘わずに済んだ。パリからマルセイユまでの全行程でファンのチームが併走してくれたのだ。パリで数週間過ごした際に彼女は取材を受け講演をおこない各種商品の宣伝のため自転車博覧会に参加し、全面的にハイプを煽っていった。彼女がパリを出発する頃までにスターリング自転車に乗って南を目指すアメリカ人女性の噂はフランスの津々浦々まで響いていただろうし、その旅路の一部にぜひ同行したいと思うサイクリストは多かった。マルセイユに到着した彼女を待っていたのは英雄を出迎えるごとき大歓迎だった。街路にずらっと並んだ群衆は新聞他でさんざん読んできた女性を一目見ようと必死だった。アニーは自転車に乗ったセレブだった。

当時、ブルマー姿で自転車に乗る女性に眉をしかめる人間が他国に較べて少なかったフランスでは、地球を回ろうとしているこの自転車女への人々の興味は底なしだった。アニーの気分も高揚していたかもしれないが、この時点までにかなりの試練をかいくぐってきたと彼女も心身共に感じていたことだろう。地元のサイクリング・クラブの面々をしたがえてマルセイユ入りした時、彼女は包帯を巻いた脚をハンドルに乗せた状態でペダルを片足で漕いでいた。マスコミに対してはアヴィニヨン近くで追い剥ぎに襲われた際に怪我をした、と彼女は説明した。伝記を書いた彼女の親類のピーター・ジュートリンは、これはまずありえない話だと結論づけている。怪我はおそらくリヨン近郊でのもっとありきたりな事故の結果だったろう、というのが彼の推測だ。

アニーは存分に注目を浴びていた。その気分はきっと、無名のまま暮らしていたボストンでの日々とは大違いだったことだろう。新たな名前を得たことで新たなペルソナを作り出した彼女にとって、編み上げる物語の数々もそのペルソナの一部だった。この絵空事は金銭面でも実入りが良かった。セレブとしての地位を活用して彼女はサイン入りの自分の肖像写真を売り、香水からタイヤに至る様々な商品を宣伝し、広告に登場し、自転車に更にバナーを付け足していくことができた。旅の経験談を披露して欲しいとギャラを払う人々もおり、そうした講演の場では公衆の関心を引きつけるために彼女の談話は奔放になりがちだった。

アニーの挑戦とは異なり、ジュリアナは世界一周の間に五千ドル稼ぐ必要はなかった。彼女も経費の一部をまかなうために出発前に協賛ブランドを探したものの、出資者は現れなかった。旅を始めていくらか距離を稼ぎ、彼女の真剣さが伝われば必要な資金援助を申し出る者が出て来るかもしれないと彼女は願っていたが、そうはならなかった。ニュージーランドを通過した時点で資金は底をつきつつあった。これはこの旅の他の面でもどん底なタイミングだった。GPSが機能不全で予定ルートから大きく外れたために、走る必要のない山岳地帯を寒さ、雨、強風に晒されながら越える羽目になった。

ギブアップ寸前までいき、家に帰ろうかと考えていた彼女に、インターネットが助け舟を出した。かつてボストンから出発したアニーの旅路を人々がマスコミの書き記事や取材談話を通じて追っていたように、二〇一二年にはジュリアナのオンラインGPSトラッカーや彼女がフェイスブック経由でアップしたメッセージやビデオ映像をフォローする人々の数は増える一方だった。彼女がこの挑戦を諦めるかもしれないとの報に触れた時、そうした人々の多くはジュリアナが旅を続けられるようお金を寄付し、彼女の旅をクラウドファンディングで支えた。他にも、その多くが女性だった協力者も道々に現れ、旅の途中で彼女に合流し食事や飲み物をおごってくれた。友人、あるいは友人の友人が一晩の宿を提供し、彼女がロードを進み続けていけるようできる限りのことをしてくれた。アニーとは違い、ジュリアナには自らの体験談にフィクションを織り交ぜる必要はなかった。エピソードを頭でこしらえなくてもいいくらい、彼女の旅はドラマでいっぱいだった。

ジュリアナの自転車にはGPSトラッカーが装備されており、ということはたどったルートやどこまで自転車で走ったかを偽るのは不可能だったことになる。対してアニーが使ったのは走行距離を刻む車輪回転記録器のみだった。ボストンに帰還した際に、彼女は九千マイル（約一万四千四百八十四キロ）以上を自転車で走ったと主張した。もちろん彼女はボストンに戻るまでに相当な距離を移動しただろうし、一月二十日にマルセイユを出発し日本に到着するまでに七週間もかかっている。彼女いわく、この旅の間に北アフリカと中東を通過し、ヒマラヤ山脈を越え中国に達したという。記者、あるいは講演会に集まった大聴衆相手に彼女が語った冒険談の中には、日清戦争の前線に到着し牢屋に入れられた、ベンガルで虎狩りをした、シベリアでロシアの捕虜収容所を目撃した、東への旅の中で肩に銃弾を食らったといった逸話が含まれる。

数々の報道記事を検証した上で、ピーター・ジュートリンは彼女のフランスから日本への旅の話のほとんどは純粋なでっちあげだろうと結論づけている。あれだけの距離をすべてスターリング自転車でこなすのは不可能だったろうし、彼女が体験したと述べたピンチの局面や冒険の数々が果たしてあんなに短い期間の中ですべて起き得たかという点は言わずもがなだ。道理で彼女の談話に矛盾が多く、取材した記者それぞれが異なるヴァージョンの話を聞かされることになったわけだ。

マルセイユで乗った蒸気船が、一八九五年三月に横浜に到着し彼女が下船したのと同じ船だったことは間違いない。ということは道中のトンデモ冒険談は嘘だったことになるが、それでも「賭け」の条件が無効になったわけではなかった。この賭けの条件を説明する際に、彼女が自転車で走らなければならないと規定された距離に関してアニーは一貫してノーコメントだった。フランスでは、彼女が他のサイクリストたちと共に何百マイルも自転車で走ったことは彼らが証人でもあり議論の余地がないとはいえ、彼女は何度か列車も用いた。蒸気船に乗っていた際に、寄港地で一時下船し港の周辺をサイクリングした可能性はある。しかし船がサン・フランシスコに到着し世界一周旅行の最後の区間に乗り出す頃までには、面白可笑しいものの矛盾だらけな彼女の物語の数々は遂にぼろを出し始めた。マスコミももはや彼女の言い分を何もかも鵜呑みにするつもりはなかった。

ボストンへの帰路の間に、シニカルさを募らせていった報道は彼女の冒険談に次々と疑問を投げかけた。彼女は困難かつ遠回りなルートを取り、カリフォルニア沿岸を南下、続いて東に進路を取りアリゾナとニュー・メキシコ、そこから再び北上しシカゴへ、不毛な砂漠や山岳地帯を渡りつつ進んでいった。この驚くべき、肝の据わった女性の話を聞こうと、多くの人々が有料講演会に集まった。エル・パソでは誰もが彼女のとてつもない話に大喜びで耳を傾けたが、メディアは彼女は列車で到着し再び列車で去った、と報じた。

何回か列車を使ったのは間違いないとはいえ、彼女は少なくとも旅路の一部は自転車で走ったし、その証拠に事故で手首を骨折してもいる——衝突したのは豚の群れ、あるいは農夫、と談話によって差はあるとはいえ。出発からきっちり十五ヶ月後にボストンに帰還した時、彼女の腕はギプスに包まれていた。手足の骨折はともかく、この若い母親は自転車に乗り——時に自転車と共に、ということもあったが——世界を回った最初の女性になり、その過程で自らをスターに仕立て上げた。賭けが実在したか否かはさておき、アニーは勝ち誇っていた。彼女の旅は女性は妻そして母としてだけ定義される必要がないことを示してみせた。

名前を変えた時に、彼女が自分自身のために新たなアイデンティティを作り出したのは注目に値する。アニー・ロンドンデリーとしての彼女は結婚歴も家に残してきた子供についても一切触れなかったし、これは家族と家庭をこんなに長い間ほったらかしにするとは何ごとか、という非難の声を避けるには賢い戦術だった。自転車に乗り世界を回る旅に出発していたのが彼女の夫のマックスだったとしたら、彼が父親としての義務をおざなりにしたと批判されることはまずなかっただろうと私は思う。男性には冒険を求めて出て行ってしまう権利があるのだ。この二重規範は、今日まで続いている。

アニーがこの旅に出た動機が何だったのか、そして家族からあれだけ引き離されたことを彼女がどう感じていたのか、私たちは推測するほかない。しかし一九世紀末のアメリカにおいて、行動の自由から家族計画に至るまで、あらゆる領域で女性の選択が限られていたことに疑問の余地はないだろう。アニーは、ボストンに暮らすユダヤ人労働者階級の三人の子供の母親の持つ見込みをはるかに上回る、彼女自身の独立した冒険を味わうことを積極的に選択した。その冒険の手段として、彼女がヴィクトリア朝時代の厳格なジェンダー規範を大いに混乱させ、女性の自由をもっと広げることを求めた全般的な動向のシンボルであった自転車を選んだのは重要だ。彼女の物語がこれほど長く忘れ去られていたことはとにかく残念だとしか言いようがない。

アニーの旅が歴史本から消え去ってさえいなければ、おそらく二〇一二年よりも前に女性による世界一周自転車旅行の公式記録樹立に誰かが挑んでいたことだろう。

それまでスポーツにまったく興味を示したことのなかったジュリアナは「こんなに大それた企てに挑む資格は自分にはない」と認めている。【註3】「意思の力と何が何でもやり遂げてみせるという決意」、そして「どんなことも可能」であることを証明したいという欲求が彼女を走らせ続けた。このように達成はまず不可能そうな挑戦へと彼女を駆り立てた、そもそものきっかけは死別を経験したからだったとはいえ、この旅を経ることで彼女も変わらされた。二十三歳の時に脱走するまで抑圧的な新興宗教団体の中で育った彼女は、長らく両親から引き離された状態で困難な子供時代と思春期を味わった。そのような経験は、長時間サドルに乗り漕ぎ続ける辛さを広い視点から受け止めることを可能にしたはずだ。八歳の頃の自分は、いつかこのようなチャレンジに挑むことはおろか、実際に成功するなどとは思いもしなかっただろう、と彼女は考えている。

子供時代のトラウマがジュリアナを強くしたおかげで、彼女には心身双方の高いレヴェルの苦痛に耐えることが可能だったし、かつ旅路で直面する最悪な状況により上手に対応する構えもできていた。長く孤独なひとり旅の間で起きた厳しい状況に打ち負かされかねなかった数々の場面で、彼女の特徴である独立心、自力本願と順応性とは顕著に力を発揮した。

世界最高の女性持久力スポーツ選手のひとりであるのはほぼ間違いない彼女は、自身の成功の秘訣は力の強さよりもむしろ頑固さにあるとしている。トランスコンチネンタル・レースはベルギーから出発しイスタンブールでフィニッシュする、サポートなしでヨーロッパを横断する単独超長距離走の最もタフなものだが、このレースの二〇一三年第一回に女性で参加したのは彼女だけで、総合九位の成績を残した。また彼女の素晴らしい功績には四千二百マイル（約六千七百五十九キロ）を走るアメリカ横断トランザム・レース出場もあり、女性部門で優勝し総合第四位となった。他の人間であれば降参し尻尾を巻いて逃げ帰るところでも、彼女は脱落を拒んだ。自転車に乗っていると「別の存在になり、自分のアイデンティティに性別――女性であるということ――の感覚すらとにかく忘れてしまい、私はひたすら一匹の動物と化しいっさんに突き進んでいく。まるでゴールを嗅ぎつけた馬のように」と彼女は述べる。【註4】際立った功績を達成してきたにも関わらず、彼女は自らをまったく普通の人間と看做しており、多くの人間がまだ発見していない可能性を秘めていると信じている。

ソロのサイクリストが時間、天候、環境その他に由来するその他数多くの障害相手に孤軍奮闘する様には、どこかしら確実に叙事詩的なところがある。この逆境を乗り越えたもうひとりのヒーローにジェニー・グレアムがいて、彼女は二〇一八年に三十八歳で女性の自転車世界一周最速記録を樹立した。彼女はこの旅に挑んだ三人目の女性で、その前には二〇一四年に百四十四日間の記録を生んだイタリア人パオラ・ジアノッティがおり、彼女は道路事故で脊椎の一部にひびが入り四ヶ月間時計をストップさせざるを得なかったもののギネス側に記録を認められた。ジェニーは一万八千四百二十八マイル（約二万九千六百五十六キロ）を百二十四日で走破してみせた。ベルリンから東へ向かった彼女は、二〇一七年にマーク・ボーモントが自身の二〇〇八年の前記録＝百九十四日を打ち破り、七十九日の男性新記録を打ち出した際に用いたのに近いルートをとった。これは明らかに良いルートだった。

ジェニーが世界記録保持者になってから五ヶ月後、私は彼女と北ロンドンのカフェで会った。ジュリアナと同じように、彼女も私たちには自分が思っている以上にはるかに大きなことを達成できると信じており、彼女自身の世界新記録を立てた旅がその格好の例だ、と言う。十八歳の時に初めて母親になった時点では、彼女にとってマーク・ボーモントのようなアスリートの業績は完全に夢のまた夢でしかなかった。

学校時代にはスポーツが好きではなく、できるだけレッスンをサボっていた、と彼女は認める。しかし息子が大きくなるにつれ、彼女は地元インヴァネス周辺の丘陵地帯でのマウンテンバイク走にハマり始めた。このこと自体が特筆に値する。子供の親——あるいは誰かの世話をする責任のある人間——にとって、自由時間はわずかしか許されない贅沢だ。そして私たちの社会において、誰かの世話をする役目は女性の肩にかかりがちだ。リサーチの結果は、女親は自由時間を自分自身のための活動、たとえば運動に割く割合が少ないことを示している。彼女たちはそれをやると罪悪感と自分にかまけている、との念を抱くと回答している。私のサイクリング・クラブには小さな子供がいながらも日曜の朝に出かけることのできる男性はたくさん所属しているが、それに対して小さな子供を抱えた母親メンバーがほとんどクラブ・ランに参加しないのも、これで説明がつくかもしれない。ジェニーは、彼女には時間がなかったおかげで、逆になんとか折に触れて手に入れた貴重な自由時間をもっと有効活用することに専念する気が起きたと考えている。息子が放課後の部活に通い始めるようになり、彼女はそのチャンスをつかみバイクに飛び乗って出かけたものだった。息子がもっと大きくなり自由時間が増えるにしたがい、彼女は更に長い距離をサイクリングしタフな挑戦にどんどん挑み競争に参加していった。

ジェニーは最初から冒険家を自認してスタートしたわけではない。彼女はひとつずつ段階を踏みながら、自分にどこまで行けるか知るために徐々に限界を広げつつ冒険家になっていった。ジュリアナが初挑戦するまでに、男たちは既に数十年にわたり世界一周自転車旅行最短記録を打ち立ててきた。同じことをやろうとする女性が存在しなかった事実は、自分にもやれるという信念が女たちに欠如していたことを示唆する——女性がそうしたことをやるのは肉体的に無理である、と長きにわたって言い聞かされてきた遺産だ。

出発が目前に迫りつつあった時点でさえ、ジェニーは「本物ではないいかさま師」のように感じていた。彼女は筆者に対し「自己疑念の数々をくぐり抜けスタートラインに立つまで、それがあのすべての中で最もきつかった」と語り、とりわけ非常に多くの人間から注目を浴びつつ「壮大にコケる」恐れと葛藤したという。

当人は自らを疑っていたかもしれないが、ジェニーにはきっとやれると信じてくれた強力な支援ネットワークの味方がついており、その中には女性持久力自転車走者の地球規模団体であるジ・アドヴェンチャー・シンジケートのメンバーもいた。メンバーの直接体験談とグループ・ライド企画を通じ、同シンジケートは女性と女の子に何ができるかの筋書きを変え、女たちが自分自身のサイクリングの冒険に乗り出すのをインスパイアすることを目指している。持久走サイクリストにあこがれていたジェニーは、この時期までに成年に達していた息子から借金をし、彼女たちの組織するキャンプのひとつに参加した。その甲斐はあった——同キャンプのコーチが、一年間無料で彼女を訓練しようと提案してくれたのだ。彼女はこれを「人生を変えられた」機会だったと認めるが、ジェニーが自らの次なる挑戦に標的を定めたのは、その数ヶ月後にジュリアナの世界一周の旅について読んだ時のことだった。

スポンサーを確保し、ベルリンから出発し東に向かい、ポーランド、ラトヴィア、リトアニア、ロシア、モンゴル、そして北京に至り、続いてオーストラリア行きのフライトに乗るルートを計画したジェニーは、目的意識に満ちた状態でスタートラインに立った。彼女は自らに「私はここにいるために生まれた、私はこのためにこれまで生きてきた、今、この場で、私がやるべきことはこれだけ」と言い聞かせることで疑念を追い払った。日々百八十マイル（約二百九十キロ）近くを消化するために一日平均十六時間をサイクリングに費やす、そんな時間相手の競争に乗り出そうとしていた彼女は、日常生活ではなかなかやりにくい形で「その瞬間」を生きることになった。ジュリアナも、彼女のライドを「一種の瞑想。完全な静止状態」と形容している。【註5】これは、このような性質の旅ですら次に食事を摂れるのはいつか、どこで眠れるか、そしてゴールにはいつ達するのだろうとの思いではなく、ここ／今に浸るのは可能であることを告げている。

デヴラ・マーフィーののんびりした旅とは異なり、ジェニーには気が向いたらその土地で自転車を止めしばし滞在する贅沢はなかった。にも関わらず、彼女は道中で「人々との素敵な交流の数々」を体験したし、おそらく二度と彼らと会うことはないだろうと分かっているだけに、それは一層意義深いものと感じられた。旅の途中で困難は降りかかったが、それらを一過性のものと捉えることで、彼女が感じていた全般的な満足感の邪魔にならないようにした。

実際に対面してみるとジェニーはエネルギーと前向きさとにあふれた人で、その面は彼女がタフな状況――睡眠不足と疲労、凍るような寒さ、ロシアを通過した際に長距離トラックに轢かれないよう夜間走行を強いられた時等――を乗り越える際に大いに役立ったに違いない。彼女の話を聞いていると、道路の下を走る排水溝で眠ることすら整備の整ったホテルで過ごす一夜と同じくらい快適そうに思える。彼女の言葉に耳を傾けながら、私は果たして自分がこんな難関にぶつかっていたら屈せずにいられたか、それとも負けを認めていただろうかと思わずにいられなかった。

孤独な時間をやり過ごすために、彼女は友人たちの作ってくれたプレイリストに合わせて歌った。オーディオブックを聞いて過ごすこともあり、その中にはアプスリー・チェリー＝ガラードの書いた『世界最悪の旅』も含まれていた。一九一〇―一九一三年におこなわれたテラノヴァ南極遠征、指揮官ロバート・ファルコン・スコットと隊員数名が南極からの帰路で凍死する悲劇に終わった探険の記録で手に汗握る内容のこの本は、ジェニーが走りながら睡魔に襲われるのを防ぐと共に彼女自身の試練を広い視点から見ることを可能にしてくれた。スコット隊から女性が除外された理由の一部には、女性はこのような試練に挑む能力に欠けると看做されていた点もあった――これは誤った推測で、それ以降、女性の方が苛酷な極地環境に耐えやすいことは証明されてきた。一九三七年には別の南極探検に参加したいと千人以上の女性が申し込んだが、ひとりも受け入れられなかった。数十年にわたり、アメリカ合衆国は女性がこの地帯に行くことを禁止してきた。このもっぱら西側の白人男性に独占されてきた領域に女性――科学者、そして探検家として――が受け入れられるようになったのは最近のことだった。

南極やそれ以外の各方面に女性が進出している一方で、耐久力チャレンジに挑む率はいまだ低いままで、とりわけ単独レースへの参加者は少ない。本書がこれまでも検証してきたように、これにはそうした女性像の欠如も部分的に貢献している。ジェニーやジュリアナのような人々が女性にもこうした功績を成し遂げるのは可能だと示してくれることで、この状況が変化するのを祈りたい。しかし女性の参加を阻む、また別の要素も存在する。最近のギャラップ調査で、性的な攻撃を受ける不安を抱くアメリカ人は男性がわずか五パーセントであるのに対し、女性は三十四パーセントであることが判明した。[註6] 彼女たちの多くは暗くなってから自宅の近所を出歩くのを恐れているし、自転車で世界を回るなどもってのほかだ。ヴィクトリア朝時代の衣類が当時の女性を拘束し動けなくさせていたように、性的暴力やハラスメントの潜在的な可能性あるいはリアルな脅威は、多くの女性が自由に動き回るのに歯止めをかけている。

単独女性旅行者として無防備さを感じたことはなかったとジェニーは私に語ってくれたが、それでも彼女は女性サイクリストとしてどんな対応を受けるかに備え、旅の間に訪れる各国の女性の権利についてのリサーチはおこなった。彼女は時に予防措置をとり、危険な場面をかわすために自らの振る舞いを現地の習慣に合わせ、夜道を自転車でひとり旅する女性がいる事実を気づかれないようロシアでは長距離トラック運転手の集まるドライヴインを回避した。目的達成のために彼女のとった方策は自らを「透明人間にし、ゆえに男性でも女性でもなく、他人を脅かすこともない、ただのシルエット、人目を引かずに通過していくだけの存在になる」ことだった。マーク・ボーモントが世界一周ライドをおこなった際に、目立たない存在でい続けようと苦心したことはなかったんじゃないだろうか。

彼女からすれば「穏当ではない」と思えた、いくつかの出来事を彼女は述べてくれた――トラック運転者たちが跡をつける、あるいは先回りして待ち構え、彼らを振り切るためにペダルを漕ぎ続けなければならなかったことは何度かあった。それでも、彼女がこれは自分の手に余ると感じることはなかったし、見ず知らずの人々とのポジティヴな交流体験の方が不愉快な場面に勝った。彼女にとっての最大の懸念は、道を譲り彼女を通過させるだけの道幅がない際にくだんのふざけたトラック運転手たちに轢かれないようにすることで、そもそも彼女が夜間走行に切り替えた理由がそれだった。

二〇一八年にトムソン・ロイターが識者を対象におこなった調査によれば、性的暴力と奴隷労働にまつわる事件の多さゆえに、女性にとって最も危険な国としてインドが選ばれている。統計の数値は悲惨なもので、推定では毎時間レイプ事件が四回起きていることになる。犯人が有罪を宣告されることはめったになく、犯罪を通報しようとする女性にはいくつものバリアが待ち構えており、たとえ通報できても真剣に受け止めてもらうのは至難の業だ。ジュリアナが単独女性サイクリストとして最も気詰まりに感じたのもインドだった。あまりにリスクが高かったために日が落ちてからのサイクリングは放棄せざるを得なかった。深刻な胃の不調と気分の悪さ、危なっかしい道路と危険な交通量に対応していた上に、彼女はしばしば「サーカスの見世物小屋の見物客」並みの群衆を寄せ集めた。【註7】そんな体験として彼女は、とりわけ東部沿岸地域で「黙ったまま凝視する男性の群れ」に囲まれたものだったかを記述している。ある時は警察が出動し、警棒で群衆を追い払わなくてはならないくらいだった。また、スクーターに乗った男性たちに何マイルも跡をつけ回されたこともあり、これには彼女も当然のごとく身の危険を感じた。そこで彼女は大声で攻撃的にわめき、彼らを追い散らすために拳をブンブン振るテクニック――「ひとりきりの女性に備わる武器庫の中でも、非常に効果の高い武器」――を育てていった。

先述したトムソン・ロイター調べの女性に最も危険な国トップ・テンの大半を占めるのは途上国とはいえ、西側諸国では性的暴力の問題はさほど大きくないと考えるのは間違いだ。同調査の中で、女性に最も危険な国としてアメリカ合衆国はシリアと同点三位につけている。ワシントンを拠点とする団体ナショナル・ネットワーク・トゥ・エンド・ドメスティック・ヴァイオレンス（家庭内暴力を終わらせるための全国ネットワーク）の運営部長シンディ・サウスワースは「女性に収入がちゃんとあれば彼女たちは女性嫌悪から守られるだろう、と人々は考えたがるが、残念ながら現実はそうではない」とのコメントを残した。【註8】

世界で最もレイプがよく起きる国のひとつにスウェーデンがあがっているのはショックかもしれない。この数字には偏りがあるかもしれず、それは一部の国では女性は怖過ぎる、あるいは恥の意識が強過ぎて性的な攻撃を受けたと警察に通報できない背景事情があるからで、いくら訴えても当局側が動いてくれなさそうなことを彼女たちも承知している場合はとりわけそうだ。かつ、世界的に言っても、女性は知り合いに襲われる率が高いという点もあるだろう。二〇一八年にグラスゴー大学がレイプと性的な攻撃の犠牲者を対象におこなった調査によれば、回答者の九十パーセントは犯人が誰か知っていた。【註9】

これは悲惨な出来事は起こらない、という意味ではない。ただ、見ず知らずの他人から乱暴な攻撃を受けることに対する女性の恐怖感につけこみ、彼女たちが直面するリスクを偏った形で提示する物語の数々を通じて私たちが信じ込まされているほど、そうした事件は頻繁には起きていないということだ。オーストラリアのアウトバックを旅していた間、ジュリアナは彼女が負っている危険について繰り返し警告を受けた。こうした警告で盛んに持ち出されたのが映画『ウルフクリーク／猟奇殺人谷』（二〇〇五）だった。この作品の中で、ふたりの女性バックパッカーは誘拐され、拷問を受け、殺害される。映画のマーケティングは意図的にぼやかされていて、実話に基づいた物語との印象を観る者に植え付けようとしてはいるものの、実はこれはかなり脚色されたお話であり、オーストラリアのアウトバックを単独で旅する女性旅行者に待ち構える危険の数々という神話に貢献している。ジュリアナはこの映画を観たことがなかったが、人里離れたエリアでは絶対に夜間に走らないこと、という多数のオーストラリア人女性からの助言は聞き入れることにした——私も間違いなくそうしただろう——し、それらの助言の中には住人の少ない沿岸の道路は避け、もっと交通量の多い内陸ルートを取ることを勧めるものもあった。

警告にも関わらず、彼女は道中で寛大な扱いと親切なもてなししか受けず、それはデヴラ・マーフィーのアフガニスタン旅と同様だった。女性として、私たちはひとり旅をやっているのであれ自宅にいて日常的な生活を送っているのであれ、危険な状況を避けるために自らの振る舞いを常に適応させている。ネガティヴな個人体験、そしてわざとリスクを誇張して描いた様々なストーリーが組み合わさった結果、自分自身に注目を集めないことは私たちにとって自動的、かつ根深くてなかなか捨て去れない振る舞いになっている。その意識があまりに強過ぎて、時に自分たちがそう振る舞っていることに気づかないことすらある。

ジェニーがオーストラリアで遭遇した最大の脅威は大自然だった。まず雨と凍えるほどの冬期の気温に見舞われ、続いて動物、特にカンガルーが危険だった。暗闇の中を走行していた際に彼女はこの巨大なほ乳類、時に身長六フィート（約一．八メートル）にも達する動物が道路脇にヌッと現れる場面に遭遇した。けしかけられない限り人間を襲うことはほとんどない動物とはいえ──空襲をかけてきてジュリアナを苦しめたカササギフエガラスとは違う──夜間にひとりで道を走っている時に出くわすと、やはりぞっとさせられる光景だった。

アラスカでは、ジェニーが武装していないと知って地元民は恐怖で引きつった。一年の中でも熊が冬眠に備えて食料をかき集めている時期に、彼女は未開の荒野を自転車で進み、ほとんどの晩は簡易ビバーク・テントを道ばたに張り寝袋で休むとなってはなおさらだった。あの時は疲労困憊していたせいで潜在的な脅威への恐れが頭の中でエスカレートしていった、とジェニーは思っている。熊の攻撃を撃退するための銃を携帯する代わりに、彼女は予防措置として熊除けスプレーを購入しハンドルにベルを装着し、疑い知らずな熊たちに対してサイクリストが接近していますよ、と警報を送ることにした。また、暗がりを走行中には大声で歌いながら進み、突然出くわして熊を驚かせることがないようにした。

ユーコンを通過し南下した際に、彼女はやや恐ろしい動物のリストにバイソンも加えた。闇の中で彼女が通り過ぎた大群も、オーロラや日中の景観の美しさを楽しむ妨げにはならなかった。

ジェニーは私に対し、旅の中でいちばんきつかったのはヨーロッパを横断する最終区間、彼女がやっていること途方のなさを遂に自覚した時だったと話してくれた。彼女は「すさまじく圧倒され、何もかもが一気に自分にのしかかってきた」と感じたため、道路脇で何度か軽い精神的な落ち込みを経験した。ゴールラインが近づいてくるにつれより多くの人間が関わってくることにもなり、彼女はもはや自分ではコントロールが効かない、と感じるようになった。ひとりきりで何千マイルもペダルを漕ぎ、すべての決断を自ら下してきた後では、これはカルチャー・ショックだった。なぜなら、ジェニーは自分もジュリアナがやったのと同じように旅すると心に決めていたからだった――人に頼らず、完全な自力本願というスタイルだ。世界を一周した他のサイクリストの一部、そこには男性記録保持者のマーク・ボーモントも含まれるが、彼らとは異なり彼女にはヴァンに乗って跡を追いかけ食事、寝場所、心理面でのサポート、マッサージを提供してくれる者はいなかった。フライトを予約し、国境を越える際の諸手続きをこなしてくれるロジスティックス面での支援も存在しなかった。奇妙なことに、ギネスブックは支援付き／無支援の記録樹立挑戦に関して一切区別を設けていない。

ジェニーは必要なものは何もかも自転車で自ら運搬し、完全に独立独歩で、それまで常に彼女がやってきた通りの最もエンジョイできるやり方で走っていた。スペインからフランスに向かう最後の区間の一部でアドヴェンチャー・シンジケートのリー・クレイギーが彼女に加わった時、ジェニーはライドが純粋な単独走のままであることを維持するために厳重なルールを敷いた。リーはいくつかのポイントで数時間一緒に走れただけだったが、遂に最後の日、午前三時のマクドナルドで、疲れ切っていたジェニーをハグすることで彼女はこのルールを破った。ジェニーの定めた規則によれば、いたわりの抱擁は違反だった。だがそれは心底必要としていない限りはNG、ということだった――そしてこの場面で、彼女は誰かの胸にすがる必要があった。

百二十四日間を路上で過ごした結果、彼女は自分が家とノーマルさを強く求めていたことに気づいた。しかしかつての暮らしにそのまま戻る代わりにジェニーは仕事を辞め、アドヴェンチャー・シンジケートの共同ディレクターとしてリーと一緒に働くことにした。記録に挑んでいた間に、彼女は彼女のお手本にインスピレーションを受け自らの冒険に旅立つことにした女性たちからメッセージを受け取っていた。この新たな役職があれば彼女はその仕事を続けていくことができる――スポーツが苦手な少女たち、自分にそんな能力はないしできっこないと思っていたヤング・ママたちに手を差し伸べることを。私たちが北ロンドンで会った時、彼女は女性サイクリストのグループ――もしかしたらその中からいずれジェニー自身の記録に挑む者が出てくるかもしれない――をガイドしながらスペインのシエラ・ネヴァダ山脈を一週間かけて走り、イギリスに帰国したばかりだった。カフェの外に停められた彼女の自転車は、全装備を積んで重そうだった。

今や私たちはジュリアナ、ジェニー、パオラのおかげでこのような業績を達成するのはまったく可能であることを知っているし、それはまた、距離という意味では記録保持者たちの足元に及ばないものの、大胆不敵で不屈な精神の持ち主だったアニー・コプチョフスキーのおかげでもある。女性には何ができるかという決まりごとを書き換える上で彼女たち全員がそれぞれの役割を果たしたし、そうすることにより、多くの人間が男子専用クラブだと間違って思い込んでいたかもしれない世界を開け放つのに力を添えてくれたのだ。

第四部

トラック、ロード、マウンテン
——各種レースの女王たち

QUEENS OF TRACK, ROAD AND MOUNTAIN

10／競技は人生

アメリカ人自転車レーサーの
エルザ・ヴォン・ブルーメン、1881年頃
Alamy Stock Photo/History and Art Collection

侵入者たち

時は一九四一年九月、ミシガン湖岸にあるゴルフ場のクラブハウスに集まった七十五名の男性が自らの栄えあるスポーツ人生の思い出話に花を咲かせていた。勝利の瞬間が訪れたのは前世紀末のことで、彼らはゴルフ・トーナメントの優勝者ではなく自転車レースの勝利者だった。うち何人かはハイ・ホイール式自転車で競ったことがあり、一八九〇年代に安全型自転車競走でチャンピオンになった者もいた。六日間競技に参加した者もいた――これは持久力とスタミナを試す究極の試練とされた人気の高いレース形式で、こうしたイヴェントで走者は一日最高二十時間トラックを周回し、これ以上ペダルを漕げなくなった、あるいは過労で幻覚が見え始めた時点で数時間の睡眠をとることになった。時計がストップするまでに最長距離を走った者が勝利をつかんだ。

そのために彼らはソワニエ（世話係）が供給する薬物に頼ったこともあったかもしれない。ストリキニーネ、トリメチル、ヘロイン、コカイン、モルヒネは当時すべて合法でトラックでの使用も許容されていた。時にカウボーイ対自転車のレースで馬相手に競うこともあった。騎手――かのバッファロー・ビル・コーディまで参加したことがあった――は馬が疲れたら別の馬に替えることを許されたが、サイクリストは構わず走り続けなければならなかった。何千人もの見物客が集まり賞金額も高かった。これらの男性は自転車競技が最も人気の高い観戦スポーツだった時代における全米クラスのスターであり、国際的にその名を知られた者もいた。彼らは己の肉体を限界まで押し進め、不可能とされていた記録破りを達成した。この会は彼らが身体健康面のピーク時にあり人生のすべてが自転車だった、そんな黄金時代の記憶に浸れる機会だった。このノスタルジーの宴に彼らが予期していなかったのは、セレモニーの進行を妨害し、一九世紀の自転車レース界は男子専用クラブだったとの概念を打ち砕く侵入者の登場だった。

午後の時計も刻々と進み出席者たちが代わる代わる立ち上がり古き良き時代を懐かしんでいた時、六十代の女性が手入れの行き届いた芝生を突っ切り、このパーティに直行した。彼女が自己紹介した時、男たちはなぜこの女性がここにやって来たかを理解した――彼女は一八九〇年代の最も偉大な女性自転車レーサーのひとり、ティリー・アンダーソンだった。大観衆を相手に全米各地のトラックを走っていた頃、彼女はパーティに集まっていた男性のほとんどに匹敵する――そして数人をしのぎすらした――記録を保持していた。それにも関わらずティリーがこの「一九世紀のスターたち」のイヴェントに招待されていなかったのは、女子自転車競技はこのスポーツの公式な物語の一部と看做されていなかったからだった。ティリーの功績、および彼女の同世代人女性やその後に続いた者たちの功績は欄外へと押しやられ、忘れられ、ないがしろにされてきた。

女性自転車レーサーはかつて大観客——と彼らの払う見物代他のマネー——を呼び寄せ新聞の売上に貢献したものだったが、いったん目新しさが薄れるや、自転車というスポーツとそれが提示しようとしていた圧倒的に「男のもの」というイメージにとってその価値はなくなり、用済みになった。どうやらティリーはゴルフ場に集まったかつての同輩連中にあたたかく迎えられたようだったが、それでも彼女は自分にふさわしい席につくために男たちのパーティに強引に割り込まなければならなかった。元オリンピック選手でオールラウンドなスーパースター・サイクリストのニコール・クックが二〇一七年に「男たちに運営され、男たちのためにおこなわれるスポーツ」【註1】と形容した世界の中で認められるために闘わなければならなかった、自転車レースの歴史を通じ数多く存在してきた女たちのひとりが彼女だった。

女子レースは今や国際自転車競技連合（UCI）、サイクリング・スポーツの世界的な執行機関から認められているが、私たちが男性と同等の立場を達成するにはまだやることが残っている。ティリーの活躍した時代から、女性は認知されること、同等賃金、様々な機会、そして真剣に受け取られるために闘い続けてきた。その進展は遅々としていた。女子トラック競技がオリンピック種目になったのは一九八八年のことだったが、その時点までに女たちは百年以上トラックで競ってきた。実際、男性は一八九六年からオリンピックで闘ってきたものの、女性のサイクリングは一九八四年オリンピックまでは影も形もなかった。遂に男女が同じ数のサイクリング競技で競うようになったのは二〇一二年からだった。

サイクリングには女性参加者を退けてきた長い歴史がある。オリンピック選手でツール・ド・フランス覇者のブラッドリー・ウィギンスは著書『アイコンズ（Icons）』の中で彼にとっての英雄サイクリスト二十一人について書いているが、女性はひとりも取り上げられていない。

どの男性とも同じくらい自分には自転車スポーツ界の「スター」として認知されるだけの価値があると譲らなかったティリー・アンダーソンは、その後もチャンピオンたちの年次会合に毎回出席し続け、九十歳で世を去った。

力持ち女とハイ・ホイール自転車

私の曾祖父であるサミュエル・モスは、一八九〇年代と一九〇〇年代にロンドンのハーン・ヒル・ヴェロドロームでメダルをいくつも獲得した。一八九一年に建てられたこの競技場はイギリスに現存する屋外トラックの中でも最も古く最も有名なもののひとつで、自転車ブームの終焉後も生き残った数少ない施設のひとつだ。サミュエルがこのトラックでペダルを漕いでいた時代には、ここで開催されていた伝説のグッド・フライデー・レースは一万人近い観衆を集めたものだった。同時代にイギリスで最も成功したサイクリストのひとりだったフランク・ショートランドが一八九四年にここで二十四時間レースに挑んだ時、彼の栄光の走りを一目見ようと二万人が押しかけ、その多くはバリケードを破って敷地に入り込んだ。フランクがスタジアムを立ち去る際には、群衆にもみくちゃにされないよう警察隊がボディガードとして付き添った。

これらのイヴェントの大盛況ぶりからして女性のレースも開催されたのではないか？と私は考えたが、ハーン・ヒルの歴史を綴った書籍を調べてもこの時期にレースがあったとの記述は見当たらない。女性がゆったり自転車を乗り回すことに対する抵抗が大きかった時代だけに、二〇世紀になるまで女性は競技参加を禁止されていたのかもしれない、初めのうち私もそう思っていた。しかし現実はそうではなかった。サイクリング界の権威から認知されるのに苦労したとはいえ、その点は彼女たちを引き留めなかった。実際は、サイクリングは女性が最初に参加した競技スポーツのひとつだった――それだけに、何十年にもわたり女子レースが度外視されてきた事実はなんとも苦い皮肉だ。

初の女子自転車レースが開催されたのは一八六八年十一月ボルドーのボルドゥレ公園にて、記録に残る最初の男子レースがおこなわれて数ヶ月後のことだったと大方の意見は一致している。何千もの観衆に見守られ、四人の女性がヴェロシペードに乗って競った。勝者のジュリー嬢は、レースの大半をリードしたルイーズ嬢をぎりぎりのところで追い抜いた。この催しを描いたイラストで、「ヴェロシペード女たち」はミディ丈のスカートが風にめくれた姿だ。彼女たちはストッキングを穿いた、あるいは生足だったかもしれない両脚を突き出して前輪に付いたペダルを漕いでいる。この図像はアメリカの『ハーパーズ』誌掲載時に検閲を受け、彼女らの脚を覆うゆるいブルマーを書き足すことで良俗は守られた。

明くる年にはフランスで開催されたまた別のイヴェントで、百二十人の男性の大群に混じり三人の女性が第一回長距離ロードレースで競ったと報じられた。パリからルーアンまでの七十六マイル（約百二十二キロ）のコースを完走できたのは三十三名のみ——二十九位でゴールに達したのは「ミス・アメリカ」を名乗るリヨン出身の女性だった。三十位はどうやら彼女の夫だったようだ。彼女はすぐに、ヴェロシペード熱が続いていた間にフランス各地で開催されたレースの常連選手になった。

一八八〇年代にハイ・ホイール自転車が人気を博した頃、主に北米出身のひとにぎりの女性たちがレース界にその名を刻もうと決心した。彼女たちは他の女性、男性、馬すら相手に最速を競い合った。一八八一年にエルザ・ヴォン・ブルーメン、本名キャロライン・ウィルヘルミナ・カイナー、一八五九年にカンザスでドイツ移民の両親の元に生まれた女性が「ハッティー・R」という名の馬を相手どり、ニューヨーク州ロチェスターのドライヴィング・パークで二千五百人の観衆を前にハイ・ホイールで競走した。十代の頃に結核と診断された彼女は健康回復のためウォーキングを始めることにした。自分の持久力が非常に高いことに彼女はすぐに気づき、一八七九年までには競歩のチャンピオン、「女子徒歩走者の女王」になっていた。

誰かが小さなトラックを何時間も、時に何日間も、食料摂取のために短い休憩を取るのみでぐるぐる周回する姿を眺めることの魅力は理解しがたいとはいえ、この当時、競歩は観客スポーツとして野球と同じくらい人気があった。エルザは特設屋内トラック、もしくは演芸場のステージに設置されたおがくずの撒かれたループ構造でおこなわれた百マイル（約百六十一キロ）競技に定期的に参加し、二十七時間でこの距離を完走した。一八八〇年までに彼女はもっとスピードが速く、かつ確実にもっと危険なハイ・ホイール自転車走に切り替えていた。馬との対決の後、彼女はピッツバーグのコースで千マイル（約千六百九キロ）を六日間で走破した。とある写真に、エルザはボタンで留めた革のアンクルブーツ、クラウンの高い帽子、すっきりフィットしたブルマーとジャケット、フリンジ付きの短いスカートを腰に巻いた姿で写っている。女性ハイ・ホイール走者は長いスカートで走るリスクは避けただろう。

男性相手によく競ったとはいえ、エルザにとっての女性メイン・ライヴァルはフランス系カナダ人のルイーズ・アルマンドーで、彼女も競歩経由でサイクリングの道に入った人だった。サーカスの力持ち芸人を母親にもつルイーズはシカゴのサーカスで空中ブランコ乗り、そして力持ち芸人としてキャリアをスタートさせた。彼女の母親は最盛期には四百キロを持ち上げることができたと自慢していたルイーズの経験からすれば、女性のか弱さという概念はまったくのナンセンスだった。一八八二年に、ルイーズとエルザは現存する記録の中でも最初期におこなわれた女性のみのハイ・ホイール自転車競走のひとつ、六日間開催で五マイル(八キロ)走予選も含む試合で競い合った。勝者はルイーズで、八〇年代の間はほぼハイ・ホイール競技女性チャンピオンの座を守り続けた。

エルザと同様にルイーズも男相手に競うのを躊躇しなかった。一八八三年に、シカゴの波止場近くの武器庫に軽量コンクリ・ブロックを使い設営されたにわか仕立てのトラックでおこなわれた六日間レースで、彼女は全米チャンピオンのウィリアム・M・ウッドサイドとウィリアム・J・モーガンと対戦している。二千人の観客が見守る中、三者は一日十二時間疾走し、審判員が各走者のラップ数を慎重にカウントしていった。休憩を取ると他の走者にリードを許すことになるため、三人は停車を極力避けた。初日が終了した段階では各人の成績に大きな開きはなかったが、四日目までにルイーズは男たちを追い越し始めた。残る二日の間に更にリードを広げ、彼女は七十二時間内に八百四十三マイル（約千三百五十六キロ）を走り栄光を手にし、対して男性陣はモーガンが八百二十マイル（約千三百十九キロ）、ウッドサイドに至っては七百二十三マイル（約千百六十三キロ）のお粗末さだった。彼女は記者たちに対し「最後まで走り抜くために私がどれだけ自分を叱咤激励しなくてはならなかったか、それは想像を絶することだと思う。けれども私はあのふたりの男性を負かすのだと覚悟を決めていたし、実際にやってのけました」と語った。【註2】

あまっ子に負けたことが不服だったウィリアム・ウッドサイドは、次の週にウィスコンシンで三晩にわたって開催される百二十マイル（約百九十三キロ）競走での対決を彼女に申し込んだ。モーガンも参加したが、ここでも彼女は両者を負かした。ウィリアムはしつこく、三者はミルウォーキーでの一晩三時間走る六日間レースで再び顔を合わせた。彼は今回こそ勝つだろうと自信満々で、ルイーズに三十マイル（約四十八キロ）、モーガンに十二マイル（約十九キロ）のアドバンテージを与えた。モーガンの二百八十五マイル（約四百五十八キロ）、ウッドサイドの二百七十七マイル（約四百四十五キロ）に対し、ルイーズは二百九十四マイル（約四百七十三キロ）の距離を走りまたも勝利した。驚異的な競走能力のおかげで、この年の終わりまでにルイーズは現レートに換算して十万ドル近い賞金を獲得したとされる。

ルイーズ女王は王冠に挑む者たちを八〇年代の終わりまで退け続けた。十代あるいは二十代前半の若い自転車走者の新たな一群――おそらくルイーズに感化されたのだろう――がレース界に入ってきて、全米各地の簡易コンクリ製トラックで根性試しを重ねてきたこうした面々は彼女の覇権に幕を下ろすことになった。挑んでくる者なら誰彼構わず各地のトラックで対決した、そんなロード生活から引退する前にルイーズは全米を巡業する女性ハイ・ホイール走者の旅団に加わり、彼女たちは観客で満杯のニューヨークのマジソン・スクエア・ガーデンを始めとする競技場で時に一日八時間、週六日間にわたり互いに競い合った。一八八九年九月から一八九〇年一月にかけてルイーズと仲間の女性サイクリストはイギリスをツアーし、グリムズビー、ノース・シールズ、ロング・イートン、シェフィールド、ノーザンプトンといった街で互いと対戦を繰り広げた。これらの興行には何千もの観客が集まり、彼らの多くは女子自転車レースを観るのは初めてだった。彼女たちは勤勉で、六日間の二十時間走に百マイル競走、男性挑戦者を受けて立つことまであらゆる競技をこなした。

もっと強力な新ライヴァル勢の到来により、ルイーズは再びトップに這い上がることはできなかった。そんな新世代のひとりがイギリスに居残り男性と勝負し続けたロッティー・スタンリーで、それくらい女性の自転車レーサーは目新しい存在だったことになる。ウォルヴァーハンプトン・ワンダラーズ・フットボール・クラブで彼女がおこなった試合のひとつは一万七千人の観衆を集めた。

雷女帝ティリーとマドモアゼル・リゼット

人気は傾いたとはいえ最盛期のルイーズは驚異的な自転車走者であり、ティリー・アンダーソンと同様、いかなる男性サイクリストにも負けないくらいスポーツの王者を祝福するイヴェントに招かれるだけの権利は獲得してきた。一八九六年にホテル火災事故の悲劇に見舞われ、二度と競技できないほどの重傷を負った彼女は一九〇〇年にひっそり息を引き取った。

最後の十年間に彼女はサイクリング界に起きた大きな変化の数々を見て取っていたはずで、少なくとも新たな自転車競技の女王、ティリー・アンダーソンの急成長ぶりは知っていただろう。レースを独占していたハイ・ホイールをもっと実用的な安全自転車が取って代わり、自転車レースは公式なスポーツになっていった。当時アメリカ合衆国において自転車競技はリーグ・オブ・ホイールメン（ＬＡＷ）に管理されており、同団体は一般にサイクリストを擁護する役割を果たしレースを運営し各種記録を残していた。ハイ・ホイール競走はいわば「開拓時代の無法な西部」のスポーツ版といったところで、その気があれば誰とでも何とでも競うことができたが、そんな時代は過去のものになった。五章でも述べた通り、一八九四年に非白人メンバー入会禁止令を導入したＬＡＷは誰でも受け入れる組織ではなかった。彼らは自転車競技への女性の参加に異議を唱え、ティリーや彼女の同輩たちを公式に認めることを拒絶した。彼女たちの出場したレースはＬＡＷの公式記録に一切残されておらず、女子サイクリング競技を開催した自転車競技場はブラック・リストに載せられる恐れがあった。

女性サイクリストはたくましく恐れ知らずで、男性の挑戦を受けて立ち、しかも負かすことができるとルイーズのような走り手が証明してきたにも関わらず、おそらくＬＡＷの見解も当時の多くの人間が抱いていたものと近かったのだろう。すなわち女性がレーストラックで汗だくになり激しい運動するのはあまりに容認しがたく物議を醸す行為であり、ゆえに関与はできない、と。これは女性にも男性と同じくらい自転車に乗る権利があることを証明する必要がまだあった時代の話であり、女たちの主張を熱心に応援していた者の多くすら、女性のレース参加は一線を越える行き過ぎなものと感じた。

この時期の雑誌やサイクリング・メディアのほとんどは「飛ばし屋（scorcher）」――猛烈なスピードと勢いで自転車を走らせる者――を盛んに戒めており、女性が「飛ばす」というのは女らしさの理想からあまりにかけ離れていたため、ＬＡＷ側も一切関わりたがらなかった。それは保守的な人間の多くにとって、自転車に乗ることで女性がこうむり得るダメージ例の最たるものだった。イギリスでも多くの人間がこの見方を共有しており、そんなひとつである『サイクリング』誌は一八九四年にこのスポーツは「淑女が没頭するのにふさわしい行為ではなく、かつ断じてそうなるべきではない。女性の体質はそもそものような競争をやる無理な負担に耐えるようにできてはいない」、そして「いかなる女性の慎み深さも傷つけることになるだろう」と力説した。【註3】エリザベス・ロビンス・ペネルも同意し、女性にとってサイクリングは「度を超すとポジティヴな害になる」としている。【註4】

女性サイクリストが参加した最初のレースを開催した国フランスでは、女性は物議を醸すことなく競争し続けた。一八九三年にはサン・ソヴェール嬢が女性で初の「時間記録」――六十分間での最長走行距離――をパリのバッファロー・ヴェロドロームで打ち立て、これに発奮し彼女の記録に挑戦しようとする者たちが現れた。ロードおよびトラックで女子自転車レースが定期的におこなわれ男性と競う女性もいた。こうした面々の何人かはリゼットやベルギー人エレーン・デュトリューのような国際的なスターになり、後者はベルギー国王レオポルド二世から勲章を授与された。

イギリスとアメリカでは、種目は何であれ公式なスポーツ競技イヴェントに女性が参加する機会はそれ以下だった。例外はテニスで、女性は一八八四年からウィンブルドンに出場していたとはいえ、彼女たちは規則でロング・スカート着用を義務づけられていたため、少なくとも現在のウィリアムス姉妹ほど身体能力を発揮することはなかっただろう。女子シングルス部門を初制覇したモード・ワトソンは、小型のバッスル（※スカートの後ろを膨らませるための腰当て）入りのウール製のマキシ丈スカート、シルクの長袖ブラウス、セーラー帽という白づくめのアンサンブルで勝利を達成した。どう考えても巧妙なサーヴを打ち返すべくコートを敏速に走り回るのに向いた服装ではない。同じトーナメントに出場した二十歳のブランチ・ビングレーはクジラ骨製のコルセット着用で挑み、試合中に骨が刺さりしみ出た血で白いブラウスが赤く染まることになった。他には失神した選手もおり、これはおそらく服装が高温に対応しなかったからだろう。一九〇〇年オリンピックで女性がテニスで出場できるようになった時点でも、彼女たちのスポーツウェアは――上流階級向きのヨット競技、クロッケー、馬術、ゴルフといった種目でも同様に――非実用的なままだった。

テニス試合はヴィクトリア朝時代の女性服でもなんとかこなせたかもしれないが、自転車レースはそういかなかった。一八九〇年代が過ぎていく間にトラックでの争いは熾烈さを増し、ルイーズとエルザのブルマー姿は空気力学に沿ったデザインの短いショーツとタイツに取って代わられていった。男性観客の中には女性の脚というめったにない見ものに引き寄せられレースに通った者もいたかもしれない。ことによるとLAWは、このみだらな関心は新種のスポーツに関して彼らの打ち出そうとしていた真面目なイメージを汚すものであると感じていたのだろうか。実際、女性走者の何人かが過去にサーカスや演芸場で働いていた芸人だった点も、女子レースは本物の運動選手によるシリアスな競技ではなく際どいエロ見世物だとの認識に寄与しただろう。

競技場で女性がこのように全身を使い動く姿はたしかに新奇な光景だったかもしれないが、この時代の記録を眺めるとこれらの女性には男心を刺激する以上の目標があったのを観衆も理解していたのが分かる。一八八九年にルイーズとハイ・ホイール女性自転車団が開催したレースを報じたシェフィールドの新聞は「肢体を誇示するのではなく」、彼女たちは「最高クラスの男性自転車走者に匹敵するスピードとスキルで走った」と書いた。【註5】

ティリーを始めとする一八九〇年代の女性レーサー、そしてとりわけ彼女たちのエージェントやマネージャーは女性の身体がもたらすインパクトに気づいていなかったわけではない。マスコミは彼女たちの装い、ルックス、体型に執着した。現在と同様にこの時代にもセックスはよく売れたし、一部のレーサーは自らの知名度を上げるためにこの点を活用した。ティリーの好敵手のひとりだったドッティー・フランズワースは、目を引く真紅のサテンのショーツと上着のコスチュームで「赤い鳥」の異名をとった。以前劇場で働いていた彼女は格好よく登場を決めることの重要性を理解しており、トラックに入場する際に長い白のローブ姿で、それを脱ぎ捨てるや派手な衣装が現れる仕組みだった。マスコミも観衆もこれを大いに楽しんだ。

トップ走者はセレブで、マスコミから取材を受け、続く世紀にハリウッド女優がやったのと同じように自転車の隣に立って魅惑的なポーズを決め写真に収まった。利益の増大にいそしむだけではなく、トラックでは悪魔だったかもしれない彼女たちにはサイクリングをしているせいで男に変わってしまったわけではないと証明するプレッシャーもかかっていた。とあるレースの前に、記者の立ち会いのもとティリーの脚は訓練のために男っぽくなったかどうか医師に診察された。脚の形は「美しい」ものの、静脈が浮き出過ぎているのがやや玉に瑕である、が彼らの意見だった。

ティリーのキャリアは彼女の容姿以外の要素を大きな基盤にしていた。一八九一年にスウェーデンからシカゴに移住した彼女はランドリーに勤務し、裁縫師として働いたこともあった。自転車で市内を走り回る女性たちを見てティリーも自転車を欲しいと思うようになった。一八九四年までに、彼女は一台購入したばかりか天賦の才能に恵まれていることも発見していた。仕事に行く前に毎日トレーニングするようになり、明くる年にはシカゴのエルジン＝オーロラ間のコースで百マイル（約百六十一キロ）走の記録を樹立し、その際スポンサーと出会いより高品質な自転車を与えられた。

続いての挑戦は一日三時間走る六日間レースで、ティリーはもっと名が通ったライヴァルを安々と打ち負かし賞金二百ドルを獲得した。ＬＡＷは女性のレース行為を認めていなかったものの、競技生活の方が裁縫師として暮らすより経済的にはるかに分が良いと彼女は気づいたし、名声と賛辞も得られるのは言うまでもない。彼女の才能と意思の強さは大変なもので、一八九五年には今日の十五万ドルに相当する額を稼ぎ出したほどだったとされる――畜肉市場の上にあった住居で両親と同居し、やりくりに苦心してきた人物にとっては驚異的な額だ。彼女はずば抜けたアスリートで、フルタイムで訓練に励み、一八九五年から一九〇二年までの間に競った百三十回のレースのうち百二十三回で勝利を収めた。マスコミから「雷女帝ティリー」と呼ばれた彼女は男性相手に自らの能力を試すと心に決めていたが、ＬＡＷの禁止令により公式に認定されたレースではそれは不可能だった。シカゴでおこなわれた非公式なレースで遂にそのチャンスを与えられた時、当然のごとく彼女は男性競争相手を打ち負かした。

部外者という立場にも関わらず一八九〇年代半ばから後期にかけて女性の自転車レースはアメリカでは大ビジネスで、ティリーや他のレーサーたちの競技場での闘いを見物しようと何千もの観客が集まった。このスポーツの繁栄ぶりはすさまじく、女性の脚目当ての観衆ばかりとは言い切れなくなっていた。その魅力の一部には男子自転車レースは一日最高二十時間トラックをえっちらおっちら周回し六日間休みなく続くスタイルで、これでは選手はおろか見物する側も疲労したはずだ。対して女性のレースは一日三、四時間に限られていたため、より迅速かつ手に汗握る競争になるのは確実だったし観客側の負担もはるかに軽かった。

男性が使用するのと同じ会場での女性の競走禁止は、抜け目ない主催者側が傾斜のきつい木製路面の楕円形トラックから成る仮設ヴェロドロームを劇場や演芸場の舞台、その他受け入れてくれる会場ならどこにでも設営することで克服された。こうしたちっぽけな、傾斜角が最大四十五度になることすらあるコースを安全に乗りこなすのにはかなりのスキルを要した。事故——骨折、重度の脳しんとうも含む——は珍しくなかった。それでもレースに臨んだ者は、暮らし向きを良くするためならそのリスクを負う価値はあると考えていた。中には男性以上の収入を獲得してみせた者もいたし、今日のプロ・サイクリング界における男女間の大きな賃金差は時代の後退のように思えてくる。言うまでもなく女性走者のマネージャーやエージェントも手数料等で大儲けし、彼女たちは報酬のごく一部しか手にできなかった。

映画館の出現以前に自転車競技見物はヨーロッパ、北米、オーストラリアを始めとする各地で最も人気の高いアトラクションのひとつであり、主催者も観客を集めるための努力を惜しまなかった。レースに伴奏をつける楽団が雇われ、期待値と興奮のレヴェルを上げた。ウィンブルドンの静かで高尚な雰囲気とは異なり、自転車レースはうるさく騒々しく、酒が酌み交わされ賭けが張られる場だったはずだ。六日間の女性レースを定期的に開催し、イギリス産の才能と対決するべくフランスやベルギーからスター走者を引き寄せたロンドンの会場ロイヤル・アクアリウムは、少なくともそうだった。

主催者たちは男性の競技イヴェントに女子サイクリングのプログラムを組み合わせることと——イギリスでは女性が男性と同じ会場で競うことを禁じる規則は存在しなかった——は非常に儲かるのに気づいた。トラックでのアクションが小康状態になった際には、観客はアクロバット、道化師、力自慢の男女芸人、日本人ジャグラー、シンクロナイズドスイミング、人間大砲等を楽しみ、また道徳観を疑われる演し物、象の曲芸、ミンストレル・ショー、「人間馬」等もおこなわれた。

一八九五年十一月、衆人の目はロンドンの『イヴニング・スタンダード』紙が「世界中で話題持ち切り」と形容した国際女子自転車レースが六日間にわたり開催されるトラックに注がれた。数千人の観客から声援を浴び、まったく無名だったイギリス人選手モニカ・ハーウッドが勝利を獲得した。この数ヶ月前にモニカはイギリスとスコットランドでレースに参加する女性を募る求人広告に応じたばかりだった。ティリーと同様に、彼女ももっと名が通った競争相手、たとえば有名なクララ・グレイス（あるいはマスコミの呼び方ではグレイス夫人）らを打ち負かした。クララは五日目に落車し九位に終わったが、実はこの新星ライヴァルを訓練したのは彼女自身だった。

モニカの三百七十一マイル（約五百九十七キロ）と二ラップに対し、三百六十八マイル（約五百九十二キロ）と六ラップで二位に入賞したのはフランスから来たリゼットで、公式に認定する手段がなかったにも関わらず彼女は「世界最高の女性ライダー」の触れ込みだった。しかしリゼットの走りはここからだった。翌年五月に彼女はホームである屋内競技場、パリのヴェロドローム・ディヴェールでクララ・グレイスと対決し百キロ距離走で彼女を負かした。同年、彼女はアワー・レコード（前にいる走者たちがスピードを定め、その後に続く競走者は空気抵抗の少ないドラフト走行をするアドバンテージを得る）の女性新記録を生み、四十三．四百六十一キロのこの記録はその後長い間破られなかった。彼女はパリでの五十キロ競走でウェールズ人スター自転車走者ジミー・マイケルに挑み、敗れた。そして再びロンドンのロイヤル・アクアリウムに戻り、この時は六日間レースで宿敵モニカを二位に押しやり勝者の座に就いた。

リゼットは自身の生い立ちについて神話を作り上げるのに努力した国際的なサイクリング・スターで、それはメディアと大衆の関心を引き続けるためだったのは間違いない。そうした話のとあるヴァージョンによれば彼女はかつてブリタニー地方で暮らす羊飼いで、ある時通りすがりのサイクリストが自転車に乗りたいという彼女の願望を耳にし、その人が自転車を贈ってくれたおかげで彼女は自らのサイクリング・スポーツへの生まれつきの才能を発見した。また別の話では彼女はパリで生まれた孤児で、工場での長時間労働により体調を崩し、健康のためにサイクリングを始めやがてレースに参加するようになったということになる。

出自の真相はともかく、本名アメリ・ル・ゴールというこの女性は卓越した才能の持ち主だった——とはいえさすがに世界最高ではなかったかもしれず、それは一八九八年に彼女がアメリカ征服を企てた際に明らかになった。その後何年か、彼女はティリーと「赤い鳥」ことドッティーも含む「ビッグ・ファイヴ」を相手に一連のレースをおこなった。リゼットは一勝もできなかったが、観衆はこのフランスの伝説、ショーツを穿かずタイツのみの姿で走るレーサーに熱狂した。彼女にとって傾斜のきついバンクはハンデだったかもしれず、ティリーや他のアメリカ人女性は適応していたこの走路は、リゼットが走り慣れていた母国のフル・サイズのヴェロドロームとは雲泥の差だった。この点は、最初に参加した六日間レースの二日目に四千人の観客の前で彼女がひどい落車事故を起こした要因のひとつだったかもしれない。敗北を認めたくなかった彼女は起き上がりレースに復活したものの、数時間後に今度は衝突事故により脳しんとうで倒れた。リゼットの前で落車し衝突を引き起こしたドッティーは肋骨を折ったと言われる。負傷の深刻さにも関わらず両者は共に三夜目には再び自転車に乗っていた。最終的に栄光を勝ち取ったのはティリーで、リゼットは二位、ドッティーは四位に食い込んだ。フランスに帰国するのではなくリゼットがアメリカに居残ることに決めたのは、おそらくその方が儲かったからだろう。

新聞や観衆はこの謎めいたフランス人サイクリストを愛した。彼女がレースのためにやって来る前にシカゴの新聞『インター・オーシャン』が掲載した記事は、いかに多くの人間がリゼットの作り上げた神話を鵜呑みにしていたかを示すものだ。ティリーを負かすことができなかったにも関わらず同紙は彼女を「全サイクリストの中で最速」と称し、彼女はジミー・マイケルに勝ったと誤って報じた。【註6】何より、「本物のパリジャンの証しである人を惹きつける『シックさ』」と描写した彼女のフランス人らしさを同紙は崇拝し、また同等レヴェルのアメリカ人あるいはイギリス人女性走者に較べると彼女のトレーニング・スケジュールは「はるかに負担が軽い」点も讃えている。思うに、これはそちらの方が女らしくてふさわしい、という意味なのだろう。

彼女がどれだけ「シック」だったとしても、アメリカにおける女子自転車競技人気の衰えを食い止めることはできなかった。男子レースも同じく打撃を受け、大衆の関心は野球を始めとする他のスポーツに移っていった。女性ライダーのスターたちも競技場を去り、別の場で生計を立てることになった。そんな最初のひとりがドッティーで、彼女はサーカス団に加わり、ちっぽけな上にサイドの傾斜が更にきつい「サイクル・ダズル」の名で知られた走路でスタントをやるようになった。ある晩運命の瞬間が訪れ、サイクル・ダズルの端を飛び越してしまったドッティーは深刻な重傷を負い、数時間後に息を引き取った。彼女と同期のレーサーたちはより安全な道を選んだ。ティリーはマッサージ師になり、飲食業に乗り換えたリゼットは夫と共にニューオーリンズ、そしてマイアミにレストランを構えた。

新たな世紀の開幕と共に、女性のトラック競技人気はイギリスとフランスでも消滅していった。かつては有名だったロンドンのアクアリウム、王者リゼットがイギリスの新星に思いがけず敗北を喫した会場も一九〇三年に取り壊された。この会場を彩った元スターたちは程なくして忘れ去られ、同世代の人々も死に絶えていき、その業績を語り継ぐ公式記録も残されなかったために彼女たちの子孫のほとんどは自らの家系に名高く、怖いもの知らずの、不屈でパワフルな「女サイクリスト」が存在したことをまったく知らずに終わった。

道はまだ続く

二〇世紀初頭の女子トラックレース人気はかつてほどではなかったかもしれないが、彼女たちがサイクリングで競い合うことをやめたわけではなかった。世界中の女性が我こそはと記録を破ろうとしていたし、ただしそれはスタジアムでラップを稼ぐというよりロードで距離を重ねるケースの方が多かった。

ドイツ生まれのマーガレット・ガストはアメリカでいくつか六日間レースを競った後に、一九〇一年、十八歳（レースに参加する際は主催者に対し二十一歳だと偽った）の時に二百二十二時間五分半（九日と六時間五分半）で二千マイル（約三千二百十八キロ）を走り抜いた。彼女が使ったのは新たな自動車レースのためにヴァンダービルト一族がロング・アイランドに建設した二十五マイルの公道サーキットだった（※ここでの「十八歳」の原文記述は過去の取材記事のガスト本人の発言の引用だが、彼女は一八七六年生まれとされており、とするとこのレースの時点で二十五歳だったことになる)。彼女はそれまでの男性記録を三時間一分縮めた。マーガレットの最初の目標は千五百マイル(約二千四百十四キロ)の女性記録を上回ることだったが、その距離に達した時点でもエネルギーが充満していたため、あと五百マイル(約八百四キロ)走ることにした。二千マイル走った時点で、彼女は合間合間に短い仮眠をとっただけ——しかも疲労困憊で数回落車し、道路を泥に変えた雷雨と集中豪雨に耐えた後——だったが、それでもまだやる気だった。二千六百マイル(四千百八十四キロ)まで積み重ね、男女双方の距離新記録を打ち立てたところでやっとペダルを漕ぐのをやめた。彼女の意思に任せればそのまま三千マイル(約四千八百二十八キロ)に達していたかもしれないが、道路脇に暮らす住人たちからの苦情でストップがかかった。

これらの住人はマーガレットを「はしたない晒しもの」と非難した新聞記事と同じ意見で、記者に対しこの「見せ物」が子供たちの心にどんな影響を与えるか心配だと語った。【註7】おそらく彼らは彼女を見て自分の娘が「これはやってもいい行為だ」と考えるのはお断りだし、したがって彼らの暮らすお上品なエリアでこんなことが二度と起こらないようにしてもらいたい、と言いたかったのだろう。それ以外の新聞報道はこれは実にすごい業績であると認めつつ、そのために彼女が身体的な犠牲を払った点を指摘せずにいられず、うち一紙は彼女のことを「見目麗しい姿からほど遠い」と言い切った。【註8】彼女の成し遂げたことよりも彼女の女らしさを優先することにマーガレットは大いに反対だったはずだ。彼女は後に、女性参政権運動資金を集めるためにニューヨークでおこなわれたオークションに値打ちのある子犬を寄付している。

ヴァンダービルトのレース路で記録を立て、彼女はサイクリストとしてやりたかったことを達成したと感じたのかもしれない。ドッティーと同じように彼女も舞台でのスタント芸に転向した。しかし、マーガレットの場合は自転車をきっぱり捨て、オートバイというまた別の発明品に乗り換えてみせた。ここでも彼女は「死の壁」を走る「分速一マイル娘」として、またオートバイ競技に出て男性と競うことで、自らのジェンダーに寄せられる期待を裏切り続けた。何度かニアミスはあったものの、可哀想なドッティーとは異なり彼女はスタント曲芸時代を生き残り、競争者として優れた成績を残した。女性には別のタイプのオートバイが必要だと思いますかとジャーナリストに訊ねられた時、彼女はレースに出る女性は「男性が乗るタイプと同じくらい扱いのむずかしいマシンを求めている」といかにもな答えを返している。

ドレスを着た悪魔

イタリアの誇るサイクリング界の草分けが、アルフォンシーナ・ストラーダ（旧姓モリーニ）だった。一八九一年生まれの彼女は十歳の時に父親の自転車で乗り方を学び、モデナ近郊の生まれ故郷の村の道を駆け回っていた。「ドレスを着た悪魔」の異名をとったとされる彼女は、十三歳の時にレースで初勝利し、賞品として豚を一頭受け取った。かつてのリゼットと同様、彼女も自らの地方農家出身の生い立ちをマスコミが好きなように神話化するのに任せていたが、たとえ豚はありがたかったとしても、家族の本音は彼女に裁縫で身を立ててもらいたかったようだ。

アルフォンシーナの決意は非常に固く、少年少女双方を相手にした初期のレースで勝利を重ね、恐るべき競争者との評判を獲得していった。十八歳でサンクト・ペテルブルグまで旅しグランプリに出場してニコライ二世からメダルを授与されたが、これは家族のほとんどがモデナから出たことすらなかった十代の少女にとって相当な体験だったに違いない。

一九一一年にはチューリンで女性の（非公式）一時間記録を破り、彼女の出した三十七・百九十二キロの記録はその後二十六年間破られなかった。たぶんこれで、まだ疑っていたかもしれない家族も彼女のキャリア選択は正解だったと納得したことだろう。仮に間違っていたとしても、少なくとも彼女には未来の夫、ルイジ・ストラーダという全面的に応援してくれる強い味方がいた。金属工の彼も余暇に自転車競技に出ていたが、妻の能力を確信した彼は自らのレースのキャリアを後回しにして彼女のトレーニングに全力を傾けたほどだった。一九一五年に結婚した際に、彼からのアルフォンシーナへの結婚祝いのプレゼントは新しい競技用バイクだった。続く何十年かの間に、ペダルを漕ぎ続けた彼女はレジーナ・デッラ・ペディヴェッラ＝「クランクの女王」、サイクリング史上に残る真なる伝説になった。

女性がレースに出場する機会がなく欲求不満をためていた彼女は、一九一七年のジーロ・ディ・ロンバルディアに初の女性走者として参加するチャンスに飛びついた。同レースは特に公式に女性選手を除外してはいなかったが、当時イタリアは非常に保守的な国であり、競技参加を思いつく女性などいるわけがないとイタリア人が思っていた可能性は高い。レースの主催者アルマンド・クグネットはスポーツ新聞『ガゼッタ・デッロ・スポルトゥ』の編集者だった人物で、良い物語の持つパワーを理解していた。スター選手の多くが第一次大戦の戦地で闘っていた時期でもあり、彼はこの試合への関心を掻き立てるべく彼女に参加招待を送った。二百四キロのレースに参加した唯一の女性だった「クランクの女王」は最下位に終わり、優勝者からは一時間三十四分の遅れをとったものの、彼女の前にゴールに達したふたりの走者と数秒しか差がなかった。二十三名の走者が完走できずに脱落していた。

明くる年、彼女は再び参加し、またも男だらけの競争者の群れの中に女としてただひとり混じることになった。この時の彼女の成績は下から二番目で、優勝者からはわずか二十三分遅れ、彼女の前の五名からはタッチの差だった。脱落者は十四名だった。ロンバルディアで彼女が競うのはこれが最後となった。今や著名選手も復員し、主催者側に男性たちと女性を対決させることでパブリシティを余計に煽る必要がなくなったのだ。一八九〇年代に女子レースを熱心に宣伝したマネージャーや競技主催者と同じで、アルマンドも経済的な動機の魅力が薄れるやすぐに興味を失ったことになる。彼がアルフォンシーナのことを卓越した素晴らしい走者と考えていたのは間違いないだろうが、彼の本当の関心事は現状を打破しサイクリングを女たちに開放することではなかった。実際、レース規則は厳しくなり、女性はもはや参加できなくなった。今日に至るまで、現名称イル・ロンバルディアは男性の参加しか受け付けていない。その女性版も存在しない。この一日開催のクラシック・レースで走った唯一の女性はいまだにアルフォンシーナだ。

六年後、当時三十三歳だった彼女に、アルマンドが彼の主催する男性オンリーの競走に参加してもらえないだろうかとしおらしげに頼みにきた時は、彼女も若干驚いたのではないかと思う――レースはジーロ・ディタ―リアだった。各ステージの勝者が着用するピンク色のジャージにちなみ「コルサ・ローザ（ピンク色の競争）」とも呼ばれるこの複数ステージ・レースは、世界で最も有名かつ最も難度の高いレースのひとつだ。人気の有力選手数名の欠場によりアルマンドはまたも大衆の関心を引きつけるのに苦労していた。もっとも、この時は兵役が理由ではなく、問題は報酬をめぐっての紛争だった。主催者側が走者の要求をはねつけたことで、双方は膠着状態に陥った。アルマンドには、当代随一のイタリア人女性サイクリストにドラマと興奮をもたらしてもらう必要があった。アルフォンシーナにも、母国の伝説的な「グラン・ツール」、ツール・ド・フランスと肩を並べるアイコニックなレースで彼女に何が可能か——更に言えば彼女のジェンダーに何が可能か——を世界に見せつけることのできる機会をみすみす逃すことはできなかった。

一九二四年のコースは走行距離三千六百十三キロと苛酷で、各ステージも二百五十キロから四百十五キロにまでわたり、その多くは長い坂道の山岳ステージだった。たとえば二〇一九年回の距離はそれよりやや短く、どのステージも二百三十二キロ以下だ。かつ、当時と現在とでは路面の質に非常に大きな隔たりがあり自転車の重量でも格差がある。アルフォンシーナと彼女と同期のレーサーが乗ったのはギア機能のない鋼鉄製のマシンで、その重さは今日のプロトン（メインの先頭集団）が乗るカーボン・フレームの二倍近かった。

アルマンドは秘密のパブリシティ用兵器をアルフォンシン・ストラーダ名義でエント

リーしたが、この頃までに彼女の名前は広く知れ渡っていたので誰も騙されなかっただろう。五月十日に走者がミラノからジェノヴァを目指す三百キロの第一ステージに出発した時、アルフォンシンはアルフォンシーナなのだろうかとまだ疑っていた人々もトレードマークの黒のジャージと名前を記したスウェットシャツを着た彼女の姿に「彼」は「彼女」だった、との確証を得た。

初期ステージのほとんどで彼女はリード走者に四十五分から数時間の間の遅れをとってゴールしたが、毎回最下位でフィニッシュしたわけではなく、他の走者の三分の二が脱落していった中、相当な逆境に直面しつつなんとかもちこたえていた。道路脇に立って彼女が通過する様を見守り、花や贈り物を雨のように降らせ、ステージを終えるごとに胴上げしてくれた熱狂的な観客の存在は漕ぎ続ける励みになったに違いない。第七ステージ、舗装されておらず凍結しがちな南部の山道を悪天候の中走っていた際に激突事故が起き、膝にひどい苦痛を伴う怪我を負いつつ、彼女はどうにかその日の三百四キロのルートを完走した。

翌日、アルフォンシーナはジーロ放棄寸前のところまでいった。痛みは退かず、たびたびパンクに見舞われた末にハンドルが折れ、その日を完走するために箒の柄で代用し修理する羽目に追い込まれた。この事故の結果、その日の終着点ペルージャの到着制限時間を大幅にオーバーした彼女は公式にはレースから除外されることになった。しかしイタリアおよび世界は彼女の参加の話題で持ち切りだっただけに、アルマンドにとって彼女はそこで終わらせるわけにはいかないあまりに貴重な目玉選手だった。レースを完走したと公式に記録されることはないものの、それでも構わないとして彼は彼女に費用を支払い、残るステージを走り抜いてもらった。激突事故はまた起きたが、彼女は根性と意志の強さでゴールに達してみせた。最終日、総合優勝者ジュゼッペ・エンリーチから遅れをとること三十三時間で彼女はミラノに帰還したが、彼女のフィニッシュを見届けようと待ち構えていた群衆にとってヒーローは彼女だった。イタリア国王ですら、「クランクの女王」にお祝いの言葉を送った。

一九二五年のジーロに登録することになった時、一前年、貴重な記事のネタを提供してもらうために彼女に参加を要請した当の連中から申請をブロックされたと知り、彼女は驚いた——そしてもちろん怒ったはずだ。アルフォンシーナは役目を果たしたし、大衆の興味を維持するのに必要な男性スター選手たちがすべてそろったところでもはや彼女は用済みのお荷物、というわけだ。主催者側にはルール変更の計画も長期的に女性参加を許可する意向も、あるいは女子版レースを設けるつもりもなかった(一九八八年からジーロ・ドンネがスタートしたが、アルフォンシーナには間に合わなかった)。ジーロ・ディターリアはこれまでも、そしてこれからも、今後の例外はない男性のみのコンペティションであり続けるだろう。

アルフォンシーナの物語はここで終わらなかった。彼女は女性を歓迎する数々のレースで十年以上競い続けた。一九三八年に彼女は再び女性一時間走新記録を出し、この三十二・五十八キロの記録はその後十七年間破られなかった。やがて彼女は引退し、これまた元ロードレーサーだったふたり目の夫とミラノで自転車店を経営するようになった。歳月が過ぎるにつれ、先輩に当たるティリー、ルイーズを始めとする数え切れないほどの女性自転車レーサーたちと同様、彼女の偉業も人々の記憶から消えていった。新しい夫は彼女のめざましいキャリアに関する本を書くつもりだったが、出版社を見つけることができぬまま世を去った。

アルフォンシーナは一九五九年に心臓発作で亡くなり、彼女の母国が世界に誇るジーロで競った唯一の女性の驚くべき物語は完全に忘れられていった。その状態は遂に彼女の伝記が執筆された次の世紀の最初の十年間まで続いたが、それに伴い彼女に賞賛の声が贈られ、その功績も認知されることとなった。もしも彼女が今の時代に生きていたとしたら、たとえ女子版であれ、女性がやっとジーロで競えるようになったことを喜ぶはずだ。だが、彼女はまた。なぜ女性は男性ほどの距離を走らないのか、なぜ報酬面でもメディア報道の面でも男子レースのそれに足元にも及ばないのだろうか？　と不思議に思うかもしれない。

11／女としてサイクリングすること

記録破りのサイクリスト、マーゲリート・ウィルソン、
チャリティ・イヴェントにて、1940年
REX/アフロ

「ロスリンのメンバーは全員レズビアンである……」

アート批評家でサイクリストのティム・ヒルトンは二〇〇五年に「あなたの目をえぐってやりたい」と書かれた手紙を受け取った。【註1】少し前に出したサイクリングに関する書籍が好評を得たばかりだった彼にとって、こんな物騒な反応を引き起こすのは予想外だった。彼の目をえぐりかねないほど怒っていた手紙の書き手は——おそらく一層意外なことに——なんと九十代の女性だった。彼女が立腹していたのは彼が本の中に含めたロスリン・レディーズ・サイクリング・クラブに関するコメントで、彼女は何十年もこのクラブの会員だった。不満を持つ読者から寄せられた批判的な手紙を彼は他にも受け取ってきたが、暴力で脅す内容はこの一通だけだった。

クラブに関する記述はごく短く一ページにも満たなかったが、批判者たちが猛烈に反論したのは以下の未確認の噂がそこに含まれたことだった。

> ロスリンのメンバーは全員レズビアンである、という話だった。もしくは、彼女たちは皆あまりに貪欲で男たちは縮み上がって近づけなかったとされる。彼女らには近づかないよう息子たちに警告しなさい。全員が未婚者だから、と。

あるいは、また別の話によれば、彼女たちは会員であることを夫から隠していた。彼女たちには嫌悪する男性サイクリストのリストがあった。そのリストに載った者が通りかかると、ロスリン・レディーズの会員は丘の上に集まって彼に野次を飛ばしあざけったものだった。彼女たちは盛んに編み物をやった。【註2】

これらの言説は、実際のロスリン・クラブ会員にひとりも会ったことのなさそうな数々の情報筋からティムが長い間口伝えで耳にしてきた話だった。彼らからすればこのクラブは、サイクリングで競う女性に対して抱く多種多様で矛盾する偏見を何でも投影できる神話的な存在だった。根拠のないゴシップを除き、ティムはきちんと事実に基づいた情報をほとんど発見できていなかった——ティム当人の意図はこれらをあくまで「伝聞」に過ぎない言説として伝えることにあったとはいえ、その点も間違いなく会員たちにとっては論争の的だったことだろう。

ロスリン・レディーズCCの業績は神話などではない——彼女たちの果たしたことは本当に伝説的だった。メンバーの大半は今や七十、八十、九十代で、もう誰もレースはやっていない。しかし最盛期の彼女たちはロードとトラックのレースにおける恐るべき勢力で、鋼鉄の馬に乗る、鋼鉄のように強い女たちだった。結成は一九二二年、イギリスで最も長く続いた女性サイクリング・クラブだった。

パット・シーガーは一九四六年、二十歳の時にロスリンに入会した。現在九十二歳の彼女は同クラブで最も優れたロードレーサーのひとりだった。エセックス州の田舎にある彼女の自宅を私が訪れた際、通された居間には獲得した数々のメダルとトロフィーが飾られていた。北ロンドンのハリンゲイ地区——私の今暮らすエリアからほんの何本か通りを越えた場所だ——で育った彼女は十五歳の時にボーイフレンドから自転車の乗り方を教わった。彼は彼女を説き伏せ彼の所属していた男女混成クラブに入会させたが、そのクラブに女性メンバーは数えるほどしかいなかった。

結婚した後（相手はまた別のサイクリング好きな男性だった）、彼女はメンバーが全員女性のロスリンに入会することにした。この時点ではまだ創立者の数人が現役メンバーとして活動しており、そのひとりだったネリーはパットに対し、クラブが始まった当初は彼女たちがそろってハックニーからライドに出かけるとよく石をぶつけられたり「飛ばし屋のあばずれども」といった罵声を浴びたものだった、と語った。ティム・ヒルトンが受け取った激しい怒りに駆られた悪意の手紙の書き手も、もしかしたらネリーと一緒に自転車走に出かけ、そうした迫害に耐えたことがあったのかもしれない。

ロスリンに入会したのは、実に多くの競技で優勝していた（かつレースの企画運営もおこなっていた）同クラブは常にサイクリング・メディアに取り上げられていたからだったとパットは言う。彼女たちの成績が記録に残ってくれたのは、ひとえに一九三四年に全英婦人ロードレース記録連盟を設立したイヴリン・パークスのおかげだった。何十年にもわたる女子サイクリングの歴史は公式に認知されてこなかったし、ということは女性の記録を正式に承認する役目を果たすのは自分しかいないと彼女は悟った――たとえ公式なサイクリング組織はそれらの記録を受け入れないとしても。

ティリーにリゼット、そして数々のかつてのスターの残した業績にも関わらず、女子レースは適正か否かの熱い議論は二〇世紀に入ってもまだ続いていた。イギリス人サイクリストのアルバート・ラスティは一九三七年に、女性がレースに参加するのはとにかく「レースそのものを傷つける」、それればかりか「国家の利害にまで関わる」と力説した。【註3】一九六〇年代のフェミニズム第二波が到来する前の数十年間、二度の世界大戦の間に多数の女性が労働人口に加わったにも関わらず、女性の居場所は家庭という見方はいまだ広くはびこっていた。汗水たらしてやるようなことは男に任せ、女は家事と子供の世話――アルバートが「国家の利害に関わる」と考えた任務――に専念するべきだ、と。

アルバートはオランダにいれば幸せだったはずだ。この国では女子レースは一九三〇年代および四〇年代に禁止され、競技に出場したい者は国外に出なくてはならなかった。べルギーに移ってからミン・ファン・ブリーは数々のビッグ・レースで勝利を収めたものの、母国オランダの新聞からは「彼女は家に、台所に留まっているべきだった」との宣告を受けただけだった。【註4】時代はたしかに変わるものだ――オランダは女子サイクリング競技を受け入れただけではなく、マリアンヌ・フォス、アネミック・ファン・フルーテン、アナ・ファン・デル・ブレーヘンといった面々がロード、トラック、シクロクロス、マウンテンバイクの国際競技で上位を占めてきた。この趨勢の変化がミンに間に合わなかったのは残念なことだ。

全米チャンピオンの座に四回輝き、一九五六年には短命に終わったツール・ド・フランス女子版の前身で競ったアメリカ人サイクリストのナンシー・ニーマン・バラネットの母親も女の居場所は家であるとの意見の持ち主で、娘の競技を観に行こうとしなかった。ナンシーがデトロイトのサイクリング・クラブに入会した時、唖然とした母親は「ご近所からどう思われるか分かっているの?」と異議を唱えた。【註5】そもそもナンシーの父親が彼女が自転車に乗るのに同意したのは、単に彼は女性の自動車運転に反対だったからだった。

これはサイクリングに限った話ではない。おしなべて、スポーツウーマンはもっと長い距離やもっと苛酷なレースに参加しようとすると反対されてきた。女性はオリンピック陸上競技に参加できたものの(一九八四年にやっと五輪に登場した女子サイクリングとは違う）、一九六〇年まで最長のレースは二百メートル短距離走だった。一九二八年回に八百メートル女子中距離走がおこなわれたことはあったが、ゴールに着いたところで選手たちが倒れた、失神したといった誤報道があったため以後開催されなくなった。非公式参加した者は何人かいたとはいえ、一九七二年まで女性はマラソン競技に出場できなかった。イギリスでは第一次大戦中から戦後にかけて女子サッカーが盛り上がったが、一九二一年にイングランドサッカー協会はサッカーは女性にふさわしくないスポーツであると宣言しクラブ・グラウンドでの女性の試合を禁止し、この決定は一九七一年まで続いた。

ブロンドの爆弾と強力な原子

コヴェントリー出身で現在九十代のアイリーン・シェリダンは、パットを始めとするロスリン・レディーズCCの面々と一九四〇年代によく競い合ったものだった。二〇世紀を代表する最も優れた競技サイクリストのひとりになった彼女は、そのすさまじいパワーとスピード、五フィート弱（約一メートル五十センチ）という体の小ささから「強力な原子（Mighty Atom）」のあだ名で知られるようになった。競争界に参加し始めた頃、双手をあげて歓迎されたわけではなかったと彼女は回想録に記している。初めて出たオーダックス、十二時間以内に百四十マイル（約二百二十五キロ）を完走する長距離走で、女子選手は彼女ひとりだった。女性は他の選手の足を引っ張るだろうと考えた主催者側は、レース開始前に妻を家に連れ帰るよう彼女の夫を説き伏せようとした。アイリーンは棄権を拒んだ。五十マイル（約八十キロ）地点で選手たちはいったんストップし彼女にまだ生きているかいと訊ね、百マイル（約百六十一キロ）を越えても彼女が余裕でペースについてこれると証明した時点でやっと、「ギャングの一員として受け入れられ、入会儀式を経てエリートの派閥に入ることを認められた」と述べている。【註6】

男女混成の地元のコヴェントリーCCに入会した際も、彼女と彼女の自転車はまたもや「残念ながら自分たちには場違いな世界に入り込んでしまった」気分にさせられたと語っている。初参加したライドで、アイリーンはついてこれないだろうと見越した先頭走者たちは彼女を脱落させようとペースを上げ続けた。彼女は十分持ちこたえてみせた。クラブ走で仲間のメンバーたちと一緒に走る女性は彼女だけというのはしょっちゅうで、したがって休憩時にお茶を淹れる役目が自動的に回ってきたが、彼らのほとんどを彼女は楽勝で引き離すことができた。当時のある雑誌記事は彼女を「レーシング界に衝撃を走らせ、女子記録にまったく新たな基準を打ち立てた」と評し、その記録のいくつかは何十年も破

られることがなかった。【註7】

イギリス初の女性プロ・サイクリストだった「ブロンドの爆弾」ことマーゲリート・ウィルソン、その記録はいずれアイリーンに破られることになるが、彼女も一九三〇年代に同様の抵抗と懐疑心に立ち向かうことになった。サイクリングの以前に彼女は運動選手を目指しており、故郷ボーンマスに女子クラブを設立しようとした。他のアスレチック・クラブの男性会員たちが「男の余暇活動の世界に女が侵入することに憤慨している」のを悟った彼女はこの試みを諦め、サイクリングに切り替えた。【註8】親はこの決断に反対するだろうと考え、彼女は手作りのサイクリング着をバッグに潜ませこっそり家から忍び出たものだった。

程なくして彼女はレースで勝利し始め、もっと大きな挑戦を探すようになった。一九三七年に彼女は十二時間競技に初参加した――ロスリンCCが組織したレースで、競争者はこの時間内に可能な限り走行距離をカバーすべく努力を振り絞る。他の男子選手たちから「十二時間走は男じゃないと無理」と言われたが、この十九歳の女性は自分には彼らの間違いを正せると信じていた。【註9】土曜の午後、仕事を終えてからレース会場に向かった彼女は移動の車中で数時間眠ったきりだった。最年少出場者だったが、彼女は二百九・二十五マイル（約三百三十六キロ）でフィニッシュした。次の順位の女性ライダーに七マイル（約十一キロ）の差をつけての勝利だった。

アイリーンが一九四九年に初めて十二時間走に出場した時も、人々は彼女を見くびった。当日、まだ四十分残っているところで彼女は二百二十三マイル（約三百五十八キロ）の女子コースを走破してしまい、レース主催者側も彼女を男子コースに導引し持ち時間が尽きるまで走り続けてもらうほかなかった。彼女は二百三十七・六百二十八マイル（約三百八十二キロ）でフィニッシュし、当時の国内女子記録を十七マイル（約二十七キロ）上回った。男性選手の成績と合わせると彼女の走り抜いた距離は総合五位。この記録およびその他様々な成績を認められ、彼女はロンドンで開催された華やかなセレモニーで最優秀英国女性オールラウンダー賞を受賞した。

驚きなのは彼女の出した結果を信じようとしない者が少なからずいたことで、中にはアイリーンはコースの一部を走らなかったと糾弾する、あるいは距離の計測に間違いがあったのではないかとほのめかす者もいた。疑う連中を黙らせるために、次の年のレースできっとこの成績を上回ってみせる、それが無理でも少なくとも同じ成績を出そう、と彼女は自らに言い聞かせた。

彼女はまたも女子コースを消化し、男子コースに移動せざるを得なかった。非常に天候が厳しく前回の自己記録には一マイル（約一・六キロ）及ばなかったものの、次の順位の女性を十五マイル（約二十四キロ）上回った。男子競技の方は悪天に耐えられず選手の半数が脱落した。この年も彼女は引き続き最優秀オールラウンダー賞を勝ち取り、またサイクリング・スポーツへの貢献を表彰し毎年一名の英国人サイクリストに贈られる権威あるビッドレイク記念賞も授与された。この賞の対象枠は一九三九年に女性にまで広げられたばかりで、栄えある第一回女性受賞者は記録樹立者としてのアイリーンの先輩に当たるマーゲリートだった。

端から端へ

これだけ証明すれば懐疑派はぐうの音も出なくなったことだろう――ハーキュールズ・サイクル製造会社にはこの成績で充分で、同社は一九五一年にアイリーンとプロ・サイクリスト契約を交わした。彼らは彼女に出発／到着ポイントを定めた長距離走の二十一個の記録を更新することを望んでいた。たとえばランズ・エンドからロンドン、リヴァプールからエジンバラ、ロンドンからヨークといったコースを走る競技で、記録はハーキュールズ社のために走ったマーゲリートが一九三〇年代末および四〇年代初めに打ち立てたものだった。これらのイヴェントで走るサイクリストはひとりきり、自動車の流れを避けるために早い時間には午前二時出発、暗い田舎道は自転車の前灯と規定距離の百メートルを守り後からついてくるハーキュールズ社のチーム車のヘッドライトで照らしながら進む。アイリーンは、そもそも驚異的なマーゲリートの記録をひとつひとつ破っていく旅に乗り出した。中でも最もひるまされたのがエンド・トゥ・エンド走（端から端へ）――英南西部コーンウォール州にある英本土最西端の岬ランズ・エンドからスコットランド高地地帯にある最北端の村ジョン・オ・グローツまでの八百七十二マイル（約千四百三キロ）だった。

マーゲリートのエンド・トゥ・エンド走が開催されたのは一九三九年八月、イギリスはドイツとの開戦前夜だった。このチャレンジに挑んだことがあった女性はリリアン・ドレッジだけだった。三十二歳のリリアンは一九三八年にこの苦しいライドを三日間と二時間五十四分で走破したが、こんな耐久走をこなす能力は果たして彼女にあるのか、というサイクリング界内からの著しい偏見との闘いは避けられなかった。それくらい度を超した詮索に晒されたゆえに、リリアンは疲労しやつれ過ぎに見えないよう毎晩数時間眠ることにしたほどだったとされる。対して、気を遣わなくても生まれつき魅力的だったマーゲリートは、どうしても必要な最低限まで睡眠時間を削ればリリアンの記録を十七時間上回れるはずだとにらんだ。彼女がジョン・オ・グローツのホテルに到着したのは予想を越えて記録の二十時間前、二日間と二十二時間五十二分で、この旅の間に寝たのはわずか三時間だった。レース終了後、マーゲリートは難関は睡眠の欠如ではなく孤独だったと語り、誰かとおしゃべりするのが好きな彼女にこれはつらかった。ともあれ彼女は温かい風呂に浸かり、たっぷり朝食を摂った後に再びサドルに飛び乗った。かつてリリアンがやったのと同じように、彼女もこれまで漕いだ距離に百三十マイル（約二百九キロ）を追加し千マイル（約千六百九キロ）の時間記録に挑戦してみたかったのだ。

スコットランドのウィックで走距離千マイルに達し遂に自転車から下りたところで、彼女はとてつもない記録を樹立していた——一万一千メートルの登り坂も含むルートで三日間と十一時間四十四分（リリアンの記録は四日間と十九時間十四分）、過去にこの記録を超えたことがあったのはふたりの男性だけだった。後に振り返り、あと千マイル走れるエネルギーが残っていると感じていたと彼女は述べている。それまでの業績をもってしても彼女がまだ「十二時間走は男じゃないと無理」説は間違いだと証明できていなかったとしたら、この記録は間違いなくその説を一蹴してみせた。だが、彼女が到着した時に町は完全に闇に包まれていた——マーゲリートとチーム車の面々は知る由もなかったが、この記録挑戦中に宣戦布告がおこなわれイギリスでは毎晩強制的な停電が施行されるようになっていた。素晴らしいことを成し遂げたものの、当然のごとくこの悲惨なニュースで祝賀どころではなくなった。彼女がロンドンに戻った時、最初の空襲警報が鳴り響いていた。

マーゲリートは開戦後もしばらくの間記録を作り続けたが、それらの試みは戦時の備えに阻まれた――道路標識の撤収、突発的な道路封鎖、そして有利な状況が必要な長距離ライドを計画する上で必須の天気予報が中止になった。一九四一年に戦争努力に参加するためサイクリングを完全に一時ストップし、サザンプトンで救急車の運転手に志願した。彼女は仲間のサイクリストたちに対し彼女のキャリアを終わらせた「ヒトラーのことは絶対に許せない」と語ったという。【註10】

一九四八年に夫のロニーとカナダに移住した際に彼女はサイクリングを再開したが、入会したカナダのサイクリング・クラブでまたもや自らの正当性を証明しなくてはならなくなった。初参加のライドで男性陣はできるだけ早く彼女を脱落させようと必死に努力し、これはアイリーンがクラブに入ってすぐの時期に体験したこととまるで同じだった。置いてきぼりになる代わりに彼女が余裕で彼らについていったことにカナダ人は「驚愕」した。彼女はアマチュア・レースで競うようになり、この速いイギリス人に対する男たちの敵対心も薄れていった。やがて彼女は帰国したが、イギリスの全国サイクリスト連合はかつてプロとして走ったことがあるのを理由にアマチュア・レース参加許可証を発行しなかった。この点に背中の怪我も加わり、彼女の競争サイクリスト生命は終わりを告げた。

マーゲリートはまた、アイリーンの挑戦によって彼女の記録がひとつ、またひとつと倒されていく様を見守ってもいただろう。一九五四年六月九日、「強力な原子」はマーゲリートにとって最大の誇りであるエンド・トゥ・エンド走、そして過去十五年間破られたことのない千マイル最短時間記録に挑むべく旅立った。アイリーンはコーンウォールに数週間滞在しこの巨大なライドに向け慎重に準備を整えていたが、三段ギア付きの鋼鉄製バイク（マーゲリートが乗ったのと同様）に乗りランズ・エンドを出発したところ、天気はチームが予想していた温暖な夏の気候とはほど遠いことがはっきりしてきた。間もなく、アイリーンは強い横風と例年にない冷たい雨を相手に苦戦することになった。

百二十マイル（約百九十三キロ）走りエクセターに到着した頃には、マーゲリートの記録を破るために維持するのが必要なタイム・スケジュールから既に三十分の遅れを取っていた。それでも彼女はペダルから足を離すことなく十二時間ぶっ続けで走り、ハンドルに据え付けたキャニスターにしまっておいた食料で補給をおこなった。一回目に自転車を下りたのはほんの一瞬、防寒着を身に着けこれから先の月の出ていない雨降りの道に備えバイクライトをいくつか装着するためだけだった。

二十四時間後、湖水地方のきつい登り坂を含む四百五十マイル（約七百二十四キロ）以上を走ったところで、このあたりで最初のちゃんとした休憩を取り状況をアップデートしてくれるだろうと彼女の到着を待ち構えていた記者団に出くわした。彼女はそのまま走り過ぎた。四百七十マイル（約七百五十六キロ）地点で遂に寒さに耐えられなくなり、後続車に牽引されていたキャラヴァンで暖を取るためストップし、濡れた衣類を着替えガス・ストーヴのそばで熱いスープを飲み腹ごしらえした。彼女は自らに十五分の仮眠を許し――信じがたいことだが――それで「素晴らしくリフレッシュ」でき、残りの距離に挑む準備万端な気分になったという。【註11】それでもやはり、彼女のマネージャーは体力温存のため彼女を自分の自転車で運ぶと主張した。

再びロードに戻ったところで、スコットランドとの境界域に広がる大丘陵地帯で悪戦苦闘している間に強い向かい風と集中豪雨に見舞われた――このライドでどん底の区間だったのがここで、アイリーンは苦しんだ。しかし彼女は根負けするつもりはなく、雨はやがて小雨になっていった。パースを過ぎたところで二晩目に入り、闇の中に不気味にそびえ立ち、クレヴァスに雪の吹きだまりが残るグランピアン山脈を越えていた頃に気温がぐっと落ちた。六百七十三マイル（約千八十三キロ）を越えた時点で脚がかじかみ両手にまめが出来ていて、キャラヴァンで身体を温めるためにまたも小休止を余儀なくされた。傷めた手への負担を少しでも軽くしようとマネージャーがハンドルに更にテープを巻きつける間にアイリーンはもう一枚手袋を重ね、また闇の中へ繰り出していった。

七百マイル（約千百二十六キロ）まで達し、寒さにひどく苦しめられていたところで彼女も屈し仮眠をとることにした——三十分だった。三日目の夜明けを迎え、更なるスコットランドの山地をへとへとになりながら進む彼女を青空と陽光が元気づけてくれた。しかし好天は長続きしなかった。日が進むにつれ、寒さと激しい疲労に耐えつつ再び向かい風と取っ組み合うことになった。しかし彼女は耐え抜き、その晩遂に目的地のジョン・オ・グローツ・ホテルに合計二日間と十一時間七分で到着。マーゲリートの記録を十一時間四十五分縮め新記録を達成した。

風呂に入り計二時間弱の仮眠をとり、この勝利に千マイル新記録も加えたいとの思いから、あと百三十マイル（約二百九キロ）を走破するため彼女は再びサドルに乗った。この最後のひと頑張りは苛酷で、長きにわたる睡眠不足と深刻な肉体消耗により幻覚症状が出始めた。まず、違う方向に彼女を先導しようとする人々が見え始め、続いて夜道の両脇の生け垣の中に明るい色をした、白熊の群れも含む大きな動物たちが見えた。程なくして彼女は頭の中で見えている路上の障害物を除けようとし始めた。六十マイル（約九十六キロ）走ったところでこのまま続けるのは危険過ぎると判断が下り彼女は一時間の仮眠をとったが、もちろんそれで足りるはずがなく、走りを再開したものの彼女はペダルを漕ぎながら眠りに落ちていた。もう三十マイル（約四十八キロ）走ったところで、このままでは起こるに違いない衝突の危険を回避するため一時間の仮眠でストップせざるを得なくなった。手の苦痛がひど過ぎてカトラリーさえ持てなくなっていたため、マネージャーが彼女の口にフォークで食べ物を運んだ。

路上に復帰したところで、また顔を出してくれた太陽、そして最後の二十マイル（約三十二キロ）で現れ声援を送ってくれた千マイル記録の初代保持者リリアン・ドレッジの姿に彼女は元気づいた。これでペダル・ストロークにも弾みがつき、アイリーンが再びジョン・オ・グローツ・ホテルに近づいた頃にペースは時速十八〜二十マイル（二十八〜三十二キロ）に上がっていた。ホテルの玄関に戻った時点で合計時間は三日間と一時間、マーゲリートの千マイル記録に実に十時間四十四分もの大差をつける結果になった。この時点でこれ以上速い記録を出していたのは男性ひとりだけで、リン・ビダルフがこれと同じルートを二日間と十六時間三十八分で走りアイリーンの記録を破ったのは四十八年後のことだった。

主婦たち、タフな鉄人たち

サイクリング文化は苦しみに耐える者を讃える。ジーロ・ディターリアやツール・ド・フランスのような大掛かりな複数ステージ・レースがあんなにも長期にわたり、普通の人間には困難過ぎて不可能と思えるのはこのためだ。

このスポーツのアイコンは、勝利を獲得するために壮大な苦痛を克服するがゆえに「屈強な鉄人」とされ神めいた存在として崇められる。アンディ・ハンプステンやベルナール・イノーらは危険な降雪量、氷と氷点下気温、多くの者がリタイアするのを余儀なくされた苛酷な状況の数々を耐え勝利したレースで歴史に名を残した。ファウスト・コッピのようなライダーは、一九五一年版ツール・ド・フランス中に肉体・精神双方を限界ぎりぎりまで酷使した時に一部の人間から十字架に磔にされたキリストになぞらえられた。あるいはルイゾン・ボベのように、一九五〇年代前半にツール総合三連覇を果たしたもののサドルに当たる部分が皮膚病を起こし、手術でかなりの量を切り取らなければならないほど深刻な組織損傷を患うことになった者もいた。

対照的に、アイリーンはとあるライターから「可憐なレディ」と形容された。一九五六年に英国パテ社が制作した短編記録映画の中で、彼女は赤ちゃんにミルクを与え寝かしつけた後に自宅ガレージでローラー台訓練やダンベルを使った筋トレを始める。彼女の素晴らしい記録を列挙した上でナレーターは「彼女がレースで勝てるのも当然、そうしないとたまっている家事を片付けに家に戻れませんからね」と締めくくる。アイリーンがジョン・オ・グローツを目指し走ってから二ヶ月経たないうちにツール・ド・フランスで優勝し、自尊心がとても高く頻繁に自らを三人称で呼んだルイゾン・ボベについて、ナレーターが同じようなことを言う図は想像しにくい――もっとも、自転車に乗っていない時に彼が家の掃除をよくやっていたとも思えないが。

アイリーンはこの映画に気分を害さなかっただろう――彼女は自転車で打ち立てた業績を誇るのと同じくらい、妻であり母であるのを誇りにしていた。しかし彼女は選手キャリアの間一貫して「サイクリングとそれに伴うすべての痛み、苦しみ、そしてそれによってもたらされる栄光は男に任せておけ、女の出る幕ではない」という考え方にぶつかり続けた。一九五三年におこなわれた試合で、彼女はとある観客から女性がスポーツ競技に出場するのは「間違っている」、彼女は台所でおとなしくしているべきだと言われた。だが彼女、そして彼女の前のマーゲリートとリリアンの記録への挑戦にはすさまじい耐久力と苦しみが伴った――ありがたいことに手術を受けるには至らなかったとはいえ。彼女たちは十分苦痛に耐えることができた。乗っていたスティール製自転車と同じくらい鉄のように頑丈な女たちだった。決してへこたれなかったし、仕事、子供の世話、家事で多忙なスケジュールを縫って訓練とサイクリングをこなす必要があっても彼女たちは勝利への走りを諦めるつもりはなかった。

プロに転向し仕事を辞めてトレーニングに集中することが可能になるまで、アイリーンはトレーニング時間を必ず確保できるように慎重に日々のスケジュールを調整した。そのために朝早起きして家事を済ませ、時にケーキまで焼き、自転車通勤で間に合うギリギリまで働いた後に猛スピードで街中を走り抜け、勤務先の車のショールームに自転車でそのまま乗り込みデスクについた。できるだけ長い距離をサイクリングするために夕方は空けてあった。皿洗い等の家周りの雑事をやっている間に次のレースの戦略を組み立てた。

アイリーンは一九四六年に第一子クライヴを身ごもり、その時はさすがに「待ち望んでいたこの幸せな出来事」が「レーサーとしての自分のキャリアに幕を下ろすのだろうか」とやや不安を感じたと回想録の中で認めている。無事出産を終えた時、友人からこれを機にレースから勇退するつもりか？　と質問された。その女友だちは六ヶ月後に回答をもらった――アイリーンは復帰し数々の競技で勝利を収め、母親になることは何の障壁にもならないと証明していた。医者からは出産後一年間はサイクリングを控えるよう言い渡されていたが、七週間経つ頃には彼女は再びサドルに乗っていた。

後に達成した驚異的な記録からも分かるように、彼女の最大の業績はここから先に待っていた。間もなく赤ちゃんのクライヴもトレーニングに加わるようになり、彼は夫の自転車に繋げた小さなトレーラーの中ですやすや眠っていた。クライヴがもっと大きくなると彼女は彼を自転車の後ろに乗せて走り、彼の体重で加わった負荷も訓練のうち、特に登り坂向けの課題として活用した。

ロスリン・レディーズCCのパット・シーガーも、息子トニーを産んだからといって自分のレース生活が終わりを告げたわけではないと考えた母親のひとりだった。妊娠中も自転車に乗って出かけ、お腹が大きくなってハンドルに楽に手が届かなくなるまで乗り続けたと彼女は私に話してくれた。子供が産まれると、彼女も息子をサイドカー型トレーラーに乗せて週末のクラブ走に参加した。当時は今に較べて交通量も少なく、幼い子供のいるクラブ会員の多くが同じように子連れで参加した。

ヨークシャーのおかみさん

全英婦人ロードドレース記録連盟が当時認定していた二十一の記録を一九五五年までにことごとく塗り替え新記録保持者になったところで、アイリーンは引退を決意していた。その頃には別のイギリス人サイクリスト、後に史上最高のアスリートのひとりと看做され、

「屈強な鉄人」の理想を体現することになる女性が新生児をサイドカーに乗せてひた走っていた。

一九五六年に女児デニースを産んだ時にベリル・バートンは十九歳で、数十年にわたり国際レヴェルで驚異的な活躍を重ねた彼女のキャリアはまだ始まったばかりだった。赤ちゃんだった頃から、デニースは父親のチャーリーに連れられ母親の全試合に同行した。チャーリーに出会うまでベリルはろくに自転車に乗ったことがなかった。ふたりは勤め先のリーズの衣料品工場で出会いすぐにデートし始め、熱心なサイクリストでアマチュア競技選手でもあったチャーリーは一緒にライドに出かけられるようベリルに自転車を一台貸した。

後にベリルが自転車に乗って輝かしいキャリアを築くことになるきざしは、ゼロに等しかった。子供時代の彼女は初等教育過程修了試験（※十一歳以上の児童が対象）に落ちて間もなくしてリウマチ熱にかかった。このため一時的に身体が麻痺しよくしゃべれなくなり、九ヶ月入院した後に一年以上休学、卒業できたのは十五歳の時だった。病気により彼女の心臓は弱くなったはずだと思っていた医者から激しい運動を避けるようにと厳重な戒めを受けた。しかしサイクリングと恋に落ちた彼女は躊躇しなかった。楽しめて、しかも純粋な意思の力——彼女が達成した業績すべての中心にあるのがこの性質だ——をもってすれば成功できる対象が見つかったのだ。というわけで彼女は次々に競争を勝ち抜き始めた。後に彼女は、自らの驚異的なキャリアを子供時代に大きなトラウマを耐えたことの「お返し」だったと形容している。

デニースが産まれてから一年後の一九五七年、ベリルは三つの国内タイトルを獲得した。二年後にベルギーのリージュでトラックレースに出場し初の世界タイトルを達成。彼女のキャリアは実に長きにわたり、かつあまりに傑出していてそのすべてをここに要約するのは不可能だ——数が多過ぎて何回勝利したかの正確な記録も残っていないくらいで、千回近かったのではないかとの説すらある。確実に分かっているのはトラックとロードの双方で彼女が七つの世界大会金メダルを獲得し多数の国内大会で優勝したこと、そして全英ロード・タイム・トライアルズ委員会の選ぶ最優秀女性オールラウンダー賞（アイリーンが二度受賞したのと同じもの）を二十五年連続受賞したことだ。二十五マイル（約四十キロ）競走記録で一時間を切った初の女性が彼女であり、五十マイル走で二時間、百マイル走で四時間をそれぞれ切った。その記録のいくつかは今日に至るまで破られていない。にも関わらず彼女はプロに転向しなかった。トレーニング・プログラムを自ら計画し、そのキャリアは資金面で完全に自己負担だった。

サイクリング・スポーツにおけるベリルの存在は圧倒的で、何十年にもわたり彼女を破る者がめったに出てこなかった状況は、まるで当時ヨーロッパのサイクリング界で留まるところを知らぬ勢いだったベルギーのエディ・メルクスのようだった。何が何でも勝つという激しい闘志からマスコミがエディを「人食い（the Cannibal）」と称したのに対し、最も頻繁に使われたベリルのあだ名が「ヨークシャーのおかみさん（Yorkshire housewife）」だったのは多くを物語っている。少なくとも彼女は、一九五五年に遂に国際自転車競技連合が折れ、女子サイクリング世界記録を認めると発表したおかげで、先人とは異なり女子記録公式認定の恩恵を受けることはできた。この年、デイジー・フランクスはハーン・ヒル・ヴェロドロームで初の「公式」女子一時間走記録を達成した。この百八十度方向転換の主な推進力となったのはイギリス人の元トラック競技選手アイリーン・グレイで、女子選手に対するメダルやタイトルの欠如にフラストレーションを抱えていた彼女は女性サイクル・レーシング連盟を発足させ、サイクリング・スポーツの女性サイドも国際的に認知されることを求めキャンペーンを展開した。彼女は数多くの反対意見に直面し、一九五〇年代ですら女性はレースに参加すべきではないとの姿勢だったオランダからはとりわけ激しい反発を食らった。

やがてアイリーンは反対派の多くにこれが道理にかなっていることを理解させ、一九五八年に国際自転車競技連合はフランスで初の女子ロードレース世界選手権大会――

第一回男子大会から六十五年後——を開催しルクセンブルグ出身のエルシー・ジェイコブスが優勝した。だが、ルクセンブルグ人はまだ女子レースを受け入れていなかった。世界チャンピオンの栄冠を勝ち取りその後十四年間破られなかった新記録を樹立したものの、まだ女性の競技参加が認められていなかったためエルシーは母国で全国チャンピオンになることができなかった。ルクセンブルグも遅まきながら一年後に目を覚まし、それはきっと自国産の優れた才能の存在に気づかされたからだったに違いないが、一九五九年にはエルシーもやっと彼女の増え続ける受賞リストに全国チャンピオンの肩書きを加えることができた。

この初大会にイギリス代表としてアイリーン・グレイが送り込んだ女性のひとりがアイリーン・クロッパーだった。何十年か後に、彼女はジャーナリストに対してこのイヴェントでの女子チームと男子チームとの扱いの雲泥の差、そして予算が限られていたため英女子チームは器具用具のほとんどを自己負担で買いそろえる必要があったことを語った。取材時八十四歳だった彼女はこの不平等にいまだに憤慨していて、三人で一部屋をシェアした宿泊施設を「ボロ安宿」と呼んだ。優勝者の後に続いた女子走者の着順をレース審判員たちは推測で決めていたとも述懐した。男子と女子とではレース報道に関しても相当な隔たりがあった——「男がやったことは何でも紙面を賑わせた」一方で「女は無視された」【註12】

男の世界とされていた領域に侵入してくる女に対する抵抗は続いた。自国および海外で女子チームの支援に当たっていたアイリーン・グレイはそうした場面を何度も目撃した。ライプツィヒでの大会に出場した英女子チームの付き添い役を彼女が担当していた時、男子チームのとあるメンバーが彼女たちの勝つチャンスをつぶそうとしてスペアのインナーチューブとタイヤ（女子選手の面々が自腹を切らなければならなかった機材だ）をすべてこっそり持ち逃げしたことがあった。企みは失敗に終わり、女子チームは勝利し金、銀、銅メダルと共に帰国した。またある時は、高名なイギリス人自転車競技選手レッジ・ハリスによって女子選手はひとつのトラックから締め出された。アイリーンがこの振る舞いに激怒したのはもっともな話で、彼女は後に「彼が享受していた援助の数々、そのほんの少しでももらえたらどんなに良かったことか。でも、誰も私たちに手を差し伸べてくれなかった」と述べている。【註13】

差別はアイリーン・グレイと彼女のチームに「絶対に成功してみせる」の思いを一層掻き立てただけだった。後に英サイクリング連盟会長になった彼女は立場を活かして機会均等を求め続け、女子サイクリングをオリンピック種目に加えようとの彼女のたゆまぬキャンペーンは一九八四年に遂に実現した。

ベリルの娘デニースは、彼女の母親を成功に至る道を阻むどんな難関ももののともしない人だと感じていたし、今や多くの人間が彼女を史上最高のサイクリストのひとりと看做している。アイリーン・シェリダンと同じくベリルも仕事と家庭生活を中心にサイクリング活動を調整しており、本職だったヨークシャーのルバーブ農場での重労働——「あらゆる天候下で一日中物を運び、持ち上げ、腰を曲げ、土を掘り返す」作業——で痛くなっていた身体に鞭打って毎夕自転車を飛ばし距離を伸ばしていった。【註14】農場での仕事を終えると彼女は毎晩自転車に飛び乗り、自身も優秀なタイムトライアル選手だったボスのノーマン・〝ニム〟・カーラインの監督の下、一週間で最長五百マイル（約八百四キロ）を消化した。

夫も熱心なサイクリストだったものの、ベリルは彼が競技に出場できるよう家で留守番し皿洗いする役回りを期待されていなかった——そうは言っても、トレーニング以外の時間や農家で収穫したルバーブを積み上げていなかった時は彼女も間違いなく自分の家事分担をこなしていたはずだが。出場した競技でほぼ毎回ベリルが勝つようになり、夫のチャーリーは彼女を全面的に支援するため自らの競技生活を諦めることにした。そもそも彼女がサイクリングに目覚めるきっかけを作ったのは彼だったとはいえ、彼は彼女が本物のレジェンドになる資質を見抜いていた。娘のデニースは後に、チャーリーのサポートなしにはベリルは数々の勝利をつかめなかったはずだと述べている。彼はベリルのメカニックであり運転手役を務め（自動車を購入できるようになってからの話。それまでふたりは何百マイルも自転車を漕いで競技場に向かった）、長時間のトレーニングの間はデニースの世話をし、四十年にわたる競技生活の浮き沈みを通じ一貫して彼女を支える岩であり続けた。アイリーン・シェリダンの夫ケンも同様に妻を支えた人で、彼女が息子クライヴを寝かしつけている間に自転車の整備を済ませ彼女がすぐに飛び出して何マイルか走れるようにし、子供をふたり産んだ彼女に出産後の自転車復帰を毎回励まし、訓練ルーティンを消化できるように彼女を助けた。

チャーリーとケンの妻たちが女子レースで勝利する段階を超え男性も追い越し始めると、各方面で少なからぬ数の人間が苛立たされた。「おかみさん」勢は男の世界にしゃしゃり出てきたばかりか、男のゲームで対等に闘い彼らを打ち負かす恐れすらあった。一九四五年に五十マイル（約八十キロ）タイムトライアル競技に出場した際、アイリーンはその脅威が相手にどんな風に受け取られるものかを実感した。このレースでアイリーンは彼女の前に出発していた他の女性選手を全員追い抜き、女子レースの開始十分前に最後の走者が出発していた男性グループに近づき始めた。女性選手が追いつくのは誰にとっても予想外だったが、アイリーンは実に力強く、難なく時間差を縮めていくことができた。最初に視界に入ってきた男性選手に並んだ時、彼のプライドが傷つくだろうと察した彼女は彼に対し同情を込めて「いやはや、きついレースですよね」と声をかけ走り去っていった。【註15】アイリーン・クロッパーはそこまで情け深くなく、タイムトライアル試合中に男性競争者のひとりからどうか追い越さないでくれと頼まれた時、「うるさいよ、追い越すからね！」と返した。【註16】

あまりに卓越したサイクリストだっただけに、ベリルはしばしば男性の時間／距離記録を上回ってしまうのには慣れていた。一九六七年にベリルはヨークシャーで開催された十二時間タイムトライアルに出場し、アイリーンの五十マイル競技と同じようにこのレースも同一のコースを男子勢に続きやや時間をずらして女子勢がスタートする仕組みだった。ベリルはすぐに競争相手の女性をすべて後にし、男子グループに追いつき彼らを追い越し始めた。この頃、十二時間レースの男子と女子の記録には二十一マイル（約三十三キロ）の開きがあった。女性出場選手の中で最も距離を伸ばすのはベリルだろうと誰もが思っていたとはいえ、まさか「ヨークシャーのおかみさん」がその差を縮め男子記録を脅かすことになるとは思っていなかった。

百マイル（約百六十キロ）地点で彼女は男性有力選手マイク・マクナマラからわずか二分半遅れだった。続く百マイルの間にもう数秒差を縮めた。二百五十マイル地点を過ぎ、十一時間以上サドルに乗りっ放しで太陽が沈み始めた頃、彼女は試合に出場した残りの男性サイクリスト九十八名をすべて追い抜き、遂に首位のマイクが視界に入ってきた。彼女は――驚くべきことに――男女間の記録の差を埋めた上に彼を追い抜こうとしつつあった。この時ばかりは、男性を追い抜くのはさして珍しくなかったベリルですら自らの迎えた瞬間の重大さに圧倒され、自伝の中でこう述べている――「私は凍ってしまい、速く、もっと速くと駆り立てていた力が脚から突然消え、まるでスイッチが切れたようだった。全身にざわっと鳥肌が立ち、ただただ彼の盛り上がった肩の筋肉を、汗じみのついたジャージを凝視していた。これだけの時間と距離を走った後に、自分は遂にこの国の偉大なライダーのひとりに追いついたのだという事実をうまく飲み込めなかった」

彼女はすぐ我に返り、程なくしてサイクリング史上最も伝説的なもののひとつとして語り継がれる場面で彼を追い越していった。彼女はマイク――男子新記録を打ち立てるつもりでいた彼はベリルに抜かれつつあるのに気づいていなかった――に並び、リコリス・オールソート（※噛みごたえのある甘いチュー系キャンディの一種）をひとつぶ差し出した。彼は受け取り、感謝し、記録破りな走りを続けるベリルの背中を見守った。

この時点ですら彼女の心中は複雑だった――「九十九人の男たちを抜き、ロードの先頭にいたものの、私の内面は悲喜こもごもだった。マイクは実に素晴らしい走りをやっていたというのに、それに立派に値する彼の栄光はひとりの女のせいで影が薄くなってしまうのだから」。これはベリルにしては珍しかった。他の数々のレースで男性を追い抜いた時には、当然のごとくまったく気のとがめを感じなかった。彼女と競争したことのあったとあるライダーは、追い越し際に「ほらお兄ちゃん、頑張りが足りないよ！」と彼女に大声をかけられたのを記憶している。

マイクの傷つけられたエゴは別として、完走したベリルには祝福すべきことがいくらでもあった。彼女は十二時間以内に二百七十七・五マイル（約四百四十六キロ）を走破し、当時の女子記録を四十マイル（約六十四キロ）近く更新した。この距離はそれまでの十二時間走男子記録を五マイル（約八キロ）上回るものだった。マイクも二百七十六・五十二マイル（約四百四十五キロ）で自己新記録を出したものの、彼女にはかなわなかった。ベリルに三度目のビッドレイク記念賞が贈られたのはこの業績ゆえで、同じサイクリストが二回以上受賞したのは同賞の歴史上唯一のことだった。彼女の走距離を他の男性が超えるのに二年かかった。女性がこの記録を更新したのは――この歳月の間に起きた数々の技術発展にも関わらず――二〇一七年にアリス・レスブリッジが二百八十五・六十五マイル（約四百五十九キロ）を樹立した時のことで、五十年かかったことになる。

あの日に関して語ることを拒んだマイクは、どうやら女性に負けたショックから立ち直れなかったらしい。対してベリルは次の年にカンヌ開催のグランプリ・デ・ナシオン参加を認められ、この権威あるクラシック・レースの七十二年の歴史を通じ最初で最後の女性出場者になった。彼女は男子選手の前にスタートしなければならずタイム記録も非公式扱いだったとはいえ、彼女のフィニッシュは予想をはるかに上回るもので、レースの最終数ラップを回るヴェロドロームではまだ他のレースがおこなわれている途中だった——彼女がこんなに早く会場に戻ってくるとは誰も思っていなかったのだ。この回で優勝したのは「不死鳥（the Phoenix）」ことフェリーチェ・ジモンディだったが、ベリルは彼に十二分しか遅れを取らなかったし、最下位選手——出場者全員が数多くの優勝・受賞経験を持つフルタイムのプロ自転車競技選手ばかりだった——との差はわずか一分での完走だった。

一九八〇年代初期まで彼女は記録を樹立し続け、一九八三年に二十五回連続となった最後の最優秀女性オールラウンダー賞を受け取った。彼女はサイクリングをやめなかった。一九九六年に、自らの五十九歳の誕生祝いの招待状を自転車に乗って配っていた間に彼女は世を去った。実にふさわしくも、しかし悲劇的な最期だった。続く週に彼女は十マイルのタイムトライアル全国大会に出場する予定だった。何十年にもわたり限界まで酷使されたために彼女の心臓は力尽きてしまったのだろう、多くの人間がそう信じている。

彼女の誇る数多くの業績の長いリストはサイクリング界において唯一無二かつ驚異的なものであり、このスポーツは女性には無理だと思っている誰にとってもショックだろう。だが残念ながら、もっと以前から女子サイクリングがオリンピック種目だったらそこで彼女がどんなことを成し遂げたかは知りようがない。仮に彼女がその後起きた自転車とトレーニング双方の技術発展の恩恵を受けていたとしたら、その記録は更に圧倒的かつ不倒なものになっていたことだろうと私は思っている。

今やより多くの女性がもっとタフなスポーツ競技に参加する機会に恵まれるようになり、それに伴い、ベリルの十二時間走やアイリーンとマーゲリートが挑んだエンド・トゥ・エンド走に匹敵する困難なレースを含む超耐久競技の世界では性差が確実に縮まり始めているのが見て取れる――ベリルが何十年も前にやってみせたように、女性が男性を負かす場面はしょっちゅう起きている。二〇一六年に、アラスカ出身のラエル・ウィルコックスは太平洋岸から大西洋岸までアメリカ大陸を横断する四千二百マイル（約六千七百五十九キロ）のトランザム・バイク・レースで優勝した。その前年、彼女はカナダからメキシコ国境に至るロッキー山脈に沿う分水嶺をマウンテンバイクで走るレース、二千七百四十五マイル（約四千四百十七キロ）のツアー・ディヴァイドでも女子新記録を達成している。

そして、二〇一九年にはドイツのフィオナ・コルビンガーがブルガリアからフランスまでの二千四百八十五マイル（約四千キロ）を十日間と二時間四十八分で走破し圧勝、苛酷なトランスコンチネンタル・レース史上初の女性勝者として歴史に名を刻んだ。二位に六時間以上差をつけてのフィニッシュだった。超耐久ランニング界では同じ年、イギリスのジャスミン・パリスがタフな二百六十八マイル（約四百三十一キロ）のモンテイン・スパイン・レース（※ペナイン山脈沿いにイギリスからスコットランドを目指す冬期ウルトラマラソン）で総合優勝を果たした。彼女は十二時間の差で前記録を破り、トレイルを進んでいた八十三時間強の間に睡眠時間はたった七時間。しかも彼女は赤ちゃんのために休憩各地点で搾乳までやりおおせた。(*)

＊ 女性のスポーツ能力がいまだに一部から疑問視されているのは驚きだ。二〇一九年にYouGov（※オンラインを基盤にしたイギリスのマーケット・リサーチおよびデータ分析会社）のおこなった意識調査がいい例で、おそらく現在世界最高のテニス選手であるセリーナ・ウィリアムスから自分はポイントを奪えると思う、と男性の八人にひとりが回答している。

ダート・ガール

ベリルは女性サイクリストの新境地を開き、一九八〇年代半ばに彼女が国際大会から引退する頃までに女子サイクリング界は新たな時代に入り、男子サイクリングと肩を並べるにはまだほど遠かったとはいえ女に何が可能かを証明するための待ちに待たれた機会が遂にもたらされるようになった。そして彼女たちが競技の場でなんら引けを取らないことを証明すればするほど、反対派も女は台所で皿洗いをしていた方がいいとの声を上げにくくなった。それでもまだ疑う人間は、一群の女性サイクリストが「可憐なレディ」なるコンセプトをハードにスピーディにタイヤで踏みにじった、一九七〇年代と八〇年代にアメリカ合衆国西海岸に出現したシーンを眺めさえすればいい。

マウンテンバイキング（MTB）というスポーツの起源には諸説あるが、一九六〇年代末から七〇年代にかけてマリン群で暮らしていた自転車マニアのヒッピー集団が新種のバイクおよび走法の発明に大きな役割を果たした、というのが一般的な通説だ。彼らの多くはロードレーサーで、ロード界はあまりに順応主義でルールにこだわり過ぎだと感じていた。何せマリン郡は、カウンターカルチャーとサイケデリアとサマー・オブ・ラヴの震源地だったサン・フランシスコのハイト・アシュベリー地区とは橋を一本隔てて目と鼻の先だ。

このヒッピーたちはストレス発散のために、廃品投棄場で見つけてきたバルーンタイヤ付きの一九三〇～四〇年代製の古いクルーザーバイクに乗りタマルパイス山の舗装されてない道を走るようになった。かつて女優のジョーン・クロフォードが宣伝したこともあったこの重いタイプの自転車（二十キロ強）は、その重量級の構造ゆえにもっと頑丈な選択肢としてオフロード・サイクリングに用いられるようになっていた。こうして新たな使い道に適用された自転車はクランカーズ（Clunkers＝ポンコツ車）の名で知られるようになり、熱心な愛好家は険しい土地での高速ダウンヒル走という彼らのスタイルにもっとマッチした自転車を自作するようになっていた。

コラボ型の反消費主義なシーンとしてスタートし、廃品から集めてきた部品から自転車を作るという純粋なDIY精神を誇ったとはいえ、一九八〇年代半ばにMTB人気がメインストリームで爆発した時、初期の立役者の数人の懐には大金が転がり込むことになった。マウンテンバイクの発達はサイクリングに革命をもたらし、今や自転車産業の重要な部分を占めるようになっているだけに、人々が舗装道路を下りて山道に入ろうと考なかった時代がかつてあったことは想像しにくい。未舗装の山道に乗り入れる衝動に駆られた者もいたが、荒い地勢を相手にできる設計のバイクが存在しなかった。このシーンはアドレナリンに煽られ痛快に疾走できる、自動車や都市部から遠く離れ大自然に触れさせてくれる新たなフロンティアだったが、と同時に振り落とされると深刻にたちの悪い、死の危険すらある落車事故の起こる荒野でもあった。

ダウンヒルMTBレースのライダーはたとえばオフシーズンのスキー・スロープといった、岩、わだち、樹の根、その他様々な障害物だらけの急勾配で技術を要するコースを高速で下っていく。猛烈な勢いの急降下はものの五分で終わる。一九七六年から一九八四年にかけて不定期におこなわれ、後にリパック・レースの名称で知られるようになるダウンヒルのイヴェントはタマルパイスのほぼ垂直に近いファイアー・ロード（※森林火災消火活動専用の未舗装路）の二マイル（約三キロ）地帯で初めて開催された。これら初期レースの写真を眺めると、ジーンズにワーク・ブーツ姿でトレイルを疾走する男性たちの中に女性の姿を見つけるのに苦労する。この男たちの何人かは、たとえば世界中でその名がマウンテンバイクと同一視されるゲイリー・フィッシャーのように、後に有名人になった。いまだに容赦なく危険なスポーツのままだが、この当時使われていたバイクは現在私たちが購入できる類いのマシン、軽量ボディでサスペンションやディスク・ブレーキといったアドバンテージも付け加えられた姿からはほど遠い未発達なものだった。

シーンの初期を捉えたこれらの写真を見ているだけでは分かりにくいのは、その多くを撮影したのがひとりの女性だったことだ。そしてシャッターを切っていない時、ウェンディ・クラッグはタマルパイスのトレイルで男たちに加わり一緒にリパック・レースのコースを走った。

その始まりの頃から、MTBにはタフで典型的に「男らしい」スポーツとの評判が付いて回りがちだった。攻撃的で、汚く、危険なこともある――避けるようにと女性が長年言われ続けてきたことばかりだ。今日ですら、男性参加者の方がはるかに多い。しかしそこには常に、何十年にもわたりこのスポーツの形成・定義・発展を助け、「女々しい走り」の概念を高速で恐れ知らずな、泥にまみれるのも意に介さないライドにシェイプし直してきた女たちが存在していた。

ウェンディが太タイヤのバイクに乗り始めた七〇年代半ばに、彼女はこのトレイルに踏み込んでいった熱心な開拓者グループの中でしばらくの間唯一の女性だった。彼女は現在もタマルパイスのふもとの町フェアファクスで暮らしており、サイクリングに起きたこの新たなムーヴメントの一部になるのはどんなものだったかをメール取材で語ってくれた。一緒に乗り回す仲間だった、前夫ラリーと地元の男友だち数人に近所の知り合いらから成る小さなグループのことを彼女は自分たちを「目の前に開けたばかりの新世界を探険する孤独な探検隊」と看做す「トライブ（部族）」に近いものだった、と形容する。彼らが「レーダー外で気づかれないまま」好きなようにやれたことを彼女は気に入っていた。

だが、すんでのところでマウンテンバイク走にハマらずに終わりそうだったことも彼女は認めている。一九七五年八月に初めてマウンテンバイクに手を出した時、二十五キロの重さの「怪物」で頂上を目指すことになった彼女は二度と乗るもんか、と思った。暑くて埃っぽい日で、重たい自転車を押しながら登り坂を上がる場面も多く、山を下る狭い道や一本道はかなり怖そうに見えた。同行した連中とは違い、それまで自転車に乗ったことのなかった彼女は不利な立場にいた。だがそんな彼女を再びバイクに向かわせたのは、この体験のおかげで自宅のすぐそばにある、ただただ見とれてしまう美しい風景ととても強く結びつくことができたからだった。困難な地勢と運びづらい自転車をもっと上手に扱えるようになるにつれ彼女はますます冒険的になっていき、自分自身と周辺環境の双方を「発見するスリル」を楽しむようになっていた。それはいつしか彼女がやらなくてはならないことになっていた――「楽しさと冒険を欲する自分の生まれつきの性向に完璧にマッチしていた。その自由と喜びの感覚は陶酔させられる中毒性のあるもので、程なくして、自分にはこれを毎日『キメる』必要があるのがはっきり分かりました」

レースは「おふざけ」として始まったが、やがて極めて競争度が高くなっていった――生きてフィニッシュに到着するたび参加者はほっと胸を撫で下ろしたものだった。最初の十八ヶ月間、マウント・タム（タマルパイス山）で自転車に乗りレースしていた女性は彼女だけだった。それでやる気が失せるどころか、唯一の女性である自分は「ローン・レンジャー」だと思ったことすらなかったと彼女は言う。子供時代は常に姉妹の遊びより兄弟のやっているゲームの方にもっと惹かれていた彼女は、お飾りで混ぜてもらう「おてんば娘」であるのは慣れっこだった。男だらけのシチュエーションを彼女が億劫だとか変わっているとは感じず、あまりに「その瞬間に没頭」し過ぎて深く考えずにいられたのはこのせいだったのかもしれない。バイクは彼女にとって「ジェンダーと文化的な制約を変えてしまう」パワーを備えた「平衡装置」のように思えた。

できるだけ速くダウンヒルを競争するばかりではなかった、とウェンディは言う。グループは時にリラックスして風景を満喫し、道中ベリー類やキノコを摘みながら飼い犬を連れて川辺でピクニックしたこともあった。かといって彼女がレースの側面に及び腰だったというわけではない――彼女はいまだにリパック・レース、あの「曲がりくねった情け容赦ない」、大きくくぼんだわだちと穴、巨大な岩、Uターン、大小様々な落車を味わわされた障害物だらけの四百メートルの急降下競争で女性最速タイムの記録を保持している。

ウェンディと彼女のバイクはもっと遠くまで足を伸ばし、一九七八年にはマウント・タム・グループの他のメンバー五名と共にコロラドに向かい、今や伝説となったパール・パス・ツアーに女性として初参加した。今も続くこのイヴェントは二日間にわたる三十八マイル（約六十一キロ）のルートで、かつて炭鉱から鉱石を搬送するのに使われたラバ用の古い通風坑道沿いに、三千八百七十二メートルのパール山道経由でクレステッド・ビュートからアスペンに至る悪名高い苛酷なレースだ。二年前にこのツアーを作り出したコロラドのグループは、どうせカリフォルニア勢と彼らのもっと性能の良いバイクが勝つだろうとして参加を取りやめ退却しかけていたが、ウェンディも出場すると気づくや、彼らのマッチョさが首をもたげ負けを認めるのを押し止めた。

バイクを運んだり、押して進む区間が多く、氷のように冷たい小川をいくつも通過しながらあの山道を登るのは、スピード以上に「粘り強さと耐久力」の勝負だったとウェンディは説明する。翌日のアスペンに向かう岩だらけの細い下り道は「残忍なほど激しい振動」であり、「忍耐を試される本物の試練」にほかならなかった。この回のイヴェントは以来、MTBスポーツの誕生における重要な転機のひとつとして伝説化した。パール・パスは今なお重大な覚悟で臨む必要のあるツアーであり、勇気のない者には向かない。今に較べ何もかもはるかに原始的だった一九七八年にあのルートを走るのに、どれだけの不屈の精神が求められたかは想像を絶する。

一九八〇年代半ばにMBT人気が爆発し、レースは真剣さを増し規則が着々と整えられ、ライダーのスポンサーとして企業が入り込んできた頃、自分はこれに関与したくないと思った、とウェンディは認める。このスポーツのパイオニアのひとりであったことを彼女はとても誇りに感じている——「とりわけ、いずれ世界規模で広がっていき、サイクリング産業の様相をすっかり変えたブームに最前線で立ち会った女性だったことを」。現在マリン郡サイクリング博物館に保管されている彼女の撮影した写真のアーカイヴは、このスポーツの誕生とその中に彼女が占めるユニークなポジションの重要な記録だ。「太いタイヤのバイクにまたがる」女の子の姿を見かけるたびとても大きな喜びに襲われる、と彼女は語ってくれた。MTBというスポーツは実に多くの面で変化してきたし、バイクの種類もMTBも多種にわたる――クロスカントリー、エンデューロ（長距離耐久走）、フリーディー（フリーライド）等々――のはもちろん、山道とシングル・トラックを走る女性もかつてないほど増えた。

今日活躍する女性競技選手の多くは、一九八〇年代から九〇年代にかけてMTBのプロ化が進むにつれレースに参加していった驚異的な女性たちからインスピレーションを受けていることだろう。うち何人かは初期にウェンディと走ったことがあり、あるいはその後の世代もいるが、彼女たちは圧倒的に男性が占めるスポーツの中に途方もない足跡を残していった。デニース・カーマノはMTB初期のレースでウェンディとあいまみえたライダーのひとりで、共同執筆していたこのスポーツ初の専門誌のタイトルとして、今やどこででも使われる「ファット・タイヤ」のフレーズを思いついた。あるいはジャッキー・フェラン、水玉模様のタイツやゴムのアヒルをくっつけたヘルメットを始めとする型破りな出で立ちで数々のレースのスタートラインに立ち、異彩を放った人もいる。彼女は一九八〇年代前半にロードレースからMTBに転向し、初出場したレースで優勝した。エントリーする女子選手が極めて少なかったため男／女レースの区分がまだなかった頃にジャッキーは一九八三年から三年連続で全米チャンピオンの座に就いた。もうひとりはジュリー・ファータドで、その短くも輝かしいキャリア（残念なことに全身性エリテマトーデスの診断で早期引退した）は一九九〇年第一回国際自転車競技連合ＭＴＢ世界選手権でのクロスカントリー（ＸＣ）優勝から始まり、一九九六年オリンピックのアメリカ代表出場で終わった。引退した時点で彼女はＭＴＢ（男女問わず）における最多首位獲得者としてギネスブックに認定されており、その回数は当時、最も成績の良かった男性と彼女の次に強かった女性の双方の獲得数を足したものを上回っていた。

ザ・ミサイル

一九九〇年代に活躍したとあるダウンヒル女子選手は特に際立っていて、その恐るべきスキルと競技の制しぶりだけではなく大胆不敵でヤバい態度も手伝い、一気にロック・スターに近いステイタスを獲得した。ミッシー・ジオーヴは間違っても「可憐なレディ」ではなく、「ザ・ミサイル」の異名をとり「やるんだったら命がけ《go big or go home》」のフレーズを体現したパンク・ロックのアイコンだった。ダウンヒル世界選手権大会での十一個ものメダル獲得も含む数多くのメジャーな勝利を収めていく過程で、彼女はあらゆる苦痛を自らの身体に課した。極めて技能の高いライダーだったとはいえ、そんな彼女も世界で最もタフでテクニックを要するダウンヒル・コースを時速九十五キロ近くのスピードで疾走すれば確実に何度かバイクから放り出されることになる。

あるジャーナリストは彼女のレーシング・スタイルを「コースを下りていく間中ずっと、そこここで核爆弾が爆発していくようだった」と形容したことがあった。【註17】どうして骨折回数が非常に多かったのかもそれで部分的に説明がつくかもしれない——推定では両足の膝蓋骨と踵、肋骨、鎖骨、骨盤を含め三十八回骨折したとされる。何度となく脳しんとうに耐え、二〇〇一年世界チャンピオン大会では大事故に遭い脳内出血を起こしたこともあった。これは考えさせられる医療記録であり、間違っても祝う類いの「記録」ではない。彼女が二〇〇三年に引退を決意した大きな要因がこの脳内出血だったのを思えばなおのことだが、と同時にここからは、彼女を決定づけていた何も恐れない大胆さと打ち込みぶりが伝わってくるのもたしかだ。

ミッシーはかつて「死ぬのは怖くない、もしそうだったら自分が自分ではなくなってしまう」とインタヴュアーに語った。【註18】「あの、空を飛ぶ感覚が大好きだ。その瞬間のこと以外は一切何も心配しなくていいのはとても解放的な気分になれる」。彼女の哲学は今を全力で生きるということだった――「人生は一度だけ、それっきり。だったら精一杯生きるに限る」【註19】。十年以上にわたり彼女は何が何でもサドルに復帰し続け、骨折で負傷した直後に試合に出ることもあった。スタートラインに立つ姿は一目で彼女と分かるくらい派手で、髪型はドレッドロック、短く刈り込みブリーチしたブロンド、バイクの色に合わせツートーンに染めたものまで様々でタトゥーやピアスも多かった。ペットだったゴンゾという名のピラニアの死骸を乾燥させてぶらさげたネックレス、レースのたびブラの内側にちりばめる亡き愛犬ラフィアンの灰を始めとする風変わりなお守りの数々も話題を集めた。べらぼうに大きな個性の持ち主にしてずば抜けたアスリートだった彼女はジョン・スチュワートやコナン・オブライエンらが司会を務める人気トーク番組に招かれ、ホストとしてMTVにゲスト出演したこともあった――ニッチなスポーツで活躍するスター選手にスポットを当てることはまずないような番組ばかりだ。レースの現場では、彼女のサイン欲しさに十代の少年の集団が行列に並んだ。(*)

＊　現在、「ミッシー・ジオーヴ（Missy Giove）」をネットのサーチ・エンジンに入力すると、検索結果のトップに出てくるのはマリファナを大量密輸した罪で二〇〇九年に彼女が逮捕されたというニュースだろう。スポーツ界関係者の多くに衝撃を与えた事件であり、無視するのもおかしな話なので追記しておく。私には彼女のやったことの是非を論じるつもりはない。ただ、本書は彼女が女子マウンテンバイク界に果たした重要な貢献に特に焦点を絞っているし、後に起こったことでその功績を帳消しにするべきではないと私は思っている。

ミッシーはニューヨークに生まれ育ち、十代の頃にやった中華料理のデリバリー仕事で自転車に乗って初めてお金を稼いだ。都会生活は息苦しい、山で暮らしたい、常々そう感じていた彼女はやがて自転車に飛び乗り、祖父母が暮らしていたヴァーモント州に引っ越した。ここでスキーの滑降種目の道に入り一九九〇年にジュニア全国大会を制覇し、大学奨学金を獲得する。スキーを始めた当初リフト・パスを買えず、スロープの頂上までハイキングし滑り降りたというのは彼女の根性がどれだけのものかを物語る逸話だ。

オフシーズン中のトレーニングの一環として彼女はマウンテンバイク走を発見し、たちまち惚れ込んだ。この年、テントを荷物に詰め、ジュリー・ファータドがXCで優勝した第一回国際自転車競技連合MTB世界選手権に参加すべくヴァーモントからコロラドまでヒッチハイクした。レース参加許可証を入手しダウンヒル競技に初出場した彼女はジュリーの所属チームであるイェティのマネージャーだったジョン・パーカーの目に留まり、このガッツのある異端児ライダーが加わればチームに貢献すると見抜いた彼はその場で彼女にチーム・ジャージを渡した。

彼女のキャリアはどんどん成長していき、ミッシーが全速力でトレイルを突っ切っていく様を見守る観客は毎回確実に目の覚めるような高揚感を味わった。一九九九年MTBワールド・カップの解説者レス・ゲッツはミッシーと彼女のキャリアをこうまとめた――

「彼女は野性的なライダー、おそらく今日のこの女子競技の分野で最もワイルドな選手のひとりだ。それにも関わらず実にブレがなく、ほぼ毎回トップ三位入賞を果たしている」

イェティ・チームに加入して何年も経たないうちに世界チャンピオン大会と世界選手権でメダルを獲得するようになり、二〇〇一年までその数を増やし続けていった。その間に、ミッシーは当時MTBとその走者に大枚をはたいていたエリート・チームのボルボ・キャノンデールに移籍した。リーボックの広告に起用され、有名写真家アニー・リーボヴィッツの被写体になり、レーシング・ビデオゲームにも登場した。マスコミも彼女を熱愛し、好敵手だったMTBおよびBMXのフランス人レーサーであるアンヌ＝カロリーヌ・ショソンとの間にあったとされる激しい確執を書き立てた。

スポーツ・メディアのスポットライトを独占していたのは男子レースだったにも関わらず、彼女は注目を集めてみせた。しかも彼女はそのために一切妥協する必要がなかった。彼女はジャーナリストに対し、お手本としてあこがれられるロール・モデルになるのにバービー人形のようなルックスになる必要がないのは「クールなこと」だと語ったことがある。その上、彼女は自らのセクシャリティをオープンに語るのに躊躇しなかった。

スポーツは歴史的に同性愛とは複雑な関係にあり、いまだに葛藤し続けている。重要な収入源であるスポンサー契約を失う、あるいは同性愛差別の攻撃を受ける可能性を恐れ、世間から注目される多くのアスリートが自らのセクシャリティを明かすのは無理だと感じてきた。特に、超マッチョな男子サッカー界では同性愛嫌悪の問題は改善されるのではなく悪化しているとの報道も一部にあり、試合中にいまだに同性愛者へのヘイト剥き出しな言葉が連呼される。英国人選手ジャスティン・ファシャヌが一九九〇年にカミングアウトした時に浴びた罵倒・迫害はあまりにひどく、八年後に彼が自殺した大きな要因はそれだっただろうと信じられている。以来、英プレミア・リーグ所属のプロ・サッカー選手で他にカミングアウトした者はいない。その状況は今日の女子サッカー界の様相とは大違いで、ミーガン・ラピノー（※アメリカ合衆国女子選手）を筆頭に二〇一九年女子ワールド・カップの参加選手やコーチの四十名近くはゲイもしくはバイセクシャルであるのを公言している。しかしここに達するまでの道のりは長かった。

これは掘り下げるのに本を一冊丸ごと要するくらい非常に微妙で複雑な問題だが、スポーツは昔から血気盛んでヘテロセクシャルな男らしさのステレオタイプ――いわゆる「鉄人」たち――と深く結びつけられてきたのは事実だろうし、その「ノーマルさ」から少しでも逸脱すると見られる者を受け入れるのに苦労してきた。対して、スポーティでたくましい女性は長らくゲイだと思い込まれてきたし、それは彼女たちが一般に受け入れられやすい女らしさを構成する諸概念――ありがたいことに今や時代遅れになったが――に逆らう存在だからだ。映画『ミスエデュケーション』(二〇一八)でティーンエイジャーの主人公は同性愛の「治療」のためにキリスト教団体の性指向転向キャンプに送り込まれるが、施設責任者の大人たちは彼女がランニングを好む面が同性に魅力を感じる引き金になったのだろう、と結論づける。

女性のスポーツと同性愛との混同は、たとえ事実ではなくとも、本章冒頭に登場したロスリン・レディーズCCを始め数多くの女性がレズビアンのレッテルを貼られることにつながった。実際にゲイであるスポーツウーマンにとっては、カミングアウトすることには深く根ざした誤った偏見を裏付けるだけではなく、より深刻な問題として、反感を抱かれる危険性も伴った。収入が減る可能性も高く、マルチナ・ナブラチロワは一九八〇年代にカミングアウトした時にコマーシャル契約をいくつか失い、彼女はその損失額を一千万ドルと見積もっている。ゲイであることを公表したスポーツ界の最初のスーパースターのひとりだった彼女は、そのためにかなりの敵意にぶつかったことになる。対照的に、二〇一九年にスウェーデン人サッカー選手マグダレーナ・エリクソンは、彼女の母国チームがワールド・カップ準決勝進出を決めた際にガールフレンドのデンマーク人サッカー選手ペルニレ・ハルダーにキスして祝い、その写真は世界中で報道され大いに賞賛された。問題がすっかり消えたわけではないが、この一件は女性のセクシャリティとスポーツにまつわる偏見の数々が遂に衰え始めた、そんな時代に私たちが今いることを告げるものだ。

他の多くのスポーツと同様に、サイクリングも時代にそぐわないハイパーな男らしさおよびヘテロセクシャルな屈強な鉄人という理想像に捕われたままであり、プロ自転車競技選手時代に最上級レヴェルで闘い引退後に男性から女性に性別移行したフィリッパ・ヨーク（旧名ロバート・ミラー）は、そのカルチャーゆえに「他とは違うと看做された誰もが、つま弾きにされ愚弄される、あるいは一種の危険分子扱いされる」と述べている。【註20】サイクリング・スポーツがもっと進歩的になり、ジェンダーとセクシャリティにまつわる障壁を壊して欲しいとの願いから、彼女は自らのトランジショニングについてオープンに語ってきた。

一九九〇年代にはまだ社会の多くの場で同性愛嫌悪が横行していたし、マルチナやミッシーとは異なり、おおっぴらにカミングアウトしようとするスポーツ人が少なかったのは理解できる。オープンにゲイだと認めるのは収入の減少を意味していたが、悔いはないとミッシーは語ったことがある――「自分がどんな人間かをちゃんと示すのは大事なことで、そうすれば他の人たちに力をあげることができるからだ」。【註21】同性愛者であることを誇りをもって公表した彼女は自分のガールフレンドについて語り、ゲイ雑誌向けのフォト・セッションをおこない、スポーツをやるにせよそれ以外の何をやるにせよゲイ女性であることに恥ずべきところは何もないことを示した。比較的新しい分野であるMTBはそのぶん常によりオープンかつ進歩的だったし、もっと伝統的なスポーツであれば問題になっていたかもしれない彼女のセクシャリティが受け入れられたのもそのせいだったのではないかと多くの人間が感じてきた。

自分は男子フィールドの誰とも同じくらいハードにバイクに乗れる、そう信じてミッシーはスピードの速い危険で刺激的な環境で成功してきた。その思いは彼女のDNAの一部になり、引退してから十二年後の二〇一五年に、四十三歳の彼女はウィンダムで開催された国際自転車競技連合ワールド・カップ大会のコースに立った。がんの告知を受けていた妻が世界選手権で走るミッシーを見たがっていたため、彼女はバイクに復帰した。過去十年ほとんど走っていなかったにも関わらず、当日十六位の成績を収めた。もちろん優勝するとは思っていなかったが、他の人々の励みになれたら嬉しいと彼女は報道陣に語った。どんなものに妨げられるのも拒んできた、そして年齢に負けるつもりもまだない、そんな女性からの良い助言だ。

この点は、三十八歳でやっとMTB競技を始めたアメリカ人超耐久力運動選手であるレベッカ・ラッシュも同意することだろう。以降、全米および世界の選手権大会でクロスカントリーと二十四時間MTBレースで勝利することになった彼女は「苦痛の女王(Queen of Pain)」の異名をとり、あらゆるスポーツの中で最も心を奮い立たせてくれるキャリアのひとつを築いてきた。一方、かつてミッシーの宿敵とされた現在四十代のアンヌ＝カロリーヌ・ショソンは卵巣がんを克服し、バイクに復帰している。

フィールドの深さ

MTB界にいる者の多くはこのスポーツは包括的で誰でも歓迎し、ロードサイクリングのように歴史の古い他の分野ほどスノッブではなく規則にかんじがらめでもないと思っているが、男性に較べ女性参加者がはるかに少なく、BAME(Black, Asian, and minority ethnic)の出自を持つ者がそれより更に少ない事実から逃れることはできない。男女の割合を数値化するのはむずかしいが、アメリカの『MTB』誌は二〇一六年に同誌読者に女性の占める割合を推定約十五パーセントとし、それを踏まえた上で、トレイルを走る女性は十人につきわずかふたりの計算になる、としている。対して陸上競技走のようなスポーツでは割合は均等だ――二〇一五年におこなわれた全レースの完走者合計数の五十七パーセントが女性だった。

元プロ・マウンテンバイク選手のサブラ・デイヴィソンと姉リー・デイヴィソン（オリンピック級の走者）が二〇〇〇年代初頭にレースに参加し始めた頃、ふたりはしばしばチーム唯一の女性メンバーだった。かつ、スタートラインに立つ女性の数は更に目に見えて少なかった。ヴァーモント州にある自宅から電話取材に応じてくれた彼女は、姉妹は周囲の男性ライダーたちからとても勇気づけられ応援してもらったと感じていたと私に話してくれた。自分の経験は万人向けではないだろう、と彼女は認める――「本当にひとりきりでひたすら自立した人間として存在するのは、多くの人間にとってきつい在り方でしょう」

その結果、彼女とリーは七歳から十六歳の女子を対象に、バイクの乗り方を学び一緒にライドに出かけ、より多くの女の子にこのスポーツに入ってきてもらえるよう「コミュニティと仲間意識」を育むためのリトル・ベラズという非営利ＭＴＢ指導プログラムを作り出した。姉妹の共同設立者であるアンジェラ・アーヴィンは、トレイルを行く男性の友人たちの後を必死でついていきながら四十歳にしてマウンテンバイクの乗り方を学んだ。そんな彼女は、女性にもっと優しいスペースの存在がより大きな多様性を促すのにどれだけ役立つかを重々承知していた。「このスポーツはもしかしたら女の子たちには自然に入っていきにくいかもしれない」し、彼女たちが「安心でき、招き入れてもらっていると思える」スペースを作り出すことでMTBをもっと「近づきやすい」スポーツにすることを目指している、とサブラは語ってくれた。

彼女たちの組織は全米各地に支部を構え、非常に好評で一部の地域によっては入会四年待ちというケースもある。家庭の収入に関わらず誰でも参加するチャンスがあるように奨学金制度が設けられており、参加者の経費負担額を最低限に抑えるために女の子たちひとりひとりの入会料を助成するスポンサーもついている。リトル・ベラズは現在アメリカ合衆国およびヨーロッパに数多く存在する、女性／BAME／LGBTQ+サイクリストを支援する空間を提供することでこのスポーツがより多様性に富んだオープンなものになるのを助けているグループのひとつに過ぎない――このアイディアの始まりは一九八〇年代、現在以上に圧倒的に白人男性が占めていたこのスポーツに女性の参加を促すべくジャッキー・フェランが立ち上げた合宿シリーズである伝説的なウォンバッツ(WOMBATS = Women's Mountain Bike And Tea Society)にまでさかのぼる。

アニーサ・ラマルにとってMTB界で劣勢に立たされるのはおなじみの感覚だ。友人たちからスーリの愛称で呼ばれる二十三歳のアニーサは、インド北東部高地地帯にあるメーガーラヤ州(州名は「雲のすみか」の意)の街シロンで生まれた。バングラデシュとブータンに挟まれ、標高二千メートル級の山々と豊かな熱帯雨林が覆う低地を備えたメーガーラヤはオフロードでバイクに乗るのに理想的な土地だ。

この地方に暮らす民族集団は昔から母系制、母方の財産を相続する形で組織されてきた――インドでもそれ以外の国でも今や珍しいシステムだ。だが、女性中心な姿勢があるにも関わらず、この地域のＭＴＢ競技には女子種目がない。インドの他の地域でもそれは同様だ。したがって十七歳で初めてダウンヒル走をやり始めたアニーサは男子カテゴリーにエントリーせざるを得ず、まずジュニア競技、現在はエリート競技に参加している。四十年前に、たくさんの男性相手にたったひとりの女性としてタマルパイス山でリパック・レースに挑んだウェンディもこれと同じだった。

その当時のカリフォルニアのように、今日のインドにおけるＭＴＢもまだ始まったばかりの段階にあり、インフラと参加者の面でヨーロッパとアメリカに大きく後れをとっている。マウンテンバイクの購入費用だけでも、このスポーツを多くの人間の手の届かない存在にするのに充分だ。アニーサは同国でおこなわれるダウンヒル・レースに参加している女性はおそらく自分だけだろうと信じており、それはこれまで出場してきたイヴェントで彼女はまだ他の女性競争者に出くわしたことがないからだ。女の子や女性をもっとスタートラインに送り込もうとするリトル・ベラズに当たる組織はインドには存在せず、ゆえにアニーサはパイオニアとして注目される立場にあり、願わくは他の者たちがその後に続いてくれる軌跡を作っているところだ。私とのメール取材で、初めて競技に参加申し込みをした時に彼女はこのスポーツ――それしか持っていなかったので当時はBMXに乗っていた――についてほとんど何も知らなかったと述べている。ヘルメットすら持っていなかった。しかし、いったん山を高速で下る圧倒的な高揚感を味わったところで彼女は病みつきになった。そしてこのレースで彼女はトップテン以内に入ってみせた。

アニーサはれっきとしたMTBを買うためにすぐ貯金を始めた。最寄りのショップは行くのに三時間もかかり、手ぶらで帰りたくなかった彼女は仕方なく大き過ぎるバイクを買うことにした。身長一メートル五十センチに満たない小柄な彼女にとって、女性用MTBの需要がほぼゼロに等しい国で自身のサイズに合う一台を見つけるのは常に至難の業だった。このバイクはフレームがあまりに大き過ぎたため、またもや貯金して彼女と同じ背丈の人間のためにデザインされた（中古の）一台を買えるまで競技では友人のバイクを借りて走らざるを得なかった。この新たなマウントを彼女は愛を込めてミューズと名付けた。

男性に混じって野外で競う唯一の女の子であることに意欲を失うのではなく、はじめのうち彼女はそのユニークな存在感を楽しんでいた。しかし目新しさの魅力もすぐに薄れ、彼女は自身のジェンダーと共にバイクに乗り、競い合えたらどんなにいいだろうと考えるようになった。同性の競走相手がいないのでアニーサは女性として公式に闘うことができず、つまりこのスポーツに彼女の未来はないということになる。政治学の修士過程コースを終えるために南に三千キロ下ったバンガロールに移った時に、最寄りのMTBトレイルが五十キロも離れていたため競技参加をいったん中断するのを余儀なくされた。この決断は「かなりの痛手だった」と彼女は言い、バイクに乗る解放感なしには「人生はひたすら空虚さだけで埋まっていくと思う」としている。コースを中退しようかといっとき考えたものの、いずれ家族の財政面を支えていく責任がある身としてそれが無理なことは彼女自身承知していた。

それでも、彼女は卒業後しばらく時間を取ってMTB競技にもう一度専念するつもりだと家族に打ち明けた。バイクに乗り、訓練を重ね、競技に出たいという欲求は「絶対に消えることのない自分の一部」だと彼女は語る。アニーサはいつかヨーロッパに渡り、他の女子ライダー相手に遂に自分のスキルを試せる日が来ることを願っている。もしかしたらその頃までに、ダウンヒル・トレイルを突っ走るインド人女性が彼女以外にも現れているかもしれない。アメリカでかつてウェンディがMTBの先駆的存在だったように、きっと誰かが後に続き、アニーサがいつまでもひとりぼっちのパイオニアのままでいることもなくなるはずだ。いつの日か彼女が、あるいは彼女の残したタイヤ跡に続く者たちが、スポーツの中に自分自身の競えるカテゴリーがないのはどういうものかを知らずに済むこれからの世代の少女たちのために、彼女たち自身のインド版リトル・ベラズをスタートさせるんじゃないだろうか。

12

やっと私たちのことが見えるようになりましたか？

ルワンダのキガリで開催された2018年アフリカ大陸選手権エリート・ウィメンズ・ロードレース大会で、エチオピアの女性ナショナル・サイクリング・チームの一員として競うイエルー・テスフォーム・ゲブル（右端）
Skyler Bishop/Team Africa Rising@SkylerBishop.com

黄色いジャージの不足

（※黄色いジャージ＝マイヨ・ジョーヌはツール・ド・フランス総合優勝選手に贈られる）

フランス南西部オード県の街リムーから南を指しピレネー山脈へと伸びる道の待避所で、女性グループがヴァンから自転車を下ろしている。今は二〇一九年七月二十日の午前七時半、数週間続いた猛暑の後、現時点では小雨がしのつきかすかに冷える。明日にはこの道沿いを見物客が埋め、二〇一九年ツール・ド・フランスの十五ステージのスタートを見守っているはずだ。今回のルートは合計四千五百メートル以上の登り坂も含む苛酷な百八十五キロ、プラ・ダルビの頂上でフィニッシュする。

自転車に乗る支度を整えている女性たちは、今日、そのルートを走ろうとしている。彼女らはこれまでの十四ステージを男子選手のスタート前日に走る形で完走してきたところで、パリ市内を回りシャンゼリゼに至る最後の数キロまで続ける予定になっている。だが先行して観客を前煽りする宣伝カーのキャラヴァン隊も、前もってレース用に道をあけ走者をあらゆるアングルから撮影する車両団も見当たらず、フィニッシュしても記者会見はない。これは女性版ツール・ド・フランスではないし、そもそもそれは存在しない。世界で最も人気の高いスポーツ・イヴェントのひとつが女性の参加を許可していないことに対する抗議として、この女性グループは総距離三千四百七十九・三キロ、登り五千二百メートル（ツール史上最も山道が多い）のコースに挑戦している。

グループには十三人のフランス人サイクリストから成るチーム、ドノン・デル・オ・ヴェロジュ（Donnons des Elles au Vélo J-1／大意は「女性に自転車を」）も含まれ、彼女たちは過去五年間ツールの各ステージをすべて走ってきた。今年はそこに、インテルナシオネル（InternationElles）と呼ばれる世界各国から集まった走者チームも加わっている。一般の人々も各ステージでの参加を奨励されているが、山を目指す本日のコースで彼女たちの後を必死でついていくのは私だけだ。

最初のセクションはオード川沿いの道を疾走し、続いて森や太古のピュイヴェール城を通過しながら徐々に上りになっていく。進むにしたがい、ツールに挑むこれらの女性たちの噂を聞きつけたのだろう、他のライダー勢が私たちの後ろに加わり村人が声援をかけてくる。私は国際チームと共にしんがりを務めており、このチームにはアイアンマンレースのようなタフな大会で競った経験のある気合いの入ったアスリートも少なからず混じっているとはいえ、その誰ひとりこれほど激しく容赦ないイヴェントに参加したことはない。にしても、ツールは別格だ。最も苛酷な耐久スポーツ・イヴェントのひとつと看做されており、この女性たちは競い合ってはいないものの、それでもやはりとんでもなく厳しい試練であるのに変わりはない。その多くは仕事から長期休暇を取らねばならなかったし、小さな子供が家で待っている者もいる。そんなひとりであるピッパは十一ヶ月前に息子を産んだばかりで、このイヴェントに参加するためオーストラリアからヨーロッパに向かう数週間前にやっと日に三度授乳しなくてよくなったばかりだ。

前日はこれまた苦しい山岳ステージで、ツール・ド・フランスのアイコンである標高二千百十五メートルのトゥルマレ峠で百十一キロ走をフィニッシュした後、次のステージのスタート地点まで移動し、翌朝から始まる長い一日に備え自転車とキットの整備も済ませなければならなかった。グループの睡眠時間はよくて最長五時間。彼女たちが昨日着ていた服は乾かすためにインテルナシオネルの支援車後部に吊るされている。公式なツール・ド・フランスでメイン集団を形成するライダーは、いったん自転車から下りればちゃんと機能するように自転車を整備したりサイクリング・ショーツの洗濯を心配して時間を浪費せずに済むことだろう——彼らには各種支援チーム、そして複数の洗濯設備と快適なベッドまで備えた豪華なツアー・バスがあるのだから。しかもバスには専属の栄養士に料理人、酷使した筋肉をほぐしてくれるマッサージ師まで同乗している。最小限のたった四人のクルーを除き、この女性グループにそんな贅沢はまず許されない。非公式なので賞金も出ないため、彼女たちはこのライドの経費を自己負担している。

この日の第一の山であるモンセギュールを登り始め、頂上にあるカタリ派の城を目指しほとんどの面々が力強く進む様を見ていると、このグループが走り出して十五日目であるのが信じられなくなる。山の多い道をずいぶん走ってきたせいでややくたびれている、あるいは今日も先はまだ長いので体力を温存している数人と共に、私は先頭グループから離れてペダルを漕いでいる。十四・七キロの険しく苦しい坂道を登っていると、このアイコニックな山で明日おこなわれる公式戦を見物するのに良い場所を確保しようと既に道路際にキャンパー・ヴァンやテントで陣取っている人々からがんばれ！の声が送られる。声援はペダルを踏みしめる励みになり、私は普段とは逆の立場からのツール・ド・フランス経験をちょっぴりだけ味わっている。

インテルナシオネルの一員であるカルメンの両親はオランダから応援に駆けつけていて、彼女を元気づけるために頂上近くに姿を見せる。頂上で私たちは再集合し、澄み渡った青空の下でバナナとエナジーバーを食べて補給を済ませ、苦労した甲斐のあった下り坂を爽快に疾走し山の反対側に出る。私はこの段階でグループにお別れしてスタート地点まで戻ることにし、あと三本残っている苛酷な坂道、うちひとつは「壁」の異名をとるルートと取っ組み合わずに済むことにやや胸を撫で下ろしていた。

他の面々はこのルートをつつがなくこなしたし、この二組のグループは残る六日間にわたり、彼女たちの次の日に走る男子選手にツールのルート・プランナーが課すあらゆる試練を受けて立っていった。おそらく彼女たちが予想していなかったのは、ニームの気温が地獄のような摂氏四十六度まで上昇し洗車場でクールダウンする羽目になったことだろう。あるいはその熱波の翌日に気温がガクンと下がり、アルプスを走っていた十九ステージであられを伴う暴風に見舞われ、続いて起きた土砂崩れのため男子競技は途中で中止となり、結果的に彼女たちの方がトータルでは長い距離を走ることになったのも予想外だったかもしれない。ゴールを目指しアイコニックなパリ市内を漕ぎ進めていった彼女たちの姿は、こんな風にアマチュア・サイクリストのグループにもやれるのだから、プロの女子選手だったらそれ以上に立派にツールをこなせるのは間違いないという点を証明して余りあるものだった。

このレースの女子選手排斥に対して抗議をおこなったのは彼女たちが初めてではない。噂では、一九〇八年にエントリーを試みたものの拒否されたマリー・マーヴィングというフランス人女性は公式なレース開始前に全ルートを走破したとされる。この話を裏付ける決定的な証拠はなさそうだが、マリーならきっとやれたはずだと私は思っている。彼女がスポーツおよびそれ以外の分野で残した多彩な業績すべてにここで触れるわけにはいかない——例としてセーヌ川全長を泳ぎ切ったこと、冬季オリンピックでのメダル獲得、女性飛行記録樹立、第一次大戦時には男に変装し空爆パイロットとして活躍、第二次大戦中はレジスタンスの戦士として闘ったこと等が挙がるが、平たく言えば彼女は史上最も多く勲章、メダル他の名誉を授与されたフランス人女性のひとりということだ。マリーは八十八歳の時にナンシーからパリまでの三百五十キロを自転車で走ったことがあり、それ以外の諸要素と照らし合わせても、彼女なら一九〇八年の挑戦を十分に達成できていただろうと想像できる。

事実かフィクションかはさておき、このお話はツールの歴史のほぼ始まり近くから女たちがどれだけ「我々を排斥するのは不公平である」と声を上げてきたかを強調しているわけだが（※ツール・ド・フランス第一回は一九〇三年）、女子サイクリング界にいまだ残る不平等はこの他にいくらでもある。実際の話、男女間の著しい賃金格差、男子に較べ少ないレースの機会とスポンサー契約、ほぼゼロに等しいメディア報道、全体的な多様性の欠如等、枚挙にいとまがない。しかし今や女子プロフェッショナル・サイクリングもやっと良い方向に変わり始めており、それは部分的には、長年にわたりこのスポーツの改善を求め続けてきたインスピレーションを掻き立てる何人もの活動家たち――その多くはプロ選手自身――のおかげでもある。彼女たちは（前出の引用を繰り返させてもらうと）ニコール・クックが「男たちに運営され、男たちのためにおこなわれるスポーツ」と呼んだものに待ったをかけ、改革を求めている。

「サイクリングは女性にはむずかし過ぎる」

サイクリング界最大かつ最も観戦者の多い祭典、ツール・ド・フランスにおける女性の不在は複雑な歴史をたどってきた。一九八四年にツール主催企業であるアモリ・スポル・オルガニザシオン（ASO）は女子版ツール・ド・フランスを立ち上げた。この十八ステージから成るレースは、サイクリング・スポーツをまとめる国際自転車競技連合（UCI）によって男子の総合走行距離最長四千キロに対し女子はわずか千キロ以下と定められはしたものの、かつてないほど男子レースに近い姿のものだった。女性は男性より前にレースをスタートさせ、男子選手が通過する姿を一目見ようと集まった観衆相手に各日ほぼ二時間前にフィニッシュすることになった。これは女子自転車競技が遂にオリンピック種目になったのと同じ年のことであり、一回だけで終わったとはいえ重要な転機という手応えはあった。このロサンジェルス五輪でロードレースに出場し、女子自転車競技初代金メダルを獲得したアメリカ人サイクリストのコニー・カーペンター＝フィニー（結婚前の当時の名はコニー・カーペンター）は「私たちにもいよいよ見込みが出てきた」と感じた、と語った。【註1】しかし女性版ツールに巻き起こった当初のオプティミズムは、マスコミが男子レースにばかり焦点を当てていたため尻すぼみになっていった。女性がこのようなレースに参加するべきかまだ納得できていない者は多かったし、特にかつてのツール覇者ジャック・アンクティル（※五〇～六〇年代に五回総合優勝）に至っては、とある新聞に寄せた記事の中で「女性のスポーツに対してまったく、一切反論しない」ものの「サイクリングは女性にはむずかし過ぎる。彼女たちはこのスポーツをやるように作られていない。私は女性にはレース用ショーツより、白のショート・スカート姿でいて欲しい」と感じる、と述べている。【註2】一九八三年版ツールの勝者ローラン・フィニョンも同様に、レースする女性に感心していなかった――「女性は好きだが、彼女らには何か他のことをやっていてもらいたい」【註3】

二年後、女子大会はわずか二週間に短縮された。三年が経ち、一九九〇年にＡＳＯは撤退した。女子ステージ・レースは別の主催者によるグランド・ブークル（Grande Boucle Féminine Internationale）としてなんとか二〇〇九年まで持ちこたえたが、この改名は「ツール」のトレードマークを所有するＡＳＯがいかなる形でも「ツール」を名称に冠するのは商標侵害であるとしたためだった。それ以外の問題もあった。慢性的なスポンサー不足、出場選手へのギャラ未払い、主催者の抱えた深刻な負債。最終回となった二〇〇九年までに、ステージは四つにまで切り詰められていた（※なお、二〇二二年にASO主催のツール・ド・フランス・ファムとして八日間のステージ・レースが再開した）。

グランド・ブークルは息絶えたものの、その冷えた灰の中から新たな女子レース、ASO主催のラ・コルス（La Course）が二〇一四年に出現した。この待ちに待たれた女子レースの見直しは、プロ自転車選手のマリアンヌ・フォス、エマ・プーリー、キャスリン・バーティーン、そしてトライアスロン選手クリッシー・ウェリントンらの展開したキャンペーンの成果だった。このレースの第五回目はツールの十五ステージ目に挑むインテルナシオネルの面々に私が加わった日の前日に開催され、マリアンヌが優勝した。

すなわち女性にもレースする場はあるわけで、ではなぜこれら二十三人の女たちは抗議を続けているのか？　それは、男性には二十一日間にわたり二百万ポンド（現レート換算で約三億三千五百万円）の賞金をかけて競い合うチャンスがあるのに対し、同主催者による女性版はわずか一日開催、賞金総額一万九千ポンド（約三百十五万円）を争うイヴェントだからだ。結果、女子レースの報道はこの怪物じみた巨大な男子コンテストの足元にも及ばないことになる。意気揚々の勝利を収めマリアンヌがレース後に記者会見の席に現れたところ、がらんとした場内には数人の記者しかおらず、そのひとりは「サイクリング史上最高のライダーのひとりがこんな風に無視されるのはなんとも気まずい」とツィートした。トップ級の男性プロ自転車競技選手のひとり、マーク・キャヴェンディッシュはサイクリング・スポーツには公平さが欠けていると常々訴えてきた人だが、彼も「これは私のスポーツの現在地点について心底悲しまされ、恥ずかしくさせられる事態だ」とツィートしている。

ラ・コルスに出場する女子選手よりも、ツールの表彰台に上がったステージ優勝者にブーケを渡し彼らの頬に祝福のキスをする悪名高い「ポディウム・ガールズ」、セクシーな美女たちの方が目立っているんじゃないかと時に感じるほどだ。二〇一三年ツール・デ・フランドルで二位に入賞した際に、プロ選手のペーター・サガンがマヤ・レイというポディウム・ガールのお尻を揉んでいるところをテレビで生中継された――メディアとオンライン上で抗議が起き、サガンはすみやかに公式謝罪した――のは、こうした女性たちがどんな風に見られているかをよく物語っている。大きな反対の声と署名に直面した主催者側は二〇一八年に、内在する性差別を長い間批判されてきたこの時代錯誤な伝統を遂に廃止する意向を示した。これはダーツとF1もそれぞれ、物議を醸してきた「ウォーク・オン」と「グリッド」ガール（※選手入場に付き添う／ドライバー名他の書かれたパネルを持ちスタートのグリッドに立つ、露出度の高いコスチュームでレースの盛り上げ役を担当するモデル）が廃止された時のことだった。だがＡＳＯは前言を撤回し、結局この伝統は続くことになった（※最終的に二〇二〇年から廃止となった)。

重要なレースは何もツールだけではなく、もっと男子レースと同等な複数日程開催のロードレースに女性が参加する機会は他にもある。アルフォンシーナ・ストラーダは、彼女がグラン・ツールにデビューして六十四年後にジーロが遂に女性版、かつてはジーロ・ドンネ、現在は女子国際ジーロ・ディタリアあるいはジーロ・ローザと呼ばれるレースをスタートさせたと知ったら間違いなく喜ぶことだろう。十ステージのこのレースは現時点で最長の女子ロードレース競技であり(一時十六ステージだったこともあったのだが)、数年の間唯一の女子ステージ・レース、あるいはグラン・デパー(Grand Départ/大型ロードレースのスタート)だった。しかしアルフォンシーナは、このレースに参加する選手の報酬は男性のそれに較べなぜ雀の涙なのだろう? と不思議に思うかもしれない。二〇一八年ジーロ・ローザで総合優勝したアネミック・ファン・フルーテンの獲得賞金額は千百三十ユーロ(約十六万円)、しかもそれをチームメイトと分け合わなくてはならなかったのに対し、男子版勝者は十一万五千六百六十八ユーロ(約千六百五十万円)をかっさらった。この年、出場するギャラとしてクリス・フルームに支払われた額は百二十万ポンド(約二億円)だった。

信じがたい話とはいえ、これでも過去に較べ待遇は良くなっている。二〇一四年のローザ総合優勝者マリアンヌ・フォスの賞金は五百三十五ユーロ（約七万六千円）、対して男子版で総合優勝したナイロ・キンタナの賞金は二十万ユーロ（約二千八百六十万円）だった。他の多くのスポーツと較べ、女子サイクリング賞金額はしばしばかなり低い。女子テニス選手のグランド・スラム四大会優勝賞金額は男子と同じだ――これは、元プロ選手で活動家のビリー・ジーン・キングが展開した男女賞金格差解消を求めるキャンペーンの成果だ。マラソン、陸上競技、水泳の世界でも勝者は男女を問わずほぼ毎回同額の賞金を受け取っている。最も人気の高いスポーツであるサッカー界の賃金格差は巨大で、二〇一九年のFA女子スーパー・リーグ選手に支払われた金額はプレミア・リーグ男性選手が要求するギャラの平均二パーセントだった。これゆえ、FIFA女子ワールド・カップ二連覇を果たした際にアメリカ合衆国女子チームは同等賃金を求め訴訟を起こすことになった。米男子チームは準決勝にまで至らなかったとはいえ、仮に彼らが進出していたらメンバーはそれぞれ五十五万ドル（約七千六百万円）近い報酬を受け取っていたはずで、女子選手の九万ドル（約千二百万円）との落差は激しい。はなはだしい不公平とはいえ、それでもこれはジーロ・ローザに出場するどの選手にとっても夢のような金額だ。

他の多くのレースも同様だ。二〇一九年ツール・デ・フランドルの男子レース勝者の賞金は二万ユーロ（約二百八十万円）、女子レース一位のマルタ・バスティアネッリの賞金は千二百六十五ユーロ(約十八万円)。女子レースの距離は男子レースに較べ七十マイル(約百十キロ)ほど短いとはいえ、それは一万八千ユーロもの差額の言い訳にならないだろう。どうやら物事は、一九八四年に初の女子版ツール・ド・フランスで優勝したアメリカ人選手マリアンヌ・マーティンの賞金が八百ポンド強(約十三万円)だったのに対し、同年男子レースの勝者ローラン・フィニョンが八万ポンド(約千三百三十万円)近くを獲得した頃からあまり進歩していないらしい。マリアンヌは後に、参加したために返って損をしたが悔いはないと語った。

女子プロ・サイクリング界の賞金不足および地味な俸給——まったく出ないことすらある——ゆえに、彼女たちの多くはレースとトレーニングに加え別の仕事も掛け持ちしないと財政面で生き残れない。オリンピックでメダルを獲得し二〇一一、一二年にジーロ・ローザ二回連続総合二位に輝いたサイクリストのエマ・プーリーが、ジャーナリストに対しフィリピン開催のトライアスロン大会で三位に入った時の方がサイクリングでの賞金を上回った、と明かしたのは多くを語る逸話だ。アメリカ人プロ選手マーラ・アボットは二〇一六年に引退するまでにジーロ・ローザで総合優勝を二回果たし、これは男子版ジーロでヴィンチェンツォ・ニーバリが収めたのと同じ成績だ。しかし彼が多額の賞金・スポンサー収入を得たのに対しマーラは貧困ラインすれすれの生活を送ってきたと述べている。オリンピック出場経験もありながら、競技選手時代の彼女はサイクリング以外の方法で生計を立てなければならなかった。ジーロ勝者で五輪金メダル獲得者であるニコール・クックは、二〇一二年オリンピック開催前の三ヶ月間にわたりチーム・サラリーすら支給してもらえなかったと主張している。

女子レースを誰も観ないのに、彼女たちは報酬を支払われるべきか?

オランダ人の元自転車競技選手イリーズ・スラッペンデールはプロ・サイクリング界で女性が直面する問題を熟知している——選手としてのキャリアの中で彼女も六年間は俸給がなかった。男女賃金格差は果たしてどれくらい蔓延しているのか突き止めようと思い立った彼女は、二〇一七年に女子ロードレース選手約二百人を対象として収入および労働環境に関する調査をおこなった。回答者の三分の一はレース関連の所得は年間五千ポンド(約八十万円)以下、多くが生計を立てるために副業を持っていることが判明した。サイクリングで給料を受け取っている者にしても、その半数以上が必要経費負担額として収入の一部をチームに返済していた。

アイリーン・グレイやそれ以外の先人活動家と同様に、イリーズも誰ひとりサイクリング界の変革を求めて女性のために闘ってくれないことに気づいた。この大義に同情するどころか、男子サイクリング組合の代表者のひとりからは「女性はプロの自転車競技選手だと君は本気で思っているのか?」と質問されたほどだった。【註4】そこでイリーズは自分でやるしかないと決心した。ここから発足したのがサイクリスツ・アライアンスで、女性プレイヤーの権利を確立するためにビリー・ジーン・キングが一九七三年に設立した女子テニス協会をお手本に、この組織は女子プロ・サイクリングのすべての面での平等を求めて闘っている。

彼女の経験からして「女子サイクリングはいまだに利害関係者・投資者の多くにとって後回しの課題という感じだ」とイリーズは私に話してくれた。二〇一九年の時点で、サイクリング・スポーツ統轄組織UCIの運営役員十八名のうち女性がふたりだけというのは多くを語る。このスポーツの女性サイドに存在する不平等を声高に訴えてきたエマ・プーリーはかつて、彼女は業界から「一種の変人、急進的なフェミニスト」と見られており、結果「一部の人々からかなり煙たがられていると思う」と語ったことがある。【註5】

イリーズはアライアンス会員の権利確保のために非常に努力してきた。彼女はこれまでに、ワールドツアーとして知られる女子ロードレースのエリート・シリーズ出場チームはメンバーに最低賃金一万五千ユーロ（約二百十四万円）を支給することとする、との合意に二〇二〇年の時点で達しており、その額は二〇二三年までに男子コンチネンタル・チームのサラリーに匹敵する三万ユーロに引き上げられ、年金を始めとする各種必須手当も提供される予定だ。

一歩前進したのは間違いないとはいえ、彼女は彼女やその他の面々には「平等に扱ってもらう程度のことのために活動を始める」必要があり、あまりに長い間「単に女だからという理由で、多くを求めずそこそこで手を打ち、文句を言わない」ことを求められるのにフラストレーションを感じている。ロードレース界の平等を妨げている最大の問題のひとつは、男子の大レースにあまりに巨額なマネーが絡んでいる点だというのが彼女の意見だ。これらビッグ・レースのすさまじい賞金額、そしてUCI男子ワールドツアー・チームの平均予算額がだいたい百五十万ポンド（約三億五千万円）なのに対し女子チームはその約十分の一であるのを踏まえただけでも、この点は明らかだ。多くが世界各地でテレビ放映される男子レースは広範なメディア報道によりスポンサーとマネーを次々に呼び込むし、そこから格差が生じると彼女は考えている。

「見えやすさ」は、めったにテレビ放映されない女子レースの足をいまだに引っ張る問題だ。現在最長の女子ロードレースであるジーロ・ローザは、二〇一九年にはレース終了後にハイライトがオンラインでストリームされたものの、イタリア国外では観るのがむずかしいことで有名だ。このレースがツール・ド・フランスと同時期開催なのもネックで、したがって世界中のメディアとサイクリング・ファンの目はほぼ独占的に、世界各国でテレビ生中継されるツールに注がれることになる。英『ガーディアン』紙との二〇一六年の取材で、マーラ・アボットは「自分が何をやっているか誰も知らず、レースのために人里離れた地に向かってもその場に観客がいない」と「気が滅入ってくる」と語っている。ここから彼女は「マネーが重要性を意味することが実に多い」との結論に達した。これはメディア報道の欠如ゆえにスポンサーもつきにくく、したがってレースをもっと人々が観たがるものにするための資金も充分に行き渡らない、という悪循環だ。試合場で開催され高額なチケットをファンに販売できるサッカーのようなスタジアム・スポーツとは異なり、ロードレースは完全にスポンサー契約およびメディアへの放映権等のライセンスに依存している。

ツール・ド・フランスは世界一露出度の高い自転車レースであり、ゆえに最もリッチだ。これはまた、同じスポーツをやっている男性／女性の間に横たわるリソース・金・注目の面での巨大な格差を最も極端なレヴェルで明らかにするレースでもある。こうした不平等を、エマ・プーリーは女子レースに「しがない次点」的なイメージを植え付けるものだ、と形容した。コニー・カーペンター＝フィニーは一九八〇年代以来女子レーシングは多くの面で「過去に反転してしまった」と感じており、「今日の女性サイクリストは存在を知ってもらうために非常に苦戦している」と述べた。【註6】

イリーズは、レースを観たがっている観客はいるものの彼らは観戦の機会を与えられていないと感じている。この意見を裏付けるのが二〇一六年のリオ五輪で、女子ロードレース競技はフランスで視聴者数の最も多かった試合中第五位だった。また、過去以上にメディア向けライセンスが放映者側に許可された結果、世界中で何億もの人間が見守ることになった二〇一九年FIFA女子ワールド・カップの素晴らしいヴューワー数はどうだろう。ミーガン・ラピノーが誰かを知らない人間は――当代きっての女性嫌悪の旗ふり役のひとりであるドナルド・トランプ元大統領をはじめ――まだたくさんいる。とはいえあれは、FIFAが二〇二三年度トーナメントの出場チーム数を二十四から三十二に拡張するため努力するきっかけを作った重要な転換点だった。

ロードレース以外の場

女子サイクリングの世界は目に余る不平等だらけではない。いくつかの分野は、男女賃金格差は解消してはいないものの状況ははるかに良い。マウンテンバイク界では、女性は今や数多くのエリート試合に出場し男性と同じコースを走り、同じ時間枠の試合で同じ賞金を目指しレースする機会に恵まれている。女子大会も男子と同じくらい人気があり、レッド・ブルTV（※デジタル・メディアを軸にスポーツ、音楽他各種イヴェントを生ストリームするプラットフォーム）が放映した二〇一八年世界女子選手権大会の視聴者数は前年の九万九千から二十三万三千へジャンプし、男子大会と肩を並べるようになった。リトル・ベラズを運営するサブラ・デイヴィソンによれば、女子MTBクロスカントリー競技の視聴率はよく男子競技を上回るそうだ。こうなる理由には部分的に、女子レース界には毎回勝って他を圧する選手がいないぶんもっとエンタメ性に富み予想がつかないところも貢献しているのではないか、というのが彼女の見立てだ。

このスポーツも、一九九〇年にジャッキー・フェランが手違いで男子競技六位入賞者の賞金が入った封筒を渡された時以来ずいぶん変化した。封筒の中身は五百ドル（約七万円）の小切手。彼女が本来受け取るはずだった小切手の額面はたった四十五ドル（約六千円）だった。二〇一三年にアメリカで開催されたプロMTBクロスカントリー・ツアーに関与した際に、女性の賞金額が男性の額の六十五パーセントであることを知りサブラはがくぜんとした。彼女と姉のリーはスポンサー側に掛け合い、彼らは協賛金をアップし男性より女性の方がもっと賞金を獲得できるようにしてくれた。関係者全員がこの一件は当時の不公平な待遇に対する強い声明になるだろうと感じた。サブラいわく、関わる金と利害が大きければ大きいほどそれを平等にするのはむずかしい。男子エリート・ロードレースがその代表例で、クリス・フルームのようなトップ選手はいい時には年間三百万ポンド（約五億円）近く稼ぐ。これだけの額が動くと「サイクリングはピリピリ緊張した政治的な環境」になり、そのぶん変えにくくなるとサブラは信じている。

泥だらけの平等

一九〇〇年代にフランスとベルギーで生まれたシクロクロスも、今やほぼあらゆる面で女子界と男子界の隔たりがなくなったスポーツだ。短い周回コース（二・四～三・二キロ）を最長一時間、テンポ良く、泥まみれになりながらラップを重ねるレースで、ルートの地勢は舗装路から木立の中のトレイル、草地、急勾配の坂、ライダーが下車し自転車を担いで走らなければならない障害物の置かれた区間まで多彩だ。前向きな改革を要求し努力した女性が、二〇〇六―一五年全英チャンピオンにして女性サイクリング界の草分け的存在であるヘレン・ワイマンだ。

現在彼女が暮らしトレーニングをおこなっているフランス南西部ラングドックにある美しい村を訪ねたところ、ヘレンだけではなく彼女の飼い犬アロンゾと彼女がコーチしている若い女子シクロクロス選手二名も私を迎えてくれた。六月のうだるように暑い日で、私は当時暮らしていた村からいくつか大きな丘を越え二十五マイルの距離を自転車で走ってきた。取材者が汗だらけのサイクリング着で現れてもヘレンはちっとも気にしない人だろうと思っていた。その予想は的中だった。

二〇一二年にUCIシクロクロス委員会への参加を要請された時、ヘレンはこのスポーツにおける女子選手の見られ方と待遇をすっかり変革するための絶好の機会と受け止めた。そのプロセスは「厳しく困難」で、数々の変化のために彼女は闘わなくてはならなかった。最初の重要な達成は女子UCI競技を観客が少ない朝のスロットから男子競技の直前に移すことだった。そのために余計な費用はかからない、拒否しにくい要求だ。これによって以前は朝からわざわざ女子レースを観に来なかった報道陣もゴール前に集まっている状態になり、メディアに取り上げられるようになった。

ベルギーの権威あるシクロクロスのシリーズ戦DVVトロフェー（※主催者変更に伴い二〇二一年より名称はX²Oバットカームルス・トロフェー）の主催者側も、業界をリードしていく姿勢を示すべく女子全レースをテレビ生中継する努力を傾けた。中継は即座にヒットし、視聴者数はみるみる増え今や男子レース視聴率の九十三パーセントに当たるほどになった。彼女の出場したレースがテレビで流れて以来、ヘレンはベルギーのスーパーマーケットを歩いていると人々から気づかれるようになったそうで、女子レースが閑古鳥の時間帯に押し込められ、存在しないも同然だった時代からこのスポーツがどれだけ進化したかがうかがえる。観客は「観ている対象のジェンダーはどうでもよくて、とにかく良いバトルを味わいたいだけ」だし、「今年のレースの九十パーセントは、女子の方が男子よりずっと面白く見応えがあったのはほぼ間違いない」と彼女は信じている。

ヘレンが働きかけUCIに改革を促したまた別の重要な事柄が、二〇二一年までに女子競技の長さを五十分に延長し、各レースの賞金をすべて均等にする保証を取り付けたことだった。男子選手の競技時間が女子選手のそれより十分間しか長くないとあっては、最大五倍もの賞金額格差を正当化するのは相当むずかしくなる。競技サイクリング界の女性は、得てして金銭面での報いより「そのスポーツが好きだからこそやる」のを期待されるとヘレンは感じている。サイクリングへの愛情はもちろん不可欠だとしつつ、彼女は「やはり選手も食べていかなくてはならない」し、「ペニスがくっついてるからって、余計に生活費がかかるわけじゃあるまいし」と言う。こうして、今やシクロクロスのワールド・カップ一勝の価値は現在ジーロ・ローザの優勝者がチームと分け合わなければならない賞金額の六倍に達しつつある。サイクリング・スポーツ界で生きる女性が同僚に当たる男性陣と収入面での対等待遇を達成する方向に向かっていることをヘレンは望んでいる。

サブラと同じように、ヘレンもとどのつまり変化は経済収支次第だと思っている――「女性のスポーツに価値があるのを明らかにし、そのパイの分け前にあなた方もあずかれますよと教えてあげた途端、彼らは俄然興味を示し出す」。今やDVVには女子レースだけに的を絞って協賛に乗り出したスポンサーがひとつついていて、運営資金を上回るマネーを投入している。彼女からすれば、このスポーツ界の女性たちを支援する決め手はこれだ――「議論の余地がないと分かれば、彼らは女子スポーツを求めるようになる。彼らにももっと見返りがあるので」

ヘレンが運営委員として活躍した結果、女子シクロクロスの立場は強くなり今やスタートラインに立つ女性選手も増えた。とはいえ、彼女は他の年齢層グループに較べ十六歳から二十三歳にかけての若い女性がこのスポーツから離脱しやすい点を察しており、委任された役職を去る前にUCIがシクロクロス国内外選手権大会のすべてにジュニア女子(十四~十六歳)のカテゴリーを含めるよう働きかけた。男子競技ではジュニア部門は長年にわたり存在してきた。

二〇一八年に引退を発表したものの、ヘレンは台頭中の若い女子ライダーの支援に力を注ぎ続けており、二十三歳以下の女子選手百人を英国内シクロクロス選手権大会にエントリーするための費用を少し前にクラウドファンディングで集めたばかりだ。また、彼女は二〇一八年に初のジュニア女子競技であるヘレン一〇〇トロフィー大会を企画・組織し、ジュニア男子に匹敵する賞金基金を確保してみせた。

ヘレンは数々の女子ロードレースで競った経験もある人だが、この分野の変革のペースに関してはあまり楽観的ではない。彼女はロードレース界のことを相当に「伝統的な男中心のクラブ」と看做していて、男子競技に注ぎ込まれる莫大な金額を考えればツール・ド・フランスを主催するASOのような組織の考え方を変えるのはまず無理だろうと思っている。ツールが始めたラ・コルスにも出場したことがあるが、彼女は「基本的に、ちょっとした余興」だと感じた。この大会に数回出場した経験のあるプロ自転車選手リジー・ダイグナンも同じように感じており、「私たちは形ばかりの、お印程度の存在。女子レースを讃えるというよりむしろ侮辱」と私に話してくれた。

そんなASOに「モラル面で正しいこと」を無理強いしようとするより、このスポーツを平等にするための取り組みを既に実践してきた主催者に焦点を絞り、彼らと協働していく方が理にかなっているとヘレンは考える――とはいえASOも、組織内に女子サイクリングを育む計画を進めていることを少し前に発表したばかりだ。彼女は二〇一四年にイギリスで初開催されたオヴォ・エネルギー・ウィメンズ・ツアーに出場したことがあり、このロードレースは今や六日間を越す規模に発展し、世界で最も栄えある女子ステージ・レースのひとつに数えられるようになった。二〇一八年以来、このレースは男子版であるツアー・オブ・ブリテンと同額の賞金を勝者に贈与してきた。ヘレンからすればこのレースとラ・コルスとの違いは歴然で、その理由を主催者側が「初めからこのイヴェントを成功させる意気込みで取り組んでいる」からだとしている。ウィメンズ・ツアーはレース開催地の地元の学校と密に連携しており、数学から美術まで様々な授業内容に女性チームを含めることで女性が自転車に乗ってレースするのは当たり前であるのを生徒たちに示している。これは、本章冒頭に登場したツール・ド・フランスのルートをたどる女性グループのひとつ、インテルナシオネルが移動の途中に立ち寄った学校で子供たちが見せてくれたツールをテーマにしたアート作品に、言うまでもなく男性走者しか顔を出していなかったのとは実に対照的だ。

賞金を同額にし、スポーツする女性に投資する姿勢を打ち出しているレースは他にもある。コロラド・クラシックは二〇一九年に男子レースを打ち切り、四ステージの女子レース賞金を倍額にした（三万ドルから七万五千ドルへ——それまでの男子競技賞金を五千ドル上回る／※約四一〇万円から千三十五万円に値上げ）。このレースは女性実況解説者付きのテレビでの無料ストリーミングも催している。この年、ジーロ・ローザに対抗する新たな女子ロードレース「北の戦い（Battle of the North）」企画も発表された。二〇二一年八月開催予定のこの十ステージから成るレースでデンマーク、スウェーデン、ノルウェー各国を回る選手たちはイタリアのライヴァル・レースよりはるかに大きな額の賞金を競うことになるだろうとされる。主催者側は既に、このイヴェントが何百万ものテレビ視聴者とコース沿いで応援する観客を惹きつけるのは間違いないと豪語している。ジーノ・ローザとは違い、このレースはツール・ド・フランス相手にメディアの注目を争う必要がない（※バトル・オブ・ザ・ノースはパンデミックで第一回開催が延期。ロシアのウクライナ侵攻を鑑み名称をツアー・オブ・スカンジナヴィアに変更し、二〇二二年に六ステージ・レースの形で開催された）。

こうして他のレースが思い切って女性ライダーにより良い機会をオファーするようになった状況で、ツール・ド・フランスが現在運営する女子レースがたった一日の大会でも別に構わないではないか？　いずれにせよ女性プロ選手の多くはフランスの誇る「グラン・デパール」ほど長く苛酷なレースは求めていない。インテルナシオネルのような活動家グループもこの明らかに冗長なレースの忠実なコピーは求めておらず、女性サイクリストと男性ライダーとの間の大きなギャップを橋渡ししてくれる何かを提示してもらいたがっている。ツール・ド・フランスは世界中で最も観られているスポーツの祭典のひとつだ。最大の人気を誇るサイクリング・イヴェントであるのは間違いないし、サイクリングが好きな人々の大半にとって毎年欠かさず観る唯一のレースと言えばこれだろう。そして観た人々が、このレースは女には無理だとの印象を受ける可能性はある。それが誤りであるのを証明する実例はいくらでもあるとはいえ、仮にあなたがこのレースをテレビで観ている若い女の子だったとしたら、その証拠を知りようがないではないか？

私が十五ステージを走った日に、UCIが女子ステージ・レースへの取り組みに向けてツール主催者側と会合をおこなったとのアナウンスがあった。ASOのスポークスパーソンは後に、長年にわたるキャンペーン活動にも関わらず彼らも今になってやっと気づいたかのごとく、「女性サイクリストは、男性にとってのツール・ド・フランスに当たる彼女たちのレースを必要としています。我々にはその答えを見つける必要があります」と述べた。【註7】

自国で開催された二〇一九年FIFA女子ワールド・カップの驚異的な成功を目の当たりにしたのも、女性のスポーツには金脈があるとASOを納得させる助けになったのかもしれない。だが私は、サイクリング界の女性の側に対する彼らの無関心を長年にわたり批判し続けてきた面々からのプレッシャーも、この変化に貢献したのだと思いたい。

自転車と育児休暇

リジー・ダイグナン（旧姓アーミステッド）にサイクリングでキャリアを築くのは可能かもしれないとの思いが浮かんだのは、彼女がまだヨークシャーで暮らす女学生だった頃のことだ。イギリスの自転車競技統括組織ブリティッシュ・サイクリングのオリンピック・タレント・チームは、二〇〇四年に生徒たちを試しに来た際にリジーの才能を見抜いた。スカウト勢の判断が正しかったことは、リジーが二〇一二年オリンピックのロードレースで銀メダル獲得、二〇一五年にワールド・レース・チャンピオン、全英ロードレース・チャンピオンに四回輝いたことで証明された。彼女はトラック／ロードの双方でいくつもの受賞歴を誇る。

彼女が私からの電話取材に応じてくれたのは二〇一九年UCIロードレース世界選手権向けのトレーニングの合間のことで、今回は母国イギリス開催、彼女の生まれ故郷オトリーを通過することになっていた。このレースに至る道のりは二〇一五年に優勝した時とは大きく違っていた。ちょうど約一年前に彼女は第一子オーラを出産したばかりだ。この試合に出場する母親はリジーとイタリア人選手マルタ・バスティアネッリのふたりだけになりそうだが、対して男子レース出場者の多くは父親だ。女子サイクリング界で、子供を抱えつつレースを続けるプロ選手の数はほんのひとにぎりだ。

サイクリスツ・アライアンスのイリーズ・スラッペンデールはこうなる理由は主に財政面での問題だと考えている。トップ・チーム所属ライダーの賃上げ交渉を成功させただけではなく、彼女はUCIワールドツアー・チームで闘う選手に対する八ヶ月間の有給出産休暇の条項、多くの職業契約において標準規定ながら女子サイクリング界には適用されていなかった手当も加えてみせた。レースしながらの育児が非常にむずかしいのは間違いない。イリーズは現役時代に一年の百八十日間をツアー／レース先で過ごしていたのを思い返す。もしも子供がいたとしたら、誰かが育児を引き受けてくれない限りそんな生活は不可能だったはずだ。この有給産休の新条項のおかげで、母親たちがキャリアか子供かの選択に迫られる立場に立たずに済むことを彼女は願っている。

若い頃は、子供を産んだら自分のキャリアは終わりだとばかり思っていたとリジーは語る。プロのメイン集団の中に子持ちの女性選手が実に少ないとあっては、そう思い込んでも無理はない。しかし、オーラを産んで七ヶ月後に彼女はアムステル・ゴールド・レースに出場した。その二ヶ月後にはオヴァ・エネルギー・ウィメンズ・ツアーで総合優勝を果たした。レースに復帰した彼女を見て、他のライダーもこれからは「妊娠とキャリアの終わりを結びつけて考える」ことがなくなればいいと思っている。そんなリジーも同じように、出産から二年後に二〇一二年オリンピックに出場し個人タイムトライアルで金メダルを獲得したクリスティン・アームストロングに励まされたのかもしれない。三十九歳だったクリスティンはこの種目で優勝経験のある、それまでで最年長のライダーだった。二〇一六年のリオ・オリンピックで再び勝利した時、彼女はオリンピックでメダルを獲得した最年長女子サイクリストになり、同じ競技で初めて金メダルを三つ獲得したライダーになった。

妊娠は人間の肉体的耐久力を最大限近くまで広げるとの新たな研究報告もあり、それを考えれば産後の女性がより強くなってスポーツに復帰できる可能性もうなずける。二〇一九年のウィメンズ・ワールド・ツアー総合優勝はとてつもなくエモーショナルな経験で、レース復帰は正しい決断だったのだろうかと疑問を抱えてきたリジーにとって「自分は間違っていなかった、との巨大な証明」に感じられたという。産後の数ヶ月間、新生児の世話、睡眠不足と闘いながらトレーニングのため自転車に乗っていた――この経験を彼女は「押しつぶされそうになる」「困難な」ものだったと形容する――リジーは、出産後に見事サイクリングのキャリアに復帰した仲間であるローラ・ケニーやサラ・ストーリーの存在を励みにした。彼女たちにできたのなら、午前四時にオーラに授乳しその数時間後に訓練のためバイクに乗らなくてはならない状況も、そこまで不可能とは思えなくなった。

この未知の領域を進んでいくのに役立つ情報は非常に限られていたため、リジーはエリート運動選手として妊娠とどう向き合えばいいかの彼女たちの体験に基づく助言に助けられた。「どの女性にも向いているわけではない」と認めつつ、しかしこれまで信じられてきた以上に、妊娠期間中ももっとエクササイズするのは可能であると女性も気づくよう「誰もが教育を受け直す必要がある」と彼女は思っている。

休みを取ることができ、急いでレースに復帰する心配をせずに済んだ自分は他の同僚選手の多くよりも運が良かった、と彼女は言う。トレック・セガフレードの新女子チームから妊娠六ヶ月目の時に契約のオファーがあったのは意外だった——とりわけ、すべては身体パフォーマンスのピーク時にあるのに尽きるサイクリング界においては驚異的な決定だ。妊娠中および産後のアスリートに対する金銭的補助の欠如はスポーツ界にあまねく広がる問題だ。当社は男女平等の実現にエネルギーを注いでいます、との謳い文句を掲げる広告を展開してきたナイキは、二〇一九年に同社とスポンサー契約していた女性アスリート数人から偽善的だと非難された。彼女たちは、妊娠した運動選手に対する支払いを同社が一時停止していたことを明らかにした。

オリンピック陸上走者にして世界トップ・スリーに入ったこともあったアリシア・モンターニョが自分が妊娠したらどうなるのかとナイキに問い合わせたところ、契約を一時凍結し彼女がレースに復帰するまでギャラの支払いを停止するだろう、との回答が返ってきた。彼女はナイキと決裂し、後に、同社の有名なキャッチフレーズ「Dream crazy（とことん夢見ろ）」――「何かを信じよう、たとえそのためにすべてを犠牲にすることになるとしても」と観る者に呼びかける広告で使用された――をパロってナイキ批判に転用したメッセージ・ビデオを発表した。この映像の中で、彼女は「アスリートと母親の両方を兼ねたいと思うなんて無理、クレイジーな夢だ……何かを信じよう、たとえそのために何もかも、たとえばスポンサー契約や賃金まで犠牲にすることになるとしても」とナレーションする。スポーツ界の女性に関するナイキのポジティヴなメッセージ活動は、現実としての男女平等の取り組みではなく、中身を伴わない、スニーカーを売るためだけの空疎なフレーズに過ぎないことを彼女は暴露したことになる（※「Dream crazy」はナイキのタグライン「Just Do It」生誕三十周年を記念しておこなわれ大反響を呼んだ二〇一九年のキャンペーン。その一環である「Dream crazier」はセリーナ・ウィリアムスがナレーションを担当し女性アスリートに対する様々な偏見を訴える内容だった）。

スポンサーするお抱え選手が機密情報を漏らすのを防ぐために、スポーツ関連企業はしばしば契約書に守秘義務条項を盛り込むものだが、ナイキとの関係を解消したアリシアは、契約選手の成績が一定のターゲットに満たない場合、それが「いかなる理由でも」同社には彼らのペイを減らす権利があることを明かした。彼らは出産、妊娠、妊娠期間中を例外にしていなかった。第一子がお腹にいた妊娠八ヶ月目に、彼女はメジャーな大会で八百メートル中距離走に出場し七位に入賞した。出産から十六ヶ月後、娘がまだ乳離れできていなかった時点で彼女は全国大会で優勝した。この時は、妊娠で離開してしまった腹直筋を医療テープで留めて走らなくてはならなかった。アリシアがこれをやったのは、母親になってもスポーツのキャリアで成功するのは可能だと証明したかったのもあったとはいえ、新スポンサーのアシックス――契約選手の妊娠中〜産後も報酬を全額支払うのが企業ポリシーだと語っていた――が彼らの定めた期間内に彼女がカムバックできるか疑問視し、ギャラの支払いをストップすると脅してきた事情もあった。

別のナイキ契約選手であるカーラ・ガウシャーは、レースに復帰するまでナイキからスポンサー料支払いを一時中断されたため、第一子の出産三ヶ月後に開催予定のハーフマラソンに出場することにしたと明かした。生死の境をさまよう病気にかかり息子が入院した時、彼女はできれば二十四時間つきっきりで看病してやりたかったが、トレーニングを続けるためにそうするわけにいかなかった――こうする以外にないと感じてはいたものの、彼女はこの件に関して決して自分を許すことができないだろうとしている。同社はまた彼女に対し、男女平等に関する同社のブランド・キャンペーンの一環として母の日に新聞で公表したいので、妊娠の事実を四ヶ月伏せておくよう求めた。

二〇一九年にナイキでアスリート契約交渉を担当していた役員が全員男性だったというのは多くを物語っている。しかし、アリシアが制作したビデオおよび『ニューヨーク・タイムス』紙に寄せた記事によって米議会からの調査、そして同社に対するネガティヴな関心が非常に高まる結果になったため、ナイキは契約中のアスリート全員に対し妊娠中〜産後の報酬とボーナス支給を保証する新たな妊娠期ポリシーを発表した。

リジーが新たに契約したチームのアプローチがそれと違っていたのはおそらく、監督勢に女性が二名含まれているからだろう。このチームは「女性選手にまったく同等な機会をもたらし、彼女たちが女性であることを常に考慮し、ゆえに妊娠も彼女たちの人生の一部になることが可能であるよう」力を注いでいる。スポーツ界の母親の権利を改善することも「平等を求める大きな闘いの一部」だとリジーは強く信じており、トレック側も男女間の格差是正を支援しようと各所で訴えるだけではなく、平等をアピールする大使／スポークスパーソンとして女子サイクリング界の活動家キャスリン・バーティーンを雇っている。授乳期間中は訓練合宿参加を控える、あるいはレース復帰のタイミング等、彼女自身が自分にとってベストだと判断したことをやるのをチームは信じてくれたし、それは「完全にオープンな考え方で新しいアプローチ」だと感じたとリジーは語ってくれた。

妊娠体験と赤ちゃんは人によって違うものでどれひとつ同じでないことはリジーも承知しており、彼女の場合は出産三日前までサイクリングを続けられて――もちろんハードな走りは避けたが――ラッキーだったと自覚している。出産後、彼女は六週間休みを取った後にバイクに復帰した。これだけ競争の激しい環境にいる女性選手の多くが、出産により契約を失う可能性があるばかりか健康／身体面の望ましいピーク期も逃しかねないとあれば、子供を産むためにキャリアに穴を開けるリスクは負えないと感じているのはリジーも知っている。だが少なくとも、新たに加わる有給出産休暇条項のおかげでトップ・クラスのライダーも財政面でもう少し安心できることだろう。

プロ・ロードレーサーとしてのキャリアから早期引退し、専業主夫となった夫のフィリップがサポートしてくれるリジーは恵まれた立場にいる。当初は「新しい世界にいきなり放り込まれた」と感じたものの、職場に復帰したどの母親もそうであるように「なんとかやっていくしかないし、ひたすらこなした」と彼女は語る。予想していた以上に早く肉体的なフィットネスを回復した彼女は、チームからのプレッシャーはなかったものの、予定より二ヶ月近く前に競技に復活した。母親になったことでサイクリングへの愛情が再燃したし、妊娠する以前は勝ってはいたものの必ずしもその体験を常にエンジョイしていたわけではなかった、と彼女は言う。

人生のバランスがもっと良くなったと彼女は感じており、それは母親になったことでサイクリングが今や「自分の職業、こなさなくてはならない仕事」になり、その結果一勝一勝が過去以上にやりがいのあるものになったからだと考えている。また、トレーニングのためのライドが育児からの重要な「精神面での休憩」をもたらしてくれることにも気づいたし、レースに出場していない時は娘のオーラから離れるのは一日四時間だけで済む仕事ができるのは本当にラッキーだと感じている。数々のサイクリング・チームが親の権利も認め始め、父親として自らも育児休暇を取ることにした男性ライダーがスポンサー契約を失う恐れがないようになる日が来ることを彼女は祈っている。

存在を主張することの大事さ

女子サイクリング・レースのテレビ中継番組をどうにか見つけ出し観ることができたとして、彼女たちの誰が母親かはすぐに見当がつかないだろうが、このスポーツが非常に「白い」のは明白だ。あまりに白人が多過ぎて、イギリス人アマチュア・トラックレース選手であるイワンデ・アデシダが競技に出場すると、黒人女性は彼女だけという場面はしばしばだ。

私が二十五歳のイワンデにロンドンで対面取材したのは、彼女が翌日ニューポートで開催されるレースに出発する直前のことだった。サイクリングの世界に入る以前はボート競技選手で、しかし自分で思っていたほど伸びないのに気づいた彼女は他のスポーツを探ってみることにした。過去に陸上競技を勧められたこともあり、この分野は人種面でもっと多様性に富んでいる。その代わり、彼女は「あなたにはサイクリングのトラックレースが向いているんじゃないか」との数人からの助言にしたがった。ボート競技界も圧倒的に白人が多数を占めるエリートなスポーツだったので、サイクリング界における人種的な多様性の欠如にはそれほど驚かされなかったと彼女は語ってくれた。それでもトラックレース界に入った当初は、スタートラインを見回しても自分と同じような見た目の人間がひとりもいない状況に「もしかしたら、またもや自分がやるべきじゃないスポーツを選んでしまったんだろうか？　私みたいな人間はひとりもいないじゃないか」と迷ったという。

もしも彼女が二〇一九年のツール・ド・フランスに出場した唯一の黒人アフリカ人選手、エリトリア出身のナトナエル・ベルハネの体験に関する報道を読んでいたとしたら、そんな風に感じたのも無理はない。ナトナエルは二〇一五年にツール・ド・フランスに参加したアフリカ初のプロ・コンチネンタル・チーム、MTNクベカで走った（※現名称はチーム・

クベカ）。同年、ツアー・オブ・オーストリアで競い合った際に彼は別のチームの選手から人種差別虐待を受けた。それだけでもひどい話だが、MTNクベカ側はブラック・アフリカンのチーム・メンバーにとってこれは珍しい話ではないとコメントした。

本書第五章で触れたリーグ・オブ・アメリカン・ホイールメン（LAW）による非白人の入会禁止令導入の一件のように、プロ・サイクリング界は長らく人種面でインクルーシヴな存在になることに苦戦してきた。LAWがあの決定を下したのはアフリカン・アメリカンの自転車競技選手マーシャル・ウォルター・〝メージャー（少佐）〟・テイラーが競争相手を次々なぎ倒していた頃のことで、彼はアメリカおよびヨーロッパ各地で国内外のタイトルとメダルを獲得していた。肌の色ゆえに競技場から締め出されたことがあったばかりか、彼はキャリアを通じて他のプロ選手やサイクリング・ファンから言葉・身体双方で卑劣な虐待を受けた。一度、対戦相手に腹いせに首を締められ失神したこともあった。最盛期には世界賞金王のひとりだった彼は貧困に苦しみながら忘れられていった（※一八七八年生まれのメージャー・テイラーは、今では史上最高のスプリンターだったのではないかと看做されている。一九〇九年に引退し一九二八年にはサイクリング界で味わった様々な虐待を綴った自伝を自費出版した。一九三二年没）。

そんなに古い話ではない一九七〇年代ですら、黒人系イギリス人で初の全英チャンピオンに輝いたモーリス・バートンは母国のレースに出場して浴びせられる人種差別虐待の数々に耐え切れずベルギーに移住している。

イワンデは即座に、自分は競技場でいかなる類いの人種差別を受けたこともないし誰からも歓迎されとても応援してもらえていると指摘したが、それでも時たま疑念が忍び寄ってくることはあったという。トラックにいる唯一の黒人女性として既に目立つ存在であるとの意識ゆえに、彼女は競技そのものよりミスをおかすことの方をもっと心配していた――「頭の片隅ではまだ、他の人から言われたように陸上競技のような別のスポーツに挑戦すべきなのか、と迷っていました」。全員女性のサイクリング・クラブ、ヴェロシポッシーに入ったのは役に立った。リー・ヴァリー・ヴェロドロームで走っていた彼女を見かけ、同クラブは彼女を会員に勧誘した。この時点で、サイクリング・クラブへの入会は「とても怖かった」もののメンバーが全員女性であれば「安全な環境」ではないかと思えた。クラブはトラックレース用自転車の賃貸使用を提供していたので、このスポーツに専念しようかどうか心を決める前に彼女は自腹を切って一台買わずに走ることができた。

ヴェロシポッシー在籍時の体験は彼女が競技場での自信と所属意識を増す助けになったと共に、正しい選択をしたと確信させてくれた。そこから二年後、彼女はスポーツ・バイオメカニクス博士号の取得に励みつつ、スプリント競技に特化した男女混成チーム、SE

Sレーシングでの競技活動も並行してこなしている。スプリントは二百五十メートルから千メートルにかけての距離で二名の走者が競い合う戦術的な面の強いレースだ。選手は非常にゆっくりとスタートし、お互いの動きを逐一見守りながら、どちらか一方がゴールに向け一気にスプリントをかけていき勝負が決まる。

始めた当初、同じ見た目の女性が他にいないトラックレースは自分に適さないかもしれないと感じただけに、イワンデは彼女がレースに参加することで他の女性も自分たちの居場所があると考えるだろうと思っている。自己プロモーションにはぎこちなさを感じるものの、彼女はこのスポーツの中で目に見える存在になり、積極的に声を上げていくのは大事だと感じている――「自分に似た見た目の人間を目にすることで大きな違いが生まれるのは知っているので、その意味では自分にスポットが当たるのは気になりません」

取材に応じ、ソーシャル・メディアでメッセージを発信しているくらいなら、いっそ何も考えずひたすら自転車に乗っていたいと思う時もある。だが、自らの存在がこのスポーツは誰のためのものかという概念のバリアを壊し、より多くの人間がサイクリング競技界に入ってくるのを促す助けになっているのは彼女も自覚している。イワンデは、サイクリングがツール・ド・フランスのもたらすイメージよりはるかに多種多様であるのを示すべく、企業ブランドはもっと力を入れる必要があると信じている――ツールの先頭集団を占めるのは圧倒的に白人選手であり、サイクリング関連広告の大半もその層をイメージに用いている。

二〇一九年に、イワンデはＭＴＢからロードレースまで多くのプロ向け自転車に使用される部品を製作する著名な会社から、同社の過去数年で最も重要な製品発表キャンペーンの顔に選ばれた。その広告の中で、彼女はハンドルにかがみ込みロードを制しまっしぐらに疾走し、スピードで背景はブレて見える。広告の発表後、彼女は人々からあれを見て自分も自転車に乗る気になった、とのメッセージをいくつも受け取った。他の企業もこれに近い多様性に富んだイメージをもっと使用するべきだと彼女は考えている――「黒人のサイクリストは存在していますし、人々ももっと目を大きく開き、よくよく眺めてみる必要があります」

トラックレースに参加し始めたイワンデが、サイクリング・スポーツ界の他の黒人女性選手を見つけるのに苦労していた頃、当時の彼女は知らなかったが、アメリカ合衆国ではひとりのサイクリストが初のアフリカン・アメリカン女子プロ・ロードレース選手になろうとしていた。アイーシャ・マッゴーワンは二十代の時、大学通学時間短縮のため自転車に乗り始めた。サイクリングにすっかりハマり、程なくしてトラック競技に手を出し続いてロードレースに転向、すぐに州選手権大会で優勝を果たした。イワンデと同じように彼女も自らのバックグラウンドに近い指導者を探したもののひとりも見つからず、自分自身が他の女性たちのためにそうした存在になる他ないと意を固めた。

アイーシャは現在プロ・レース界で活躍しており、メジャーな国際ブランドともスポンサー契約を結んでいるが、プロのレーシング・チームに参加するという彼女にとっての究極のゴールはまだ達成していない。「純粋に、このスポーツの中に黒人女性として存在すること、それ自体がひとつの唱道の形だ」と発言してきたが、彼女はそのレヴェルを越え、変革のための最も存在感のある積極的な勢力のひとつになり、サイクリング業界がよりインクルーシヴに、とりわけ女性、有色人種女性、身体が不自由な人々をもっと含めるオープンな世界に変わることを求め活動している。

人気の高い自らのソーシャル・メディア、ブログ、ポッドキャストからの発信、そして各種メディアとのインタヴューを通じ、彼女は自身のたどったサイクリング競技への道のりを詳しく語り、これは自分に無理だと感じてきたであろう人々を力づけ、サイクリング界の他の有色人種女性——たとえば、オリンピックのサイクリング種目に出場する初のアフリカン・アメリカン女性になるのを夢見るメリーランド出身の十三歳のメイズ・〝アメイジン〞・ウィンブッシュ等——にスポットを当てている。ナイキと共同制作した短編映像の中で、アイーシャは勝つことはレースの重要なポイントであるとしながらも、と同時にそこにはスポーツをより多様なものにする大局的なゴールもあると語る――「競技場に現れ、自分の居場所を主張し、自分はそこにいるのにふさわしいと知るのが大事です。これらプロのレースに私が出場しなければ、他に黒人女性選手は存在しませんから」

サイクリングにおける多様性の欠如についてサイクリスツ・アライアンスのイリーズ・スラッペンデールに訊ねたところ、彼女はスポーツ界は「彼らにとって『普通ではない』とか、彼らからすればなじみのない、そうしたあらゆる物事や人々をやたらと大きく騒ぎ立てるものだ」と答えてくれた。ロサンジェルスの貧しいサウス・セントラル地区出身のアフリカン・アメリカンであるジャスティン・ウィリアムスは、エリートで規則にうるさいプロのロードレース界に入った際にそれを痛感した。その体験でいかに挫折しそうになったか、彼はこう語っている――「主に白人から成るスポーツに関わっていると孤独を感じずにいられないし、それで最終的に僕はメンタル面で壊れてしまった」[註8]。今や彼はリージョン・オブ・ロサンジェルスという名のチームを自ら立ち上げ、自転車競技選手とはかくあるべきというイメージや振る舞いの旧態依然なステレオタイプに縛られないメンバーを抱えている。彼は彼のチームが次に続く世代を鼓舞し、「エアジョーダンを履いて、レース場で爆音でラップを聴く」ライダーたちが「このスポーツの会話に参加する」ことで既存のバリアを打ち壊していってくれることを願っている。

女子自転車レースの歴史のない国であるルワンダでは、アフリカ大陸全土の黒人女性にこのスポーツへの参加を促すべくアフリカ・ライジング・サイクリング・センターが活動をおこなっている。この非営利団体はこれまでに多数のブラック・アフリカン・サイクリストを男子国際プロ・レースの先頭集団に送り込むのに成功しており、同様にアフリカ人女子ライダーも支援している。この中で最も成功した者のひとりがジャンヌ・ダルク・ギルブントゥだ。二〇〇九年のツール・ドゥ・ルワンダで競うサイクリストたちを観て、ジャンヌは自分もこれをやりたいとすぐに思った。このレースは男子参加のみだったが、それでも彼女の意欲をそぐことにならなかった。六年後、自国のナショナル・サイクリング・チーム唯一の女性ライダーに選抜された彼女はUCIロードレース国際選手権大会参加のためアメリカ合衆国に飛び、同大会で初めて競ったブラック・アフリカン女性として歴史に名を刻んだ。ルワンダおよび海外のサイクリング界で自分が目に見える勢力になることで、ジェンダー規範が非常に伝統的な母国で女性のサイクリングがもっと受け入れられる一助になれれば、とジャンヌは望んでいる。

ナトナエル・ベルハネやツガブ・グルマイといったブラック・アフリカンの走者がジーロ・ディターリアやツール・ド・フランスを始めとする欧州ビッグ・レースの先頭集団で中核を形成するようになった現在、アフリカ出身の黒人女性も遂にエリート国際レースで頭角を現しつつある。エチオピア人選手のイエルー・テスフォーム・ゲブルは、二〇一八年に女子ステージ・レースのツール・ド・アルデーシュ（Tour Cycliste Féminin International de l'Ardèche）で敢闘賞を受賞しサイクリング史に新たな一ページを添えた。プロ・レースでジャージを贈られた初のブラック・アフリカン女性が彼女だ。ジャンヌと同じように彼女もルワンダのセンターでトレーニングの恩恵を受けた人で、世界各国から九人の選手を集め二〇一九年に新たに発足したUCI女子プロ・チーム、WCCに参加するに至った。イエルーは現在、同胞アフリカ人選手のデシエット・キダネ・テケステと共に国際エリート・ロードレースに出場している（※キダネ・テケステは二〇二一年に母国エリトリアでトレーニング中に自動車事故で世を去った）。

アフリカ大陸における女子サイクリングは慢性的な資金不足に悩まされているが、アフリカ・ライジングは支援がもっと増え、同団体がアフリカ人女性の中に眠る素晴らしい才能を発掘し続けていけることを願っている——これまでトレーニングを受ける手だてがなく苦戦し、国際エリート女子レースへの参加は夢のまた夢だった女性たちだ。その活動を通じ、同組織は女子国際サイクリング界の地勢図を変えていくことを期待している

ここから先は？

女子プロ・サイクリング界は「もう私たちが後戻りできないところまで来た」とリジー・ダイグナンは発言している。【註9】このスポーツのためにアクティヴィズムを展開し唱道活動をおこなうヘレン、イリーズ、アイーシャ、サブラ、イワンデらを始めとする数多くの人々が見事に変革を達成していることからして、彼女のこの意見は正しいと私は思う。そこに至るまでの道のりは非常に長かったし、このスポーツを本来そうあるべき平等で、多様で、インクルーシヴな姿へ持ち来らすにはまだかなりの距離が残っている。

これからの世代と共にこの進歩が正しい方向性を継続していくには、もっともっと多くの女子レースの露出が必要だ——実際に試合を観ることができなかったら、女子選手にどんなことがやれるか知りようがないではないか？

本当の意味での女性のためのツール・ド・フランス開催が実現するとしたら、そのインパクトにより、このスポーツのあらゆる側面において女性の存在感が向上するのは間違いない。ツールをテーマにした作品を作るフランスの子供たちも、アネミック・ファン・フルーテン、マリアンヌ・フォス、リジー・ダイグナン、イエルー・テスフォーム・ゲブルらを絵に描くことだろう。そして世界中の女の子たちが、自分たちも自転車に乗れる、そればかりか自転車でレースするのも可能であることを知るだろう。

女性のレースは男性のメイン・イヴェントの余興である、という語り口はここらで終わらせる必要があるし、このスポーツの各分野でスタートラインに立つ強く、多様で、才能に満ちた女性に輝かしいスポットライトが当たる番だ。世界中の少女が共感でき自分にもやれると感じさせてくれる、そんな女たち。彼女たちにはプロフェッショナルとしてそれに見合う報酬と賞金、侮辱に当たらないきちんとしたレース、そして人間としての価値を尊重する労働環境といった扱いを受ける必要があるし、同業の男性選手たちと同じくらい、このスポーツの世界ではっきりと目に見える存在として尊敬され——そして祝福されなければならない。サイクリングの女王たちとして。

後書き　ペダルを漕ぎ続けよう

私がサイクリングにハマり損ねていた可能性は大いにあった。学校時代は友だちと自転車に乗ってブリストリルの森林地帯や広い空き地を探険するのが大好きだった。お許しが出ていたより遠くまでさまよってよく叱られたものだった。しかし十代が過ぎるうちに私はパンク・ミュージックに夢中になり、バンドに入り、自転車は物置小屋でほぼほったらかしのままになった。自分をスポーティなタイプだと思っていなかったし、一度、体育教師から「ハナの今学期の進歩についてコメントしたいところですが、あいにく彼女を見かけたことがありません」と通信簿に書かれたこともあった。学校のスポーツの授業は楽しめなかったが二十代になって自転車を再発見したことで自分自身に対する見方が変わった、と話す女性サイクリストは他にも多くいる。事実、プロの女子選手でもスタートが遅かった者は何人かいて、たとえばアイルランドのオーラ・ウォルシュは安く手っ取り早く大学に通うために二〇一五年にサイクリングを始めた。その時点までパーティ大好き人間で遊びまくり、スポーツにこれといって興味を抱いたことのなかった彼女は、二〇一七年までには二十八歳にしてナショナル・サイクリング・チームに選抜されるようになった。

私はレースはやらないとはいえ、それでもサイクリングは自分の人生で重要な役割を演じてきた。始まりのきっかけは自転車通勤ではなく（後にそれもやるようになったが）逃避へのニーズだった――こうしたエスケープのためのライドは以来どんどん長くなっていき、私の人生の中で大切な位置を占めるようになっていった。今や私の国内外での休暇の過ごし方のほとんどは自転車を中心に回っている。

かといって、私と自転車との関係が万事スムーズというわけではない。私は、激しい運動が引き金になって症状が起こり得る死に至る可能性のある心臓病を抱えている。健康だし何でもやれると感じているし、心エコーのスキャンもすべて正常——たぶんこれからもそうではないかと思う——とはいえ、この珍しい病気、マルファン症候群にかかった人々に大動脈解離（大動脈を構成する層が剝がれ解離していくこと）が起きるリスクは一般に較べ二百五十倍だ。この症状により突然死に至るケースは非常に多い。心臓専門医からサイクリングするなら平地だけにした方がいいと言われたこともあったが、現在の主治医はもっとリラックスした構えで、何をすると心臓に負担がかかるかは私自身で判断できるだろうと考えている。これなら確実という処置もなく保証も一切ないとはいえ、心拍計を身に着け、無理をし過ぎたり過度に息が切れることのないように気をつけている。

大好きな何かをやることで死んでしまわないように、慎重にナビゲードする必要が私にはある。この症状に目をつぶることはできないが、誰かと競い合ってモン・ヴァントゥ（※ツール・ド・フランスの伝説的な山岳ステージであるプロヴァンスの山）を登るようなことはあり得ない自分にだってペダルを漕ぎ続けることはできる。その代わりゆったり着実なペースで走っていくし、そのおかげでもっと景色をじっくり楽しむ余裕も生まれる。

本書は一八九七年のケンブリッジで幕を開け、そこでは男子学生が自分たちのものだと主張した縄張り、特に高等教育とサイクリングの世界にガートン・カレッジで学んでいるような「新しい女」は侵入するなという警告として自転車に乗った女性の人形が使われた。そしてこの本は同じ都市で幕を閉じるわけだが、二〇二〇年の現在、男子学生の抗議が失敗に終わったのは日の目を見るより明らかだ。ケンブリッジも今やイギリスの他の大学と変わらず女子学生であふれているとはいえ、それ以上に珍しいのは、この街は自転車に乗る女性の割合がイギリスのどこよりも高いところだ。

自転車通勤者の数が英国全土で最も多いケンブリッジは、今やサイクリングの首都と呼ばれている。訪れてみれば、車輪のうなりとリンリン鳴る自転車のベルの音に、ここはオランダだろうか？　と思うかもしれない。列車駅と中心街を繋ぐ大動脈であるヒルズ・ロードひとつとっても、この交通量の多い一本道を少なくとも五千人のサイクリストが日々走っている。ではサイクリングが住人にも観光客にもこんなに人気があるのはなぜなのか、それを理解するのにわざわざ詳細な研究をするまでもない。この街には安全かつ保護された広範な自転車路のネットワークが縦横無尽に張りめぐらされており、ケム川にはサイクリストおよび歩行者専用の橋がいくつも架けられている。同市は人々が身体を使ってアクティヴに移動するためのインフラに力を注いでおり、自動車より自転車と歩行を優先しているので、通勤や買い物程度の外出で日々交通渋滞と闘う必要もない。大人気の古典学者メアリー・ビアードは、確実に彼女の気分を揚げてくれるものとして風光明媚な川沿いの小径も含むケンブリッジ大への自転車通勤を挙げている。そう感じるのは彼女だけではないだろう。サイクリングが心身の健康にもたらす恩恵は証明済みで、疑問の余地はない。

これらケンブリッジ自転車族の半数は女性で、サイクリスト人口に女性が占める割合は平均二十七パーセント、もしくはそれを下回ることも多いイギリス国内の他のエリアとは対照的だし、アメリカ合衆国、オーストラリア、カナダといった国々の数字もそれに近い/もしくはそれ以下だ。しかし、質の良い自転車路のネットワークを備えている国ではどこでもジェンダーの配分がもっと平等で、ドイツ、デンマーク、オランダがそれに当たる。

いくつもの社会および文化的要因ゆえに女性は男性よりも危険を回避する傾向があり、より良いサイクリング向けのインフラ整備がジェンダー・バランスを大きく変えることができるのもそれで説明がつく。ヴィクトリア朝時代のシスターたちとは異なり、ほとんどの国でもはや「女性は自転車に乗るべきではない」の声は上がらないものの、彼女たちのサイクリング参加の意志にあまりに大きく影響しているのが路上の安全への懸念だ。たとえばリーグ・オブ・アメリカン・バイサイクリスツが二〇一一年におこなった調査は、自転車路のないニューヨークのとある通りを利用するサイクリストの十五パーセントが女性なのに対し、そのそばの自転車専用路を備えた通りは三十二パーセントであると報じている。【註1】フィラデルフィアでは、サイクリング用インフラが設けられた地域で自転車に乗る女性の数は二百七十六パーセント上昇した。ジェンダーの差もほぼなく、自転車通学する子供から定年をとっくに過ぎても元気にペダルを漕ぎ続けるお年寄りまでサイクリング利用者数がおしなべて多い国を見習うには、自動車と大型トラックから人々を守るためにもっと多くの取り組みが必要なのは明らかだ。

二〇二〇年春に新型コロナウィルスのパンデミックが世界中に広がった時、各国の都市で新たなサイクリング・ブームが起き出した。交通量の減少に伴い多くの人間が自転車に乗るのにもっと安心感を抱いたのは当然の話だし、そこにはかなりの数の女性と子供も含まれていた。混雑した公共交通を利用して感染するリスクを避けるために、エクササイズのために、そして楽しみのために人々は自転車に乗った。新たに自転車に目覚めた者もいれば、かつては愛好家だったものの放置していた自転車を久々に引っ張り出してきたたくさんの人々、気軽にシェアサイクルに飛び乗った者もいた。ニューヨークからボゴタまで、臨時封鎖された道路やポップアップの自転車路は世界各地で盛んに利用され、ロンドンやパリといったいくつかの都市ではパンデミックが落ち着いた後もそれらの一時措置を恒久化しようという提案も出ている。自転車製造会社は高需要に生産が追いつかず、修理店にはサーヴィス待ちのリストができている。この自転車人気の復活は、道路上でもっと安全に感じられれば、人々ももっと何の気兼ねもなく、率先して自転車で動き回るようになることを示している。

ペダルへの愛情が刷新されたことで、また別の社会的な変化にパワーが加わるかもしれない——交通渋滞と大気汚染を拒否する動きのことだ。その代わり私たちはクリーンな空気を吸い、安全だと感じ、市内はもとよりその先の様々なエリアまでもっと健康的かつ楽しい手段で移動する方を選ぶのかもしれないし、その発想は信じて守り続けるに値する。化石燃料に依存した車両をもっと増やし、自転車を減らすことで都市のクオリティが上がるだろうと考える人間は多くないだろう。

現在、私たちは自らの健康およびこの惑星の健康の臨界点に達している。二〇二〇年には各地で気温が過去最高に達し、北極で摂氏三十八度が初観測され、シベリアは火災で焼かれた。私たちに炭素空中排出量を大幅に削減する必要があるのは目に見えているし、自動車の代わりに移動に自転車——あるいは徒歩——を利用することを人々にとってもっと魅力的なものにすれば、かなりのインパクトを期待できるだろう。英政府のデータは国内最大の温室ガス排出要因が交通であるのを示しているし(二〇一九年排出量の三十四パーセント)【註2】、チャリティ団体センター・フォー・シティーズの推定では死者の十九人にひとりは死因に公害が関わっているという。【註3】また、質の悪い大気状況がコロナウィルス感染率を高めることも今では分かっている。

現時点で、イギリスでは一～二マイル(一・六～三・二キロ)圏内の移動の六十パーセントに自動車が使われている。【註4】この程度の移動を自転車あるいは徒歩に切り替えることができたら、人々の健康と環境にとても大きなポジティヴな影響をもたらすことだろう。自転車に乗るだけの体力や健康に不安がある、あるいは通勤距離が長過ぎる人々にとって魅力的な電動自動車も、習慣的な自転車利用というこの潮流の変化に大きな役割を果たすかもしれない。年齢であれ身体の不自由さであれ、何らかのバリアを抱える人々も手を加えた改造自転車や三輪車で自転車に乗り続けているのと同じように。

だが、今列挙した様々な事柄のせいで大層「ご立派」な印象を受ける人がいるとしたら——サイクリングはまたとてつもなく楽しいものだという点を改めて指摘しておきたい。サイクリングで得る喜びは、少数の人間たちだけに独占させておくにはあまりにもったいない。

私は自転車に乗るのをやめる必要はないし、この本を読んでいるあなたもそうであって欲しいと願っている。あなたがまだ自転車に乗っていないとしたら、本書に収められた物語の数々が、あなたの中に始めてみようという気持ちを掻き立ててくれればいいなと思う。

まずは自転車のサドルに乗ってみること、それは数多くの新たなストーリーと冒険の第一歩に過ぎない。

謝辞

本書のために取材に応じてくださった皆さんひとりひとりに心からの感謝を：ファーティマ・アル＝ブルーシ、イワンデ・アデシダ、ウェンディ・クラッグ、サブラ・デイヴィソン、リジー・ダイグナン、シャノン・ガルピン、ジェニー・グレアム、ジェニー・グビアズドフスキー、アニーサ・ラマル、デヴラ・マーフィー、ザハラ・ナーリン、イリーズ・スラッペンデール、ヘレン・ワイマン。あなたたちが寛大にも時間を割いてくれなければこの本のアイディアは立ちいかなくなっていただろうし、今日の女性サイクリング界のドクドク脈打つ心臓部を形成しているのはあなたたちだ。あなたたちの語ってくれた物語の数々とこのテーマに対して抱く情熱、その双方に自分が報いることができているのを祈るばかりだ。また、本当に素晴らしい活動をおこなっていて、私にもささやかながらそこに貢献させてくれたバイク・プロジェクトの名前も挙げておきたい。どうかそのまま続けていってください。

私のエージェントである優秀で非の打ち所のないパトリック・ウォルシュ、とりとめのない当初のアイディア群の中に何かを見出し、私がそれらをもっと堅固で説得力のある一冊の本の概要に近いものへと発展させていくのを助けてくれた彼にも感謝する。彼と同じくＰＥＷエージェンシーで働くジョン・アッシュも、この点に関して重要な役割を果たしてくれた。

アンドリュー・フランクリンも忘れるわけにはいかない――友人、同僚、熱心なサイクリスト、経験豊かな出版人である彼は、本を一冊書けるかもしれないとの思いを私の中に吹き込み疲れ知らずの応援を送ることで、自分の考えをまとめ整理し、まず書き出してみるという怖くて気後れする第一歩を踏み出すのに私が必要としていた一押しを与えてくれた。君には絶対やれると彼があそこまで粘ってくれなかったら、この本そのものが存在していなかっただろう。また、構想の始まりから大いに励ましてくれたハナ・ウェストランド、一貫して応援し続けてくれた上に私が本書執筆のため長期休暇を取ることに同意してくれたダイアナ・ブロッカルドもいる。素晴らしい仕事仲間であるヴァレンティーナ・ザンカ、ドリュー・ジェリソン、アナーマリー・フィッツジェラルドの名前もここに挙げさせてもらう。

この本がれっきとした「本」になっていくためのひとつひとつの段階に関与してくれたすべての人々にも深く感謝する。彼らの努力は甚大だ。編集者のジェニー・ロード、思慮深いエディットと賢明なガイダンスを与えてくれたのはもちろん、常に熱心でいてくれた――そして一冊仕上げるのにどれくらい時間がかかるか予想のつかなかった私の判断力のなさにも辛抱強く付き合ってくれた――彼女の助力はかけがえのないものだった。この本が実現するよう尽力してくれたW&N社チームの他の面々、ロージー・ピアース、ケイト・モアトン、ヴァージニア・ウールステンクロフト、ブリタニー・サンキー、アン・オブライエンを始めとする本書を世に送り出すのに関わってくれたすべての人々にありがとうを。本書の英国版でイラストを担当してくれたオットー・フォン・ビーチの仕事も特筆に値する。

初期の草稿を読んでくれた、あるいは私がえんえんまくしたてる女性とサイクリングについてのおしゃべりに付き合ってくれた友人たち、あなたたちはみんな最高だ。様々な案を出し、話を聞くべき人々を私に紹介し、新たなアイディアをもたらしてくれたすべての人々へ――数が多過ぎて名前を逐一記すわけにいかないが、あなたたちひとりひとりにも心からの感謝を。

サイクリングとアウトドアへの愛情を私の中に育んでくれた両親のジョンとシルヴィア、兄のジョンとニック、姉のエマは、この本が生まれる上で大きな役割を果たした。私が自転車に乗れているのはひとえにあなたたちのおかげだし、一緒に出かけたライドの数々は今や私のDNAの一部だ。「サンタクロース」が私のベッドの脇に残していったメモに括りつけられた紐をたどりながら階下まで下りていったところ、新しい自転車が待っていた――あの時のプレゼントを超える贈り物はないだろうと思っている。

そして何より、最大の感謝をマイクに捧げたい。彼の応援と励ましなしに、この本はあり得なかったはずだ。ごく初期段階のラフな草稿から何度にもわたるリライトも読んでくれたあなたの意見は、常に最も思慮に満ちた鋭いものだった。しかもラップトップに長時間貼り付いていて私が何もやれなかった時に食事を作り、心の火を絶やさないようにしてくれた――薪を燃やすのが唯一の暖房手段だったヴィルロング（※フランス南西部の集落）に滞在していた時は、文字通りそうだった。最高な自転車ルートを毎回見つけ出してくれるあなたは、サイクリングはもちろんそれ以外の何もかもにおける、私がいちばん好きな相棒だ。

【註2】Lillias Campbell Davidson, *Handbook for Lady Cyclists*, London, Hay Nisbet & Co., 1896
【註3】Juliana Buhring, *This Road I Ride: My Incredible Journey from Novice to Fastest Woman to Cycle the Globe*, London, Piatkus, 2016
【註4】Mrs Harcourt Williamson, A. C. Pemberton, C. P. Sisley and G. Floyd. *The Complete Cyclist*, London, A. D. Innes & Co., 1897
【註5】'Martha', 'We Girls Awheel through Germany', *Outing*, April –September 1892
【註6】Margaret Valentine Le Long, 'From Chicago to San Francisco Awheel', *Outing* 31, no.5, February 1898
【註7】Campbell Davidson, *Handbook for Lady Cyclists*
【註8】~【註10】Elizabeth Robins Pennell, 'Cycling', *Ladies in the Field: Sketches of Sport*, ed. Beatrice Violet Greville, London, Ward & Downey, 1894
【註11】~【註17】Elizabeth Robins Pennell, illustrated by Joseph Pennell, *Over the Alps on a Bicycle*, London, T. F. Unwin, 1898
【註18】Fanny Bullock Workman and William Hunter Workman, *Sketches Awheel in Fin de Siècle Iberia*, London, T. F. Unwin, 1897
【註19】同上
【註20】Fanny Bullock Workman and William Hunter Workman, *Algerian Memories: A Bicycle Tour over the Atlas to the Sahara*, London, T. F. Unwin, 1895
【註21】~【註25】Bullock Workman, *Sketches Awheel in Fin de Siècle Iberia*
【註26】Bullock Workman, *Algerian Memories*
【註27】同上
【註28】Fanny Bullock Workman and William Hunter Workman, *Through Town and Jungle: Fourteen Thousand Miles A-wheel among the Temples and People of the Indian Plain*, London, T. F. Unwin, 1904

8

【註1】https://www.bikeleague.org/content/womens-bike-history-3-days-5-women-250-miles
【註2】Mrs Cattaneo, quoted in James McGurn, *On Your Bicycle: An Illustrated History of Cycling*, London, John Murray, 1987
【註3】https://www.cyclingweekly.com/news/latest-news/billie-fleming-happy-100th-birthday-121964
【註4】~【註6】Dervla Murphy, *Wheels within Wheels*, London, John Murray, 1979
【註7】Campbell Davidson, *Handbook for Lady Cyclists*
【註8】Rebecca Solnit, *Wanderlust: A History of Walking*, London, Penguin, 2001
【註9】Anne Mustoe, *A Bike Ride: 12,000 Miles around the World*, London, Virgin, 1991
【註10】https://www.youtube.com/watch?v=Y4f4UTmKc1U&feature=emb_logo

9

【註1】Peter Zheutlin, *Around the World on Two Wheels: Annie Londonderry's Extraordinary Ride*, New York, Kensington Publishing Corp., 2007
【註2】~【註5】Buhring, *This Road I Ride*
【註6】https://news.gallup.com/poll/196487/one-three-women-worry-sexually-assaulted.aspx
【註7】Buhring, *This Road I Ride*
【註8】https://poll2018.trust.org/stories/item/?id=e52a1260-260c-47e0-94fc-a636b1956da7
【註9】https://www.bbc.co.uk/news/uk-scotland-43128350

10

【註1】https://totalwomenscycling.com/news/nicole-cooke-evidence-british-cycling
【註2】Louise Armaindo, quoted in M. Ann Hall, *Muscle on Wheels: Louise Armaindo and the High-Wheel Racers of Nineteenth-Century America*, Mon-treal, McGill-Queen's Press, 2018
【註3】*Cycling*, August 1894
【註4】Pennell, 'Cycling'
【註5】http://www.sixday.org.uk/html/1889_sheffield.html
【註6】Roger Gilles, *Women on the Move: The Forgotten Era of Women's Bicycle Racing*, Lincoln, Neb. & London, University of Nebraska Press, 2018
【註7】http://nagengast.org/nagengast/Gast/index.html
【註8】https://xmasepic2010.wordpress.com/2010/08/01/riding-in-the-26th-century-margaret-gast/

11

【註1】'We're not deviants say the cycling ladies', *Independent*, 28 August 2005
【註2】Tim Hilton, *One More Kilometre and We're in the Showers*, London, Harper Perennial, 2004
【註3】Albert Lusty, *Cycling*, August 1937
【註4】Mariska Tjoelker, 'Mien Van Bree' in Ride the Revolution: *The Inside Stories from Women in Cycling*, ed. Suze Clemitson, London, Bloomsbury Sport, 2015
【註5】Nancy Neiman Baranet, *The Turned Down Bar*, Philadelphia, Dorrance, 1964
【註6】Eileen Sheridan, *Wonder Wheels: The Autobiography of Eileen Sheridan*, London, Nicholas Kaye, 1956
【註7】*Bicycle*, 27 February 1946
【註8】~【註10】William Wilson, *Marguerite Wilson: The First Star of Women's Cycling*, Poole, CMP, 2016
【註11】Sheridan, *Wonder Wheels*
【註12】Eileen Cropper, 'Sod off, I'm passing you', *Daily Telegraph*, 19 September 2019
【註13】https://www.britishcycling.org.uk/road/article/spor20100602-Interview--Eileen-Gray-CBE-0
【註14】Beryl Burton, *Personal Best*, Huddersfield, Springfield Books, 1986
【註15】Sheridan, *Wonder Wheels*
【註16】'Sod off', *Daily Telegraph*
【註17】https://www.vice.com/en_us/article/wj3nvb/the-champion-mountain-biker-turned-drug-smuggler-missy-giove
【註18】同上
【註19】https://www.velonews.com/2004/04/mountain/mtb-news-and-notes-missy-on-being-missy_5945
【註20】'Philippa York', *Guardian*, 6 July 2017
【註21】Missy Giove, *Girlfriends*, July 2003

12

【註1】https://cyclingtips.com/2017/12/learned-connie-carpenter-womens-cyclings-first-olympic-gold-medalist/
【註2】Isabel Best, 'Remembering the golden era of the women's Tour de France', *Daily Telegraph*, 5 July 2019
【註3】同上
【註4】Rachel Sturtz, 'Meet the Billy Jean King of Cycling', *Outside*, 24 July 2019
【註5】https://www.bbc.co.uk/sport/cycling/27041315
【註6】https://cyclingtips.com/2017/12/learned-connie-carpenter-womens-cyclings-first-olympic-gold-medalist/
【註7】https://www.theguardian.com/sport/2019/jul/21/womens-cycling-future
【註8】*Cycling Weekly*, 3 June 2019
【註9】https://www.yorkshirepost.co.uk/sport/other-sport/video-lizzie-deignan-delighted-women-are-pedalling-alongside-men-terms-prize-money-480307

後書き

【註1】https://www.bikeleague.org/sites/default/files/WomenBikeReport(web)_0.pdf
【註2】https://assets.publishing.service.gov.uk/government/uploads/system/uploads/attachment_data/file/875485/2019_UK_greenhouse_gas_emissions_provisional_figures_statistical_release.pdf
【註3】https://www.independent.co.uk/environment/air-pollution-deaths-towns-cities-car-crash-particulate-matter-environment-a9302466.html
【註4】https://publications.parliament.uk/pa/cm201719/cmselect/cmtrans/1487/148705.html

註釈

前書き

【註1】Nellie Bly, 'Champion of Her Sex: Miss Susan B. Anthony', *New York World*, 2 February 1896

2

【註1】*Cycling*, 1895

【註2】Harry Dacre, 'Daisy Bell (Bicycle Built for Two)', 1892

【註3】*Munsey's Magazine*, 1896

【註4】Helen Follett, 'Honeymoon on two wheels,' *Outing* 29, 1896-97

【註5】Eve Curie, *Marie Curie*, trans. Vincent Sheean, New York, Doubleday, Doran & Co., 1937

【註6】Helena Maria Lucy Swanwick, *I Have Been Young*, London, Victor Gollancz, 1935

【註7】Evelyn Everett-Green, 'Cycling for Ladies' in *All Round Cycling*, London, Walter Scott, 1896

【註8】Ethel Smyth, *The Memoirs of Ethel Smyth*, London, Viking, 1987

【註9】Marguerite Merington, 'Woman and the bicycle', *Scribner's*, XVII, June 1895

【註10】Nellie Bly, 'Champion of Her Sex'

【註11】Charlotte Smith, quoted in Sue Macy, *Wheels of Change: How Women Rode the Bicycle to Freedom*, Washington, DC, National Geographic, 2011

【註12】R. L. Dickinson, quoted in Patricia Vertinsky, *Eternally Wounded Women: Women, Doctors and Exercise in the Late Nineteenth Century*, Manchester, Manchester University Press, 1990

【註13】Arabella Kenealy, quoted in Kathleen McCrone, *Sport and the Physical Emancipation of English Women 1870-1914*, London, Routledge, 2014

【註14】James Beresford Ryley, *The Dangers of Cycling for Women and Children*, London, H. Renshaw, 1899

【註15】Charlotte Perkins Gilman, *Herland and The Yellow Wallpaper*, London, Vintage, 2015

【註16】Silas Weir Mitchell, *Doctor and Patient*, New York, Classics of Medicine Library, 1994

【註17】quoted in Oscar Jennings, Cycling and Health, London, Iliffe & Son, 1893

【註18】'A Lady Doctor's Views on Cycling', *The Hub*, September 1897

【註19】W. H. Fenton, 'A medical view of cycling for ladies', *The Nineteenth Century* 39, 23 May 1896

【註20】https://www.thelancet.com/journals/lancet/article/PIIS0140-6736(17)31634-3/fulltext

【註21】https://www.bmj.com/content/357/bmj.j1456

【註22】Ross D. Pollock, Katie A. O'Brien, Lorna J. Daniels, et al., 'Properties of the Vastus Lateralis Muscle in Relation to Age and Physiological Function in Master Cyclists Aged 55-79 Years', *Aging Cell*, 2018

【註23】https://www.bicycling.com/training/a20029339/how-cycling-makes-you-smarter- and-happier/

3

【註1】*Pall Mall Gazette*, 5 April, 1899

【註2】*Dunstan Times*, 2 June 1899

【註3】*The Lady Cyclist*, March 1896

【註4】Elizabeth Sanderson Haldane, *From One Century to Another: The Reminiscences of E. S. Haldane 1862-1937*, London, A. Maclehose & Co., 1937

【註5】Florence Pomeroy, *Reasons for Reform in Dress*, London, Hutchings & Crowsley, 1884

【註6】Victor Neeesen, *Dr. Neesen's Book on Wheeling: Hints and Advice to Men and Women from the Physician's Standpoint*, London, Forgotten Books, 2018

【註7】*The Lady Cyclist*, September 1895

【註8】Diana Crane, *Fashion and Its Social Agendas: Class, Gender, and Identity in Clothing*, Chicago, University of Chicago Press, 2000

【註9】'She Wore Trousers', *National Police Gazette*, 28 October 1893

【註10】*Cycling*, September 1893

【註11】https://thevictoriancyclist.wordpress.com/2015/02/15/womanly-cycling-part-two

【註12】http://www.sheilahanlon.com/?p=1830

【註13】*Daily Telegraph*, 25 November 1893

【註14】*Cycling*, June 1894

【註15】Oscar Wilde, 'The Philosophy of Dress', *New York Tribune*, 19 April 1885

4

【註1】Frances E. Willard, *Writing Out My Heart: Selections from the Journal of Frances E. Willard, 1855-96*, Urbana, University of Illinois Press, 1995

【註2】Kathleen Fitzpatrick, *Lady Henry Somerset*, London, Jonathan Cape, 1923

【註3】Willard, *Writing Out My Heart*

【註4】*The Lady Cyclist*, March 1896

【註5】*The Lady Cyclist*, June 1896

【註6】*The Lady Cyclist*, September 1896

【註7】https://www.accesssport.org.uk/News/celebrating-international-nurses-day

【註8】Jamie J. Jirout, Nora S. Newcombe, 'Building Blocks for Developing Spatial Skills: Evidence From a Large, Representative U.S. Sample', *Association for Psychological Science*, 26, 3: 302-310, 2015

5

【註1】and all other quotes relating to Kittie Knox, quoted in Lorenz J. Finison, *Boston's Cycling Craze, 1880-1900 : A Story of Race, Sport, and Society*, Boston, University of Massachusetts Press, 2014

【註2】https://www.theguardian.com/cities/2015/jul/09/women-cycling-infrastructure-cyclists-killed-female

【註3】http://content.tfl.gov.uk/analysis-of-cycling-potential-2016.pdf

【註4】https://w4c.org/case-study/women-and-biking-case-study-use-san-francisco-bike-lanes

【註5】https://www.bicycling.com/news/a20015703/an-interview-with-monica-garrison-of-black-girls-do-bike/

【註6】Xela de la X., *Ovarian Psycos*, dir. Joanna Sokolowski, Kate Trumbull-LaValle, USA, 2016

【註7】https://www.latimes.com/local/la-xpm-2013-sep-22-la-me-psyco-riders-20130923-story.html

【註8】'Women defy Fatwa on riding bicycles', *The Times*, 22 September 2016

【註9】https://www.sidetracked.com/cycling-in-afghanistan/

【註10】https://www.arabnews.com/node/1262466/saudi-arabia

【註11】https://gulfnews.com/world/gulf/saudi/saudi-women-conquer-jeddah-streets-on-bicycle-1.61705902

6

【註1】*Lancashire Daily Post*, 14 February 1907

【註2】~【註5】Sylvia E. Pankhurst, *The Suffragette Movement: An Intimate Account of Persons and Ideals*, London, Longmans & Co., 1931

【註6】Eveline Buchheim and Ralf Futselaar, eds, *Under Fire: Women and World War II*, Amsterdam, Verloren Publishers, 2014

【註7】Simone de Beauvoir, *Letters to Sartre*, trans. Quentin Hoare, London, Vintage Classics, 1993

【註8】Simone de Beauvoir, *The Prime of Life*, trans. Peter Green, London, Deutsch, Weidenfeld and Nicolson, 1963

【註9】de Beauvoir, *Letters to Sartre*

【註10】Henry David Thoreau, 'Walking,' *The Writings of Henry David Thoreau*, Boston, Houghton Mifflin, 1894

【註11】Virginia Woolf, *The Diary of Virginia Woolf*, ed. Anne Olivier, London, Hogarth Press, 1980

【註12】de Beauvoir, *Letters to Sartre*

【註13】https://www.apa.org/pubs/journals/releases/xlm-a0036577.pdf

【註14】~【註23】de Beauvoir, *The Prime of Life*

7

【註1】Henry David Thoreau, 'Walking'

Pankhurst, Sylvia E., *The Suffragette Movement: An Intimate Account of Persons and Ideals* (London, Longmans & Co., 1931)

Pennell, Elizabeth and Joseph, *A Canterbury Pilgrimage* (London, Seeley and Co., 1885)

——*Our Sentimental Journey through France and Italy* (London, T. F. Unwin, 1887)

——*Over the Alps on a Bicycle* (London, T. F. Unwin, 1898)

——*To Gipsyland* (London, T. F. Unwin,1893)

Pomeroy, Florence, *Reasons for Reform in Dress* (London, Hutchings & Crowsley, 1884)

Purvis, June and Stanley Holton, Sandra (eds), *Votes for Women* (London, Routledge, 2000)

Pye, Denis, *Fellowship Is Life: The National Clarion Cycling Club, 1895–1995* (Bolton, Clarion, 1995)

Ritchie, Andrew, *King of the Road: An Illustrated History of Cycling* (London, Wildwood House, 1975)

Ryley, James Beresford, *The Dangers of Cycling for Women and Children* (London, H. Renshaw, 1899)

Sheridan, Eileen, *Wonder Wheels: The Autobiography of Eileen Sheridan* (London, Nicholas Kaye, 1956)

Smith, Robert A., *A Social History of the Bicycle: Its Early Life and Times in America* (New York, American Heritage Press, 1972)

Smyth, Ethel, *The Memoirs of Ethel Smyth* (London, Viking, 1987)

Solnit, Rebecca, *Wanderlust: A History of Walking* (London, Penguin, 2001)〔レベッカ・ソルニット『ウォークス——歩くことの精神史』東辻賢治郎訳、左右社、2017年〕

Swanwick, Helena Maria Lucy, *I Have Been Young* (London, Victor Gollancz, 1935)

Sykes, Herbie, *Maglia Rosa: Triumph and Tragedy at the Giro D'Italia* (London, Bloomsbury, 2013)

Thoreau, Henry David, *The Writings of Henry David Thoreau* (Boston, Houghton Mifflin, 1894)

Vertinsky, Patricia, *Eternally Wounded Women: Women, Doctors and Exercise in the Late Nineteenth Century* (Manchester: Manchester University Press, 1990)

Ward, Maria E., *The Common Sense of Bicycling: Bicycling for Ladies* (New York, Brentano, 1896)

Wellings, Mark, *Ride! Ride! Ride!: Herne Hill Velodrome and the Story of British Track Cycling* (London, Icon Books, 2016)

Whitmore, Richard, *Alice Hawkins and the Suffragette Movement in Edwardian Leicester* (Derby, Breedon, 2007)

Willard, Frances E., *Writing Out My Heart: Selections from the Journal of Frances E. Willard, 1855–96* (Urbana, University of Illinois Press, 1995)

——*A Wheel Within a Wheel* (New York, Fleming H. Revell, 1895)

Wilson, William, *Marguerite Wilson: The First Star of Women's Cycling* (Poole, CMP, 2016)

Woolf, Virginia, *The Diary of Virginia Woolf*, ed. Anne Olivier (London, Hogarth Press, 1980)

Zheutlin, Peter, *Around the World on Two Wheels: Annie Londonderry's Extraordinary Ride* (New York, Kensington Publishing Corp., 2007)

雑誌

Bicycling

Bicycling News

Casquette

Cycling

Cycling Weekly

Cycling World Illustrated

Cyclists' Touring Club Gazette

Lady Cyclist

Outing

Rouleur

The Hub

Wheelwoman

機関誌掲載記事

Fenton, W. H., 'A Medical View of Cycling for Ladies', *The Nineteenth Century*, 39 (23 May 1896)

Grand, Sarah, 'The New Aspect of the Woman Question', *North American Review*, 158 (1894)

Hanlon, Sheila, 'At the Sign of the Butterfly: The Mowbray House Cycling Association', *Cycle History*, 18 (Spring 2008)

Merington, Marguerite, 'Woman and the Bicycle', *Scribner's*, XVII (June 1895)

ウェブサイト

www.bicycling.com

www.bikemag.com

www.cyclingtips.com

www.dirtmountainbike.com

www.dirtragmag.com

https:mmbhof.org

www.pinkbike.com

www.playingpasts.co.uk

www.podiumcafe.com

www.sheilahanlon.com

www.sidetracked.com

www.singletrackworld.com

www.sixday.org.uk

www.sustrans.org.uk

www.totalwomenscycling.com

www.velonews.com

映像作品

A Boy, a Girl and a Bike, dir. Ralph Smart (UK, 1949)

Afghan Cycles, dir. Sarah Menzies (USA, 2018), https://www.afghancycles.com/

Born in Flames, dir. Lizzie Borden (USA, 1983)

Cycling Family, Pathé (UK, 1961), www.britishpathe.com/video/cycling-family/query/Fosters+cycling+family

Housewife Cyclist, Pathé (UK, 1956), https://www.britishpathe.com/video/housewife-cyclist

Hyde Park Bicycling Scene (UK, 1896), http://www.screenonline.org.uk/film/id/785709/index.html

Ovarian Psycos, dir. Joanna Sokolowski, Kate Trumbull-LaValle (USA, 2016)

Racing is Life: The Beryl Burton Story, Bromley Video (UK, 2012)

'The Champion Mountain Biker Turned Drug Smuggler' (USA, 2018), https://www.vice.com/en_us/article/wj3nvb/the-champion-mountain-biker-turned-drug-smuggler-missy-giove

The Miseducation of Cameron Post, dir. Desiree Akhavan (USA, 2018)／邦題『ミスエデュケーション』

Wadjda, dir. Haifaa Al Mansour (Saudi Arabia, 2013)／邦題『少女は自転車に乗って』

関連書目・資料他

書籍

Atkinson, Diane, *Rise Up, Women! The Remarkable Lives of the Suffragettes* (London, Bloomsbury Publishing, 2019)

——*Suffragettes in the Purple White & Green* (London, Museum of London, 1992)

Atwood, Kathryn J., *Women Heroes of World War II: The Pacific Theater: 15 Stories of Resistance, Rescue, Sabotage, and Survival* (Chicago, Chicago Review Press, 2017)

Bailey, Rosemary, *Love and War in the Pyrenees: A Story of Courage, Fear and Hope, 1939–1944* (London, Weidenfeld & Nicolson, 2008)

Bair, Deirdre, *Simone de Beauvoir: A Biography* (London, Vintage, 1991)

Baranet, Nancy Neiman, *The Turned Down Bar* (Philadelphia, Dorrance, 1964)

de Beauvoir, Simone, *Letters to Sartre*, trans. Quentin Hoare (London, Vintage Classics, 1993)

——*The Prime of Life*, trans. Peter Green (London, André Deutsch, Weidenfeld and Nicolson, 1963)〔シモーヌ・ド・ボーヴォワール『女ざかり——ある女の回想』上下、朝吹登水子、二宮フサ訳、紀伊國屋書店、1963年〕

——*The Second Sex*, trans. H. M. Parshley (London, Vintage, 1997)〔『決定版　第二の性』全三巻、『第二の性』を原文で読み直す会訳、新潮文庫、2001年〕

Buchheim, Eveline and Ralf Futselaar (eds), *Under Fire: Women and World War II* (Amsterdam, Verloren Publishers, 2014)

Buhring, Juliana, *This Road I Ride: My Incredible Journey from Novice to Fastest Woman to Cycle the Globe* (London, Piatkus, 2016)

Bullock Workman, Fanny and William Hunter Workman, *Algerian Memories: A Bicycle Tour over the Atlas to the Sahara* (London, T. Fisher Unwin, 1895)

——*Sketches Awheel in Fin de Siècle Iberia* (London, T. F. Unwin, 1897)

——*Through Town and Jungle: Fourteen Thousand Miles A-wheel among the Temples and People of the Indian Plain* (London, T. Fisher Unwin, 1904)

Burton, Beryl, Personal Best (Huddersfield, Springfield Books, 1986)

Campbell Davidson, Lillias, *Handbook to Lady Cyclists* (London, Hay Nisbet & Co., 1896)

——*Hints to Lady Travellers at Home and Abroad* (London, Iliffe & Son, 1889)

Clemitson, Suze (ed.), *Ride the Revolution: The Inside Stories from Women in Cycling* (London, Bloomsbury Sport, 2015)

Crane, Diana, *Fashion and Its Social Agendas: Class, Gender, and Identity in Clothing* (Chicago, University of Chicago Press, 2000)

Crawford, Elizabeth, *The Women's Suffrage Movement: A Reference Guide 1866–1928* (London, UCL Press, 1999)

Cunningham, Patricia and Voso Lab, Susan (eds), *Dress and Popular culture* (Bowling Green, Bowling Green State University Popular Press, 1991)

Curie, Eve, *Marie Curie*, trans. Vincent Sheean (New York, Doubleday, Doran & Co., 1937)〔エーヴ・キュリー『キュリー夫人伝 新装版』河野万里子訳、白水社、2014年〕

Dodge, Pryor, *The Bicycle* (Paris, Flammarion, 1996)

Erskine, F. J., *Lady Cycling: What to Wear and How to Ride* (London, British Library, 2014)

Everett-Green, Evelyn, 'Cycling for Ladies' in Richardson, Sir B. W. (ed.), *All Round Cycling* (London, Walter Scott, 1896)

Finison, Lorenz J., *Boston's Cycling Craze, 1880–1900 : A Story of Race, Sport, and Society* (Boston, University of Massachusetts Press, 2014)

Fischer, Gayle V., *Pantaloons and Power: Nineteenth-Century Dress Reform in the United States* (Kent, Ohio, Kent State University Press, 2001)

Fitzpatrick, Kathleen, *Lady Henry Somerset* (London, Jonathan Cape, 1923)

Galpin, Shannon, *Mountain to Mountain: A Journey of Adventure and Activism for the Women of Afghanistan* (New York, Saint Martin's Press, 2014)

Gilles, Roger, *Women on the Move: The Forgotten Era of Women's Bicycle Racing* (Lincoln, Neb. & London, University of Nebraska Press, 2018)

Gilman, Charlotte Perkins, *Herland and The Yellow Wallpaper* (London, Vintage, 2015)

Greville, Beatrice Violet (ed.), *Ladies in the Field: Sketches of Sport* (London, Ward & Downey, 1894)

Guroff, Margaret, *The Mechanical Horse: How the Bicycle Re-shaped American Life* (Austin, University of Texas Press, 2016)

Haldane, Elizabeth Sanderson, *From One Century to Another: The Reminiscences of E. S. Haldane 1862–1937* (London, A. Maclehose & Co., 1937)

Hall, M. Ann, *Muscle on Wheels: Louise Armaindo and the High Wheel Racers of Nineteenth-Century America* (Montreal, McGill-Queen's Press, 2018)

Hallenbeck, Sarah, *Claiming the Bicycle: Women, Rhetoric, and Technology in Nineteenth-Century America* (Carbondale, Southern Illinois University Press, 2015)

Harcourt Williamson, Mrs, Pemberton, A. C., Sisley, C. P. and Floyd, G., *The Complete Cyclist* (London, A. D. Innes & Co., 1897)

Hargreaves, Jennifer, *Sporting Females: Critical Issues in the History and Sociology of Women's Sports* (London, Routledge, 1994)

Harris, Kate, *Lands of Lost Borders: A Journey on the Silk Road* (New York, Alfred Knopf, 2018)

Herlihy, David V., *Bicycle: The History* (New Haven, Yale University Press, 2004)

Hilton, Tim, *One More Kilometre and We're in the Showers* (London, Harper Perennial, 2004)

Jennings, Oscar, *Cycling and Health* (London, Iliffe & Son, 1893)

Jordan, Pete, *In the City of Bikes: The Story of the Amsterdam Cyclist* (New York, HarperPerennial, 2013)

Jungnickel, Kat, *Bikes and Bloomers: Victorian Women Inventors and Their Extraordinary Cycle Wear* (London, Goldsmiths Press, 2018)

Lightwood, James T., *Cyclists' Touring Club: Being the Romance of Fifty Years' Cycling* (London, Cyclists' Touring Club, 1928)

Macy, Sue, *Wheels of Change: How Women Rode the Bicycle to Freedom* (Washington, DC, National Geographic, 2011)

Marks, Patricia, *Bicycles, Bangs, and Bloomers: The New Woman in the Popular Press* (Lexington, KY, University Press of Kentucky, 1990)

McCrone, Kathleen, *Sport and the Physical Emancipation of English Women 1870–1914* (London, Routledge, 2014)

McGurn, James, *On Your Bicycle: An Illustrated History of Cycling* (London, John Murray, 1987)

Mitchell, Silas Weir, *Doctor and Patient* (New York, Classics of Medicine Library, 1994)

Murphy, Dervla, *Full Tilt: Ireland to India with a Bicycle* (London, Pan, 1967)

——*Wheels within Wheels* (London, John Murray, 1979)

Mustoe, Anne, *A Bike Ride: 12,000 Miles around the World* (London, Virgin, 1991)

Neeesen, Victor, *Dr. Neesen's Book on Wheeling: Hints and Advice to Men and Women from the Physician's Standpoint* (London, Forgotten Books, 2018)

自転車と女たちの世紀——革命は車輪に乗って

2023年2月3日　初版印刷
2023年2月3日　初版発行

著　者　ハナ・ロス
訳　者　坂本麻里子

装　丁　長井雅子、小林幸乃（in C）
装　画　二階堂ちはる

編　集　野田努（ele-king）
協　力　宇野瑠海（P-Vine）

発行者　水谷聡男
発行所　株式会社Pヴァイン
〒150-0031 東京都渋谷区桜丘町21-2 池田ビル2F
編集部：TEL 03-5784-1256
営業部（レコード店）：TEL 03-5784-1250
FAX 03-5784-1251
http://p-vine.jp

発売元　日販アイ・ピー・エス株式会社
〒113-0034 東京都文京区湯島1-3-4
TEL 03-5802-1859
FAX 03-5802-1891

印刷・製本　シナノ印刷株式会社

ISBN　978-4-910511-38-2

ele-king books